LüYOU DIMING
LILUN TIXI GOUJIAN
YU SHIJIAN YANJIU

旅游地名
理论体系构建与实践研究

王 荣　许意如　韦艳绿 著

中国社会出版社
国家一级出版社 · 全国百佳图书出版单位

图书在版编目（CIP）数据

旅游地名理论体系构建与实践研究 / 王荣，许意如，韦艳绿著．-- 北京 ：中国社会出版社，2023.12
ISBN 978-7-5087-6975-2

Ⅰ.①旅… Ⅱ.①王… ②许… ③韦… Ⅲ.①旅游地－地名－研究 Ⅳ.①F590.3②P281

中国国家版本馆 CIP 数据核字（2024）第 008970 号

旅游地名理论体系构建与实践研究

责任编辑：刘海飞
装帧设计：时　捷
出版发行：中国社会出版社有限公司
（北京市西城区二龙路甲 33 号　邮编 100032）
印刷装订：北京九州迅驰传媒文化有限公司
版　　次：2023 年 12 月第 1 版
印　　次：2023 年 12 月第 1 次印刷
开　　本：170mm × 240mm　1/16
字　　数：251 千字
印　　张：15.5
定　　价：68.00 元

前言

地名是人们赋予某一特定空间位置的专有名称，是历史发展的重要产物。它蕴含着丰富的文化价值、社会价值和经济价值，是人类文化的活化石，承载着地方特有的历史价值及文化特征。2007 年，第九届联合国地名标准化大会暨第二十四次联合国地名专家组会议确定，地名适用于《保护非物质文化遗产公约》，确定了其在文化遗产构架中的地位。近年来，地名作为文化遗产在社会上引起了广泛重视。2017 年 1 月，中共中央办公厅、国务院办公厅印发《关于实施中华优秀传统文化传承发展工程的意见》，明确将“推进地名文化遗产保护”作为重点任务。2021 年 9 月，中共中央办公厅、国务院办公厅印发《关于在城乡建设中加强历史文化保护传承的意见》，指出地名文化遗产保护是构成城乡历史文化保护传承体系的一部分，要加强保护利用传承。2022 年 5 月 1 日正式实施的《地名管理条例》中进一步明确了地名文化保护，强调将地名文化遗产依法列入非物质文化遗产保护范围。2022 年 6 月 22 日，中央全面深化改革委员会第二十六次会议强调，要把历史文化传承保护放在更重要位置，深入研究我国行政区划设置历史经验，稳慎对待行政区划更名，不随意更改老地名。

党的二十大报告指出：“中国式现代化，深深植根于中华优秀传统文化。”旅游研究也需根植于中国优秀传统文化，小地名、大文章，地名蕴含着丰富的历史和地域文化，是区域的名片。旅游资源的不可转移性决定了众多旅游者对景区景点往往先闻其“名”后见其“景”，因此，旅游景区景点名称通常是景区景点在旅游者心中的第一印象。地名作为一种资源，可进行旅游开发，科学、合理且具有个性化特征的旅游地名能够增强旅游景区的吸引力。在国内、国外双循环的背景下，通过地名与旅游的融合，展现地域文化，对提升旅游质量有很强的现实意义。

文旅融合是新时代背景下我国践行习近平新时代中国特色社会主义思想

的新目标和新使命，是一个综合性概念。地名是地方政治、经济、文化与自然环境等地域文化的载体，在地名时空演变过程中形成的地名文化是中国传统文化的重要组成部分，根据遗产资源论，地名文化具有资源价值。因此，文旅融合要做到“宜融则融、能融尽融、以文塑旅、以旅彰文”。实践证明，将地名文化与旅游发展相结合，一方面，能够发挥地名的资源价值，促进地名文化遗产的保护与开发；另一方面，能够丰富旅游地的旅游资源，彰显地域文化内涵，提高旅游地吸引力，有助于实现旅游业高质量发展。在借鉴交叉学科系统分析的基础上，探索旅游地名研究的学科特色和理论体系，并进行实践研究，形成具有可操作性的旅游地名研究理论体系，是本书的目的。

本书的学术价值：一是遵循交叉学科的形成逻辑，以地名学和旅游学为基础，从理论上进行整合、移植、渗透和推理，形成新的理论体系，丰富旅游理论；二是在旅游体系基础上，探索系列旅游地名的基础理论，如旅游景点命名理论、旅游地更名理论、旅游地名文化氛围理论等，构成旅游地名研究的基础理论体系；三是通过旅游地名理论研究的实践，为旅游地名研究提供示范和参考。

本书的应用价值：一是在社会价值层面，可为当前旅游发展中存在的地名问题提供理论上的指导，提高旅游管理水平；二是在文化价值层面，旅游地名理论研究的本质是要探索文化和旅游的关系，展现文化，提升旅游者的旅游体验，促进旅游地形象提升；三是在经济价值层面，旅游地名通过地名多层次、多角度开发，促进区域品牌树立，提高区域知名度，将地名遗产资源转化为经济发展的优势。

目 录

理论基础篇

实践探索篇

综合应用篇

理论基础篇

第1章　旅游地名相关研究梳理

地名是基于区域独特的自然和人文环境而形成的地理实体符号，经过漫长的历史积淀，成为地域文化组成的重要内容。近年来，地名问题引起社会广泛关注，自2019年始，中央电视台播出地名文化节目《中国地名大会》，通过地名展现了中国博大精深的传统文化，唤起人们对于地名保护和传承的意识。我们的日常生活与社会交往离不开地名，旅游活动同样与地名息息相关。在倡导文旅融合、旅游高质量发展背景下，旅游地名相关研究越发重要。关于地名和旅游地的研究开始较早，但将两者结合的旅游地名研究则起步稍晚。

“旅游地名学”的概念提出已近40年，相关研究成果逐渐丰富，且呈现多元化发展趋势。旅游地名学研究为当代旅游提供了一个独特的探讨视角，可推进旅游地名研究工作，促进旅游学科体系和地名学理论体系建设，同时还可为现实中的旅游地名问题提供解决思路[1]。借助CiteSpace信息可视化图谱对旅游地名学相关研究进行回顾总结，通过梳理近40年来旅游地名的研究热点和主题，分析旅游地名各时期的研究重点，有利于推动旅游学学科发展，丰富地名学的研究内容，促进地名学与旅游学的学科融合。

1.1　数据来源及研究方法

1.1.1　数据来源

可视化图谱数据来源于中国知网（CNKI）数据库。以“旅游”并包含“地名”为主题，通过CNKI中高级检索功能，输入“旅游”“地名”两个关键词，截至2022年，共检索出606篇文献，通过人工剔除与主题相关度较低的期刊文献、报刊、新闻及会议通知，最终获取有效文献 540 篇，将有效文献作为可视化分析及梳理文献的样本。

1.1.2 研究方法及研究过程

CiteSpace 能够使复杂的知识网络更加清晰，并能显示科学发展的新趋势和新动态，使用该软件可探测各知识领域的发展状态、研究热点与趋势[2]。因此，主要借助 CiteSpace 对旅游地名相关文献中的作者、机构和关键词进行可视化分析，进一步分析旅游地名的研究进展与热点。具体操作过程如下：打开 CiteSpace 软件的 CNKI 数据分析模块；设置截止时间为 2022 年；分别选择“作者”、“发文机构”和“关键词”为网络节点类型，根据不同的网络节点设置不同的阈值；然后进行可视化分析，即可得到关于旅游地名研究的科学知识图谱。

1.2 旅游地名研究文献计量分析

1.2.1 发文作者及合作机构网络分析

运用 CiteSpace 软件生成研究机构及合作共现图谱（见图 1–1），该图谱能够反映出机构之间的合作强度以及在此领域的地位。从图 1–1 中可明显发现研究机构以高校为主，有少数几个机构在旅游地名研究上成果较多，但各个节点间的连线较少，只有少数研究机构之间存在关联。其中，河北师范大学资源与环境科学学院、河北省环境演变与生态建设实验室、河北省科学院地理科学研究所等机构处于一个节点，说明这些机构之间合作关系密切，整体上呈现零散分布状态。

运用 CiteSpace 软件生成作者合作共现图谱（见图 1–2），从该图谱中可以了解到旅游地名研究领域的核心作者及作者间的合作关系。由图 1–2 可知，我国旅游地名研究涌现出一批重要学者，具有代表性的学者有李仁杰、郭风华、李静、傅学庆、叶岱夫等，其中李仁杰、郭风华、傅学庆等学者合作较多，其他绝大多数作者相互之间联系较少。可见旅游地名领域的研究学者众多，但大多数研究处于独立状态，彼此之间联系交流和合作不强。

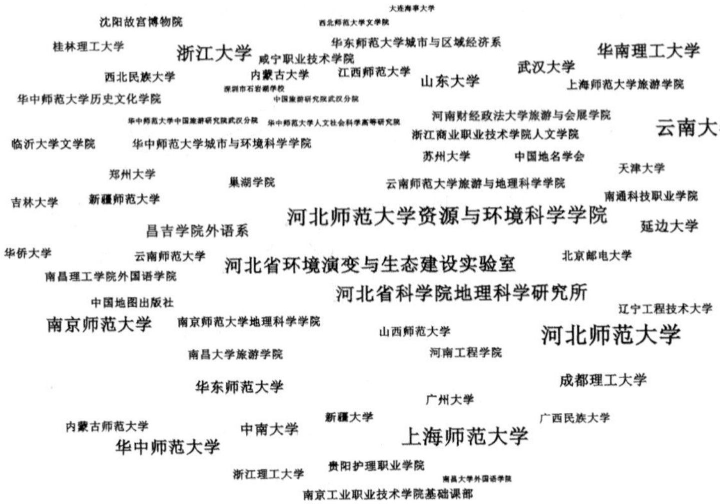

图 1-1　研究机构及合作共现图谱

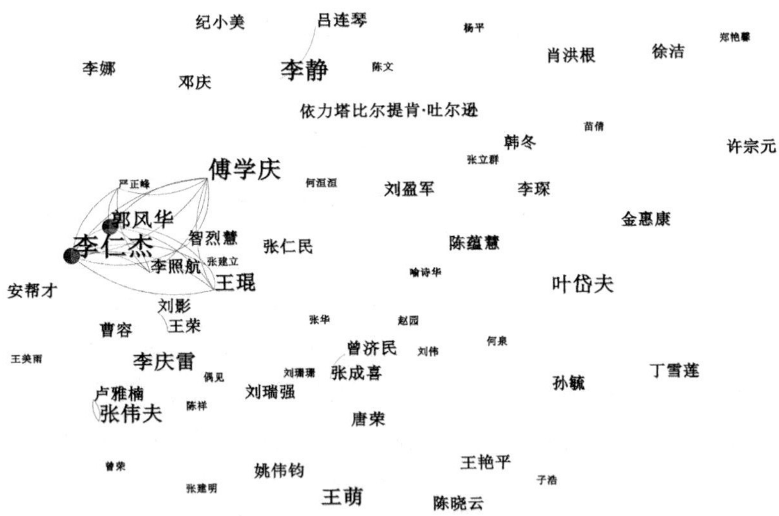

图 1-2　作者合作共现图谱

1.2.2　关键词词频统计及聚类分析

总结归纳高频关键词，可知旅游地名研究主题多集中于运用层面的旅游地名翻译、旅游地名功能、地名资源开发利用；地名管理层面的旅游地名命名与更名、旅游地名公共管理等。关键词反映文献核心着眼点，是对文章主要内容的高度浓缩与凝练，关键词词频可从微观层面揭示我国旅游地名的研究现状、研究热点、研究前沿及未来发展趋势，频次越高的关键词，代表其研究热度越高。选取 1985—2022 年我国旅游地名研究关键词频次排名在前 18 位的词汇（见表 1–1），如地名文化、地名、翻译、翻译策略、旅游、地名档案、旅游翻译等关键词出现频率较高。体现地名翻译主题的关键词有翻译、翻译策略、旅游翻译；体现旅游地名功能与地名资源开发利用主题的关键词有保护、旅游资源、旅游业等；体现旅游地名命名与更名主题的关键词有景点名称、城市地名等；体现旅游地名公共管理的关键词有地名档案、地名管理、地名工作、公示语等。

表 1–1　1985—2022 年我国旅游地名研究关键词频次排名

序号	关键词	词频	序号	关键词	词频
1	地名文化	44	10	保护	5
2	地名	30	11	旅游资源	5
3	翻译	13	12	景点名称	5
4	翻译策略	10	13	地名工作	5
5	旅游	9	14	城市地名	5
6	地名档案	7	15	公示语	5
7	旅游翻译	7	16	徐霞客	5
8	旅游文本	6	17	旅游业	4
9	地名管理	6	18	文化	4

关键词聚类图谱可从宏观层面直观展示研究领域与前沿主题，因此常被用于系统归纳研究主题。关键词聚类图谱是基于关键词共现分析，采用对数似然比算法，生成关键词聚类图谱，单个聚类由多个相关度较高的关键词组成，聚类的数字大小与所包含的关键词数量成反比。结果显示聚类模块值 Q（Modularity）为 0.891，聚类平均轮廓值 S（Silhouette）为 0.9248，表明聚类结构显著，且聚类结果令人信服。选取对数似然值最大的标签词生成图谱（见图 1–3），图中包含的聚类关键词分别为地名文化、地名、旅游业、地名工作、地名学、文化，通过归纳分析关键词聚类图谱中的聚类关键词及文献梳理，可知研究热点主要集中于地名文化、地名学、旅游业、地名工作等主题相关内容，具体内容包括地名翻译、地名旅游资源开发、地名命名与更名及

地名公共管理。

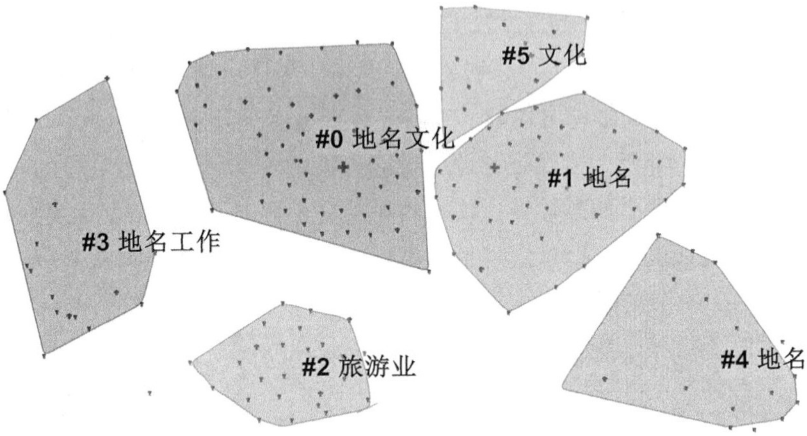

图 1-3 旅游地名研究关键词聚类图谱

1.3 旅游地名研究主题热点与中心内容综述

回顾近 40 年的旅游地名研究，是探索旅游地名研究的必备工作，可了解当前研究状况及可继续深入研究的领域，也可分析已有研究成果及不足之处。有学者从旅游管理、旅游开发、旅游决策、社会响应等方面对旅游地名研究进行回顾[3]。在科学知识图谱基础上结合文献梳理，可发现当前旅游地名研究在以下几个方面比较集中：旅游地名翻译、旅游地名功能与地名资源开发利用、旅游地名命名与更名、旅游地名公共管理。

1.3.1 旅游地名翻译

改革开放之后，我国敞开国门，欢迎各国游客，入境旅游人数从 1978 年的 180 万人次增长到 1988 年的 3169 万人次，1981 年和 1985 年的环比增长率分别达到 36.2% 和 38.8%。为应对快速增长的入境游客，如何弘扬我国优秀的传统文化是首先要解决的问题。地名作为地域名片，是翻译中的难点，如果翻译出来的地名让游客不知所云，则很难形成旅游吸引力。在入境旅游推动下，旅游地名翻译是旅游地名研究最早和最稳定的研究内容之一，旅游地名翻译研究涉及范围广泛，包括山川、景区、景点、古建筑、历史文化、博物馆、文物、公园、特产等旅游资源，旅游交通、旅游地图、导游词、旅游文体、地名标志等亦有涉及。旅游地名翻译研究主要集中于翻译原则和方式、跨文化翻译、民族区域地名翻译及新形势下的地名翻译等。

一是旅游地名翻译原则和方式的探索。旅游地名类型多样，为使地名信息传达有效且译语容易让游客接受，可将音译、直译、意译[4]、音译加意译、音译加直译、直译加意译等方式[5]与旅游地名结合起来，形成了多种翻译组合方式。音译的译名较简洁，是地名翻译的基本原则[6]，旅游地名中诸如行政区划地名、以人名命名的地名和表示特定概念而在英文中无相应特定词汇来表示的地方名称适合用音译[7]。实际上旅游地名较复杂，有些旅游地名音译表达不出本意，如四字名称[8]，因此有学者认为音译泛滥会降低翻译质量[9]，音译与其他翻译形式结合能解决这种状况，提出“地名音译，景名意译”[10]“音译为主，适当意译，照顾通译”“全名译音 + 通名译意”“拼音 + 直译、拼音 + 拼音 + 直译、直译 + 直译的方式”，以历史、传奇或神话人物来命名的景点采取半音译半意译翻译方式[11]，对音译与意译结合的方式进行了探索。

2007 年之后，对少数民族地名的翻译逐渐进入研究视野，主要集中在新疆和西藏地区。与汉语地名类似可音译意译结合[12]，在采用音译时要对文化缺省部分进行补充，根据少数民族地区语言特点可采用“少数民族语地名的记音用加符字母”的方式[13]。董辉在研究喀什公示语翻译时提出了“专名（维吾尔语音译转写）+ 通名（意译）法”“专名（维吾尔语音译转写）+ 通名（意译）+ 带括号的地名解释法”等七种方法[14]，具有可操作性。

二是旅游地名翻译的跨文化现象探索。由于文化差异，对中国特色地名翻译要有跨文化意识，要站在接受方角度，从接受美学角度进行翻译[15]，对原文要做到体贴入微[4]。作为当地人约定俗成并长期使用保留下来的地名，在翻译中要以名从主人和约定俗成为出发点[16]。从未被英语描述过的地物景观名称则需找到能为国际英文读者所普遍接受的表达方式[17]，这是翻译准确的前提。从跨文化翻译角度来看，意译显得更易于让游客理解，利于保留原文形象及其内涵[18]，可通过补充地名寓意、地理方位知识及使用类比方法加深对地名文化的理解。

三是新形势下的地名翻译探索。为适应新时代的旅游发展，针对旅游地名翻译出现的新内容，可采取以下形式。如从目的论出发，采用音译或者音译意译兼用、意译加注；从实际情况出发，译出美学化景点的内涵及采用文字美的方法进行翻译。又如可用新的翻译方法，对红色景点地名[19]、地名文化解说[20]、国外旅游地名翻译[21]进行探索。近些年一些学者还对优化翻译的措施也进行了探讨，建议从机构、标准化审定制度和人才队伍方面进行规范[22]。

1.3.2 旅游地名功能与地名资源开发利用

早在20世纪90年代，学界已经认识到地名可促成旅游活动产生并参与导游过程，可增加旅游兴趣和知识，具有实用、审美功能，并从旅游实践层面进行了探索，如旅游地图[23]、名胜古迹地名的传播途径[24]等。地名作为旅游资源的理念得到了地名管理部门的认同[25]，地名的旅游资源价值和功能自提出后即成为旅游地名研究长盛不衰的主题，近十年来发展更为迅速。

旅游地名功能。定位和指向是地名最基本的功能，当地名融入地域文化和历史文化并与旅游结合后，功能渐趋丰富。地名除导向这一基本功能之外，知识[26]、吸引[27]、形象标识[28]、审美[29]等也是其重要功能，地名在旅游活动中可以传播地方理念、地域文化，塑造地区形象，推介旅游品牌，丰富旅游活动。

旅游地名价值。地名作为旅游资源，具有开发价值，得到学界较为一致的认同，并在理论上回答了地名何以成为资源的问题。地名具有使用价值并可以交换[30]，也具有实用性和稀缺性。新的资源观将资源定义为一切能被人类开发利用的事物，地名无疑是一种旅游资源[31]。有学者对地名的价值体系进行了研究，认为其旅游价值是经济价值的构成部分，并将区域形象、旅游资源、体验方面的价值分别表现为高值、中值和低值[32]。

地名资源可广泛用于旅游开发，旅游开发有利于地名资源的保护和传承。地名作为资源，可用于旅游的各个环节。将旅游地名作为商标注册[33]和地理标志产品[34]，形成潜在旅游商品[35]；地名资源可用于餐饮美食、酒店[36]、旅游公路和道路语言景观[37]、景点景区[38]、古景复原[39]、旅游形象标识[28]等方面的旅游开发。可利用地名从点—线—面打造游憩区[40]，塑造旅游主题[41]，融入旅游口号[42]，并广泛地将地名资源用于地区、单类等地名品牌的构建[43]。旅游开发是地名文化景观保护与修复的途径[44]，可促进老地名活化[45]，并将特色、陌生、神秘的方言融为旅游文化资源，发挥地名价值[46]。当然并不是所有地名都可以开发为旅游资源，应对地名与文化、景点、交通、旅游主题等方面的适配度进行衡量。

地名资源的旅游开发要以市场化、法制化、统一规划和管理为前提，探讨顺应新形势和新技术的资源开发方式。如在大数据和新媒体发展背景下，采取线上线下多渠道挖掘地名文化并融入旅游文化中[47]。

1.3.3　旅游地名命名与更名

旅游资源的不可转移性，决定了广大旅游者对旅游地通常是先闻其“名”后见其“景”，因此，旅游地名是激发游客动机的重要因素。合理的景区景点名称可以提升旅游地知名度与美誉度，同时旅游地名资源具有唯一性、稀缺性的特征，因此景区命名与更名的问题作为旅游地文化建设和品牌打造的重要研究内容日益受到关注。

一是景区景点地名命名的研究。有学者选择旅游景区的人文和自然景观要素[48]，探究其命名特征及规律；旅游景区地名命名原则及规范性问题也得到了学界的关注，朱昌春认为，目前景区命名存在名不副实、缺乏内涵等问题，会对旅游地产生负面影响[49]。张祥等人提出，应以事实为基础，适当地对景点地名进行创造，突出景点特征[50]，并且在景点评级或者地名更名时，尽量保持名称前后的一致性，不应随意更改景点地名，要加强景区景点地名管理。

二是旅游地名称的更名。近年来旅游地名称的更换成为行政区域管理和旅游业发展的热门话题。总体来看，旅游地更名可分为两大类型，分别为旅游城市（区、镇）和旅游景区更名[51]。当前，权衡旅游城市（区、镇）更名利弊以及提升地名影响力的研究备受关注。旅游地更名可提升旅游地竞争力，吸引旅游者眼球，明确体验主题[52]，但借名人招牌、捧历史典故，打旅游品牌，并非每次更名都获得良好效应，一些旅游地在更名后效果不佳，甚至产生指位不明等问题[53]，一些更名甚至覆盖了旅游地原本价值更高和文化内涵更深厚的旅游资源。因此地方政府对于旅游地的更名应更为审慎，在更名过程中应遵守法规条例并广泛了解社情民意；旅游地在更名后要积极整合民俗风情、特色体验等异质性旅游资源，在保护的基础上创新利用地名旅游资源[53]。合理的地名更名在一定层面上会带动地方旅游业的发展，但区域旅游与经济发展是相互联系的系统工程，仅靠更名来实现旅游业持续且高速发展不合常理。旅游地更名所产生的旅游经济效应与更改后的名称、配套产品及服务设施、相应的地名品牌推广策略等要素息息相关。

三是旅游地名称的争夺。历史文化资源推动旅游业发展，挖掘历史名人故里及其相关文化内涵，可让一个地域在短时间内声名鹊起，促进当地旅游经济发展。同时，因旅游地名资源的稀缺性特征，旅游地名称在旅游经济发展中的争议必然备受关注[54]，如四川、贵州等 6 省市对“夜郎”文化的争夺愈演愈烈[55]。有学者指出夜郎地名文化之争背后实际是想借“夜郎”的名声发力，实现文化带动经济发展[56]。与此相似的屈原投江地、水泊梁山归属地、西施故里归属地等都有程度不一的争论，其争论背后仍然是利益驱使。但将地方景区名称用作行政区名，一般不存在争抢问题，如大庸县更名为张家界市，南坪县更名为九寨沟县等。地名之争中的地名实际上是一种独特的品牌文化，争论的目的在于利用它神秘的吸引力，打造旅游文化品牌，提升地方知名度，为地方带来相应的经济和社会效益。

1.3.4 旅游地名公共管理

地名信息服务是旅游经济中必不可少的要素，旅游地名各项功能和价值实现要以完善地名公共管理为前提。目前，旅游地名管理相关研究主要涉及两方面内容：其一是良好地名环境的构建策略研究，如旅游地名标识工作的改善[57]和地名翻译工作规范性问题。其二是通过地名管理提升旅游地名价值，注重地名档案的旅游价值与开发[58]及地区文化内涵传播[4]，学界认为通过地名管理可提升旅游价值。

1.4 旅游地名研究演进及各时期研究重点

通过文献梳理，将 1985—2022 年旅游地名研究发文数量（见图 1–4）、1985—2020 年旅游地名研究突现词（见图 1–5）和政府相关政策文件进行综合分析，可将旅游地名研究历程划分为以下 3 个阶段。

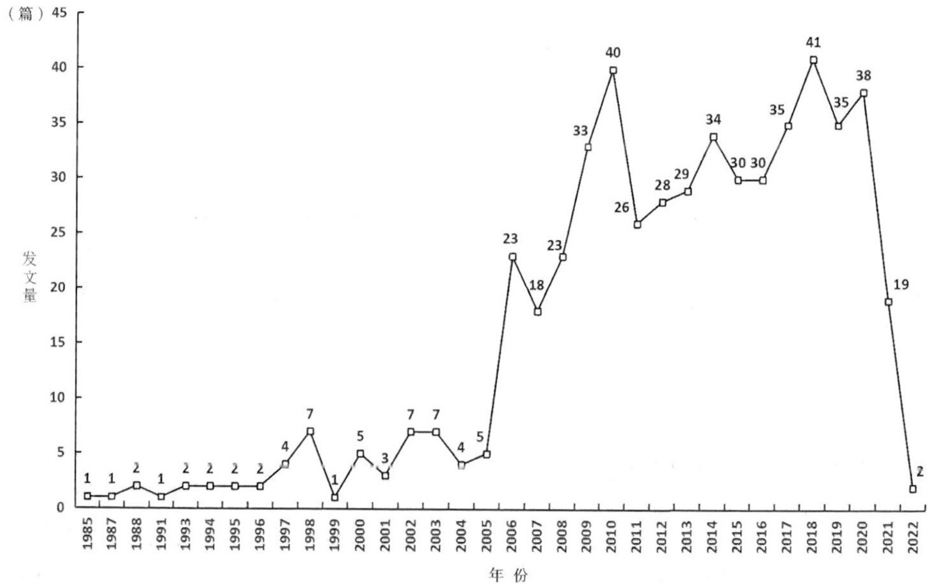

图 1–4　1985—2022 年旅游地名研究总体趋势

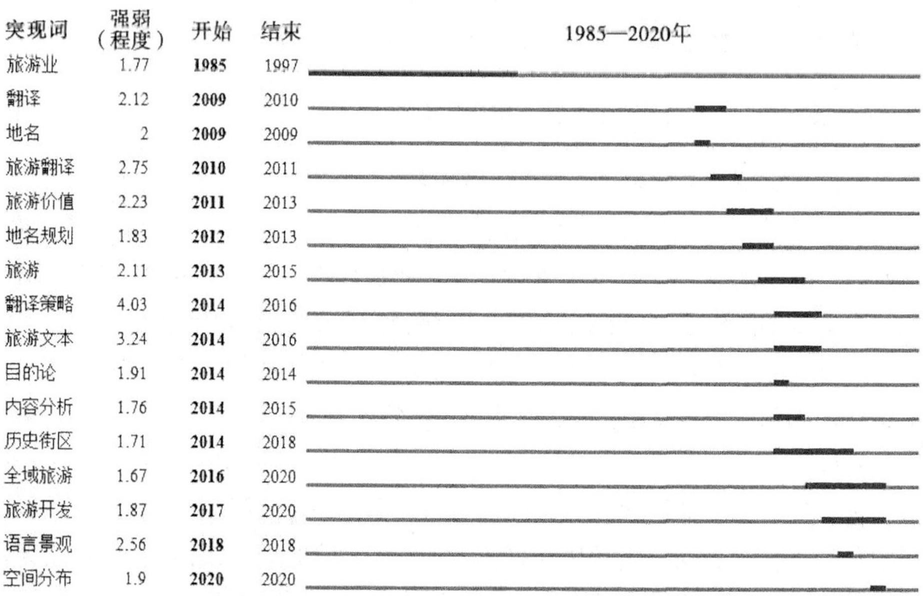

图 1–5　旅游地名研究突现词图谱

1.4.1 起步阶段（1985—2005 年）

2005 年之前为起步阶段，经济快速发展是该时期的主题。从发文数量来看，该时期每年关于旅游地名的文献只有零星几篇。从突现词图谱来看，旅游地名的研究热点为旅游业发展。随着改革开放的深入，经济、政治、文化等多方面因素促进了我国入境旅游的发展，英文版旅游地图的翻译研究成为旅游地名研究起步阶段的热点话题[10]，研究的深入促进了海外游客对我国风景名胜区的了解。由此可见，旅游地名起步阶段的研究倾向于实用性，且未形成社会普遍关注局面。

1.4.2 发展阶段（2006—2013 年）

2006 年以来，旅游地名的研究得到快速且全面的发展，文献数量明显增长，大部分年份的发文量达到 20 篇以上。结合可视化分析结果中的突现词图谱，发现学界对旅游地名的研究在发展阶段开始呈现多元局面，主体为两个方向：一是以旅游城市的“地名”“旅游价值”为焦点的理论性研究；二是以旅游地的“旅游翻译”、“旅游价值”和“地名规划”为主的实用性研究。

1.4.3 深化阶段（2014—2022 年）

旅游地名研究深化阶段，文献的数量特征为年度发文量较多且状态稳定，2014 年文献数量达到 34 篇，突现词图谱在该阶段词源丰富且涉及面广，而 2021 年、2022 年两个年份在发文数量上因出版和疫情影响等方面原因有所波动。在突现词图谱中，“全域旅游”是旅游业发展的宏观环境，由此可知，国家政策变化是影响旅游地名研究的直接因素。此外，随着研究的深化及科技的进步，新研究方法的运用推动了旅游地名研究的深入，突现词图谱当中的“旅游文本”“内容分析”“空间分布”等词语展示了网络文本分析、GIS 空间分析等研究方法在旅游地名研究中的运用。定性与定量研究是深化阶段研究旅游地名的主要方法，定性研究多通过资料与语言分析、实地调研、访谈分析等方式实行；定量研究多包含空间分析、数理统计、网络文本分析等方法。

1.5　小结与展望

1.5.1　小结

文献梳理发现，我国旅游地名学研究虽起步较晚，但学界对其进行了持续探索，且近些年呈现快速发展之势。应用层面的旅游地名研究成果较为丰富且议题集中，但理论体系构建方面存在明显不足。具体如下：一是旅游地名研究主题集中于旅游地名翻译、旅游地名更名与命名、旅游地名资源开发和旅游地名公共管理，研究内容偏重于应用层面，理论研究颇为薄弱；二是旅游地名研究呈现时代性，每个阶段侧重点各有不同，起步阶段年发文数量较少，研究内容集中于旅游业发展；发展阶段文献数量明显增长，研究主题和热点呈现多元局面；深化阶段年发文量较多且稳定，研究主题丰富且涉及面广。

1.5.2　展望

我国旅游业快速发展，旅游地名作为旅游业的重要模块也面临着新的发展机遇，为研究提出了新的议题和创新空间，未来应注重以下几个方面。

第一，立足现实社会的发展水平。旅游地名的研究对象属于旅游学范畴，与旅游业发展息息相关，因此旅游地名研究要立足旅游业发展。综合文献分析发现，旅游地名研究与政治、经济和文化等各方面因素息息相关，未来旅游地名研究可围绕旅游发展的新形势展开。

第二，结合新的技术方法，顺应时代发展探寻新视角。旅游地名研究具有时代性，新的理论可以丰富研究层次，新的研究方法可以深化研究内容，融合多种方法创新旅游地名研究，也是未来需要突破的方面。

第三，构建基于多学科的综合性研究理论体系。不同学科对旅游地名的研究各有侧重，未来的研究应在已有研究成果基础上，加强学科间的交流对话，拓宽研究思路与研究范式，探索多学科体系融合下的自身特色，形成系统的研究合力，丰富旅游地名研究理论体系。

参考文献：

［1］王荣，刘影，许意如．旅游地名研究理论体系建构研究［J］．干旱区资源与环境，2021，35（8）：167–174.

［2］李杰，陈超美．CiteSpace：科技文本挖掘及可视化［M］．北京：首都经济贸易大学出版社，2016：3.

［3］纪小美，陶卓民．旅游地名的国内外研究述评［J］．广西经济管理干部学院学报，2017，29（3）：63–70.

［4］任小玫．旅游地名翻译的范式、管理与文化生态意涵：从李祁的《徐霞客游记》英文节译本谈起［J］．旅游学刊，2009，24（9）：18–23.

［5］李嘉萱．景点地名翻译原则初探［J］．社科纵横（新理论版），2012，27（1）：291+300.

［6］于国宏．编制英文版城市旅游地图应注意的几个问题［J］．测绘通报，2008（8）：70–72.

［7］刘洪涛．论我国旅游景点名称英译现状、问题及对策［J］．中国地名，2000（5）：10–11.

［8］周凝绮．谈汉语旅游地名及四字词的英译［J］．重庆科技学院学报（社会科学版），2009（7）：142+194.

［9］董哲，刘丹丹．浅析旅游景点汉译英中存在的两大问题［J］．才智，2008（9）：162–163.

［10］陈小凡．旅游地图上地名景点名翻译问题［J］．地图，1988（4）：64.

［11］胡晓，吴叔尉．旅游文体英译探索［J］．内蒙古农业大学学报（社会科学版），2008（1）：286–288.

［12］何云琴．“一带一路”与我国西藏旅游翻译国际化［J］．吉林广播电视大学学报，2018（9）：124–125+150.

［13］王瑞红．浅析旅游文本英译中的新疆地名翻译［J］．成功（教育），2009（4）：281.

［14］董辉．喀什地区旅游地名公示语英译探析［J］．语言与翻译，2018（1）：67–71.

［15］詹红娟．从接受美学谈旅游宣传广告的英译［J］．牡丹江大学学报，2008（1）：83–84+97.

［16］宋海鹤．本土化策略和旅游景点文本翻译［J］. 佳木斯职业学院学报，2015（10）：413-414.

［17］金惠康．广东旅游翻译探讨［J］. 上海科技翻译，2003（2）：20-24.

［18］李亚秋．旅游英语翻译中的跨文化意识研究［J］. 枣庄学院学报，2019，36（6）：117-120.

［19］田琳．功能翻译理论视域下川东红色旅游景点公示语翻译研究［J］. 四川文理学院学报，2017，27（4）：99-102.

［20］庄亮，庄超颖．泉州“海丝”文化地名解说的英译研究［J］. 泉州师范学院学报，2018，36（1）：74-80.

［21］张丽萍．国外旅游地名翻译的意境之美：以优山美地为例［J］. 中国地名，2019（12）：34.

［22］王燕．建构主义视角下旅游景点翻译策略研究［J］. 洛阳师范学院学报，2019，38（7）：22-25.

［23］马应贤．新疆旅游图专题要素的表示［J］. 干旱区地理，1994（1）：89-91.

［24］安宏．风景名胜古迹地名传播途径谈［J］. 中国地名，1998（5）：38-39.

［25］舟山市地名办公室．搞活地名工作　开发地名资源［J］. 中国地名，1996（2）：58.

［26］赵振宇．地名与旅游［J］. 商场现代化，2007（29）：203.

［27］王萌．地名的旅游价值和文化价值［J］. 中国地名，2015（12）：78+77.

［28］郭清霞，陈文．武汉地名文化资源旅游价值的发掘利用［J］. 湖北大学学报（哲学社会科学版），2006（5）：583-586.

［29］花露，张洁玉．地名文化的旅游价值及开发浅析［J］. 商业经济,2009（21）：99-101.

［30］朱考金，陈建兵．地名文化的市场冲击［J］. 中国地名，2004（1）：4-5.

［31］王荣，何彤慧．地名旅游资源特征及其开发利用初探：以桂林市为例［J］. 桂林师范高等专科学校学报，2009，23（4）：72-75.

［32］王长松，陈然．基于德尔菲法的地名价值体系研究［J］. 中国地名，2014（2）：40-42.

［33］黄伟．“武当”者，谁之“武当”［J］. 中华商标，2005（3）：9-11.

［34］霍岳飞．全域旅游视角下山西省地理标志农产品开发探析［J］. 宿州教育学院学报，2019，22（3）：20-22.

[35]甄翌.地理标志与我国旅游商品发展[J].湖南商学院学报，2009，16（4）：63-65.

[36]叶岱夫.山水地名在酒店服务中的应用[J].中学地理教学参考,2013（10）：63-64.

[37]张雷红.旅游城市语言景观的保护与开发策略初探：以潍坊城区街道名称为例[J].度假旅游，2018（12）：154-155.

[38]王艳辉，袁书琪，黄阿琼.福州“三坊七巷”地名资源的旅游价值及开发探讨[J].资源开发与市场，2009，25（4）：360-362.

[39]邓红莲，陈晓云.鄂南地名文化的旅游价值及其应用[J].湖北科技学院学报，2013，33（3）：41-43.

[40]陈翠翠，吴晓琼，沈小棋，等.基于地名保护视角的RBD福州上下杭模式建构研究[J].旅游纵览，2018（12）：89-90.

[41]祝箫，邓红霞，余先德，等.地名文化及其旅游价值主题实践活动的设计：以湖北省赤壁市为例[J].新课程研究，2019（15）：122-124.

[42]肖敏，李山，徐秋静，等.旅游口号创意模式的尺度差异研究[J].旅游学刊，2011，26（3）：50-55.

[43]王艺润.营销视角下的地名品牌塑造[J].全国流通经济，2017（8）：61-62.

[44]秦美玉娜.四川青衣江流域洪雅段地名文化景观保护性与修复性研究[D].成都：成都理工大学，2012.

[45]栾辰颖.非物质文化遗产的活化研究：以南京老地名为例[J].市场周刊，2017（8）：57-59.

[46]辜夕娟.云南方言的地域特色与旅游文化研究[J].湖北民族学院学报（哲学社会科学版），2014，32（4）：142-145.

[47]徐洁.WEB3.0视角下地名文化在旅游发展中的发掘研究：以温岭石塘镇为例[J].中国商论，2017（9）：50-51.

[48]康旭，贾文毓.中国亭的省域分布与命名研究[J].山西师范大学学报（自然科学版），2014，28（3）：121-124.

[49]朱昌春.地名在风景名胜区的应用[J].旅游学刊，2002（6）：19-22.

[50]张祥，杨传开，林章林.旅游景点命名原则及策略新说[J].广州大学学报（社会科学版），2013，12（9）：74-78.

[51]黄华，王洁.对我国旅游地更名的思考[J].旅游论坛，2011，4（6）：12-17.

[52]李庆雷，高大帅，李芳．旅游地更名现象的理论透视［J］. 常州大学学报（社会科学版），2018，19（3）：80-87.

[53]柴海燕．风景旅游城市地名变更现象透析［J］. 地域研究与开发，2000（2）：82-85.

[54]保继刚．地名变更的文化与经济之争［J］. 语言战略研究，2017，2（2）：8-9.

[55]李子怡．论夜郎之争与文化资源开发研究［J］. 中国民族博览，2017（5）：7-8.

[56]王大良．夜郎之争与文化资源开发［J］. 贵州民族研究，2005（5）：115-120.

[57]张建明．为海南建成国际旅游岛营造优良的地名环境［J］. 中国地名，2011（6）：45-46.

[58]卢雅楠，张伟夫．浅谈地名档案的资源属性和特征［J］. 中国地名，2017（1）：24-25.

第2章　旅游地名研究理论体系建构研究

苏联地名学家 A. M. 谢利谢夫认为，地名是了解历史人文学和一个国家的社会经济生活史最珍贵的资料之一[1]。旅游与地名有天然的、密不可分的联系。20 世纪 80 年代初，学界已经关注旅游与地名的关系，并提出了“旅游地名学”的概念，经过近 40 年的发展，研究成果日趋增多，但旅游地名研究尚未形成完整的理论体系。为此，依据地名学和旅游学的基本理论，阐述旅游地名的研究意义、研究对象和学科属性，厘清旅游地名的概念，从内部和外部两个逻辑层面探讨旅游地名的研究内容，并分析研究方法，尝试构建旅游地名研究的理论体系，为旅游地名研究提供参考，是当务之急。

2.1　推进旅游地名研究的意义

2.1.1　促进旅游学科体系建设

旅游学科作为交叉学科，或称为综合性的边缘学科，理论是学科的灵魂，是学科系统的骨架，理论发育水平代表一个学科的成熟程度和发展水平[2]。旅游学科的交叉性和综合性，要求学科体系要根据旅游实际问题吸收其他学科的理论、方法和技术。当前旅游存在的地名争夺、地名更名、地名遗产旅游开发等现象，体现了旅游地名研究的必要性。从地名学角度来看，当前的研究主要集中于旅游地名的功能、价值等方面，旅游地名语词、命名和更名等旅游地名内涵方面的研究则很少。在文化旅游和旅游高质量发展的新形势下，旅游地名研究可扩大旅游研究深度，推动旅游学科体系的建设与完善。

2.1.2　丰富部门地名学和应用地名学理论体系研究

民国时期，中国地名学由传统地名学向现代地名学过渡，并逐渐向综合化、精细化等方向发展。传统地名学主要包括地名的释义、定位、用字、读音、辨类等[3]。现代地名学的一个重要标志是开展了现代地名科学理论和方法论的系统性、综合性与应用研究[4]，形成了综合性、区域性、方法性、部门性、应用性、技术性等数十门分支理论[5]。探讨某一部门类型地名群体系统特征和规律的学科理论即为部门性的地名学科理论，“旅游地名学”在 20 世纪 80 年代已经被提出[6]，关于旅游地名的实践研究成果丰硕，但在旅游地名理论体系构建方面鲜有涉及，围绕旅游领域展开地名的研究可以深化部门地名学的应用内容。旅游地名研究将地名学理论应用于旅游领域，为旅游管理部门和旅游行业决策提供理论支撑。

2.1.3　为现实中的旅游地名问题的解决提供思路

旅游地名研究对旅游地命名更名、地名功能优化、地名文化遗产价值开发和地名管理规范有序化具有现实指导意义。从政府层面上说，旅游地名研究可为旅游地更名和白热化的地名争夺提供理论支撑和效果评价，推进旅游地名品牌建设，完善区域地名标志系统建设，推进区域旅游地名规划开展，通过管理把地名塑造成为区域名片。从旅游行业层面上说，旅游地名研究可为兴起的旅游景点命名和已有景区的更名提供采词依据和命名思路，把地名融入食、住、行、游、购、娱各个环节[7]，如优化景区地名标志设置，将地名价值融入地理标志旅游商品中，从而提升游客体验感。

2.2　旅游地名研究的对象和学科属性

2.2.1　旅游地名研究的对象

学科的建立，在很大程度上是由特殊的研究对象决定的，当前旅游地名研究是在现实问题驱动下，从理论上构建研究框架体系，将其所属的旅游学与地名学进行结合，因此旅游地名研究既为地名学的研究内容，也属旅游学研究的范畴，都受到旅游学和地名学的制约。

旅游地名研究首先要了解地名学研究对象。地名学的研究对象为“地名”“地名的研究”[8]“研究一个国家或一个地区的地名的学科”[9]“地名现象”[10]及其发展规律等，地名是研究的核心。从地名的发展和结构进行分析，可以更好地了解地名学的研究对象，地名最原始的功能是满足人类交往需要的指称和定位。随着历史演进和环境变化，与地名有关的专名、通名、地名词缀也发生演变，形成了地名的简写、全称、雅称、俗称、历史名称以及地名群、地名层等现象，对名称及其演变的研究即为地名研究的内部系统。地名产生后，与政治、经济、文化、历史、地理、民族等产生了密不可分的联系，研究地名与外部环境的关系即为地名研究的外部系统。有学者提出，“地名系统”为地名学的研究对象，即一系列大大小小的地域及其指代名称的结合[11]，包括与人类活动空间相关的理想指位语言符号内部系统和人地关系外部系统。

旅游地名研究亦受到旅游学研究对象的限制。旅游学的研究对象以旅游为核心，研究对象较为广泛，当前学界大致分为矛盾说、关系－现象说、三要素说三大类，前两者将旅游活动中的各种内在矛盾以及各种关系和现象作为研究对象，如旅游学是“旅游活动过程中矛盾运动规律的科学”[12]，其研究对象涵盖了与旅游有关的各种问题。三要素学说则根据不同内容将旅游学研究对象划分为三个不同层次，较为常见的是从旅游主体（旅游者）、旅游客体（旅游地）和媒体（旅游业）进行划分，也有从旅游者、旅游管理者、旅游资源、旅游设施四个要素来划分的[13]，以探讨各要素基本特征与相互之间的关联作用及其运行规律。旅游活动的旅游前、旅游中、旅游后都离不开地名的参与，地名贯穿于旅游全过程，如果从要素来分析，地名与旅游者、旅游目的地、旅游业的关系都十分密切，地名研究属于旅游学的研究范畴。

综上所述，旅游地名研究受地名学和旅游学的制约与限制。旅游地名首先符合普通地名的基本规律，地名名称及演变的内部系统和与外部环境关系的外部系统是基本的研究范畴。同时，因旅游活动具有异地流动性、审美性和休闲娱乐性等特性，当地名与旅游活动结合起来后，在使用群体、功能、价值和管理上都与普通地名呈现出不同的特点。地名系统的要素因旅游活动而衍生新的特性，即旅游地名的研究聚焦于旅游领域地名的基本规律，包括旅游活动中与地名系统有关的地名现象和关系，其为部门地名学的一个分支。

2.2.2　旅游地名研究的学科属性

地名学是一门综合性独立的社会科学学科，与语言学、地理学、历史学、民族学、民俗学、测绘学等多种学科密切相关。旅游学界多数学者认为，旅游学属于社会科学领域里的边缘学科，具有跨学科、多学科交叉和综合性特点。交叉学科是指在两种或两种以上单一学科的基础上，科学主体凭借对象整合、概念移植、理论渗透和类比推理等方法，对对象世界及其变化进行探测、体认和再现后形成的跨越单一学科的独立的科学理论体系[14]。旅游地名研究即介于旅游学和地名学的交叉学科，基于下面三点原因：一是当前旅游学和地名学对于旅游地名研究都只集中在一些特定的和有限的领域，旅游地名的问题需要地名学和旅游学从理论上进行整合、移植、渗透和推理，形成新的理论体系，用于指导旅游地名问题的研究。二是旅游地名立足地名系统，是旅游活动中所要解决的问题，旅游学和地名学在理论体系建构上进行了长期探索，可为旅游地名的问题研究提供理论和方法借鉴。三是"旅游地名学"的概念提出已近 40 年，学界进行了持续的研究，随着文旅融合和旅游高质量的发展，旅游地名的问题将会越发凸显。因此，旅游地名研究对象和资料来源与地名学密切相关，研究理论和方法又属于旅游学的范畴，无疑，其学科属性是介于旅游学与地名学的交叉学科。

2.3　旅游地名研究内容

旅游地名研究是解决旅游相关的地名问题，在研究体系的构建中以旅游问题为出发点，融入地名学相关理论，形成相对稳定的研究框架，以支撑学科相对稳定的研究范围和内容。从地名的发展历程来看，可将旅游地名的研究分为内部系统和外部系统两个层面，内部系统包括旅游地名单名、地名结群、地名命名、地名演变等语词的规律研究；外部系统则研究在语词规律之外的旅游地名功能、价值和管理等。

2.3.1　旅游地名语词研究

旅游地名语词包括单名、地名结群和地名网络等内容，是旅游地名研究的基本内容。

一是旅游地名单名研究。单名是地名语词系统的基本要素，包括点状、线状和面状旅游实体名称，可对如下三方面内容进行研究：第一，旅游地名单名结构。地名由专名和通名构成，在旅游景区景点中存在通名或专名缺失的现象，这种与地名标准化相左的现象如何解决，值得关注。第二，旅游地名单名的音、形、义。一些方言、谐音和带有生僻字的地名，属于地域特色地名，需研究如何处理这种现象。第三，旅游地名的别称。地名有关的专名、通名、地名词缀随时间发生演变，形成了地名的简写、全称、雅称、俗称、历史名称等，这些名称是旅游地文化的组成部分。单名的研究是对名称的规范性和科学性的考察，为命名和更名提供思考，如海南“呀诺达雨林文化旅游区”中的“呀诺达”为专名，在黎语中为“一二三”之意，体现出了民族特色，“旅游区”为景区属性通名，“雨林文化”是“旅游区”的修饰和限定词，体现“旅游区”特性，指示性较准确。

二是旅游地名结群研究。旅游地名结群由地名群、地名层、地名景观以及派生地名等构成。旅游地名群是研究与旅游活动有关的地名语源、地源或史源相同的地名现象，如桂林因七星岩而派生出了七星景区、七星路、七星区、七星渔村（餐饮）、七星大酒店等系列地名。旅游地名层则是按照出现的历史时期、地域大小从属关系、语种不同所划分的不同的地名层次，重在系统和层级关系，如根据历史的积淀，桂林古地名层可分为唐代以前、唐代、宋代和明清四个层次[15]。旅游地名景观是指群体地名表现出来的某种因素的一致性所形成的地名群体特征，如桂林以“三山（叠彩山、伏波山、象鼻山）两洞（七星岩、芦笛岩）一条江（漓江）”作为旅游资源的精华，在城市地名命名中充分吸收和利用了旅游资源的特点，形成了七星区、象山区、叠彩区、叠彩路、芦笛路、漓江路、漓江桥等一系列山水景观地名，对展现地域文化和提升旅游者感知有深刻影响。以下两方面可作为地名结群研究内容：一方面，旅游地名结群的机理和规律研究，即分析不同旅游目的地的地名结群史源、地源、语言源，这种结群现象在类型、规模、结构、分布上呈现的形态；另一方面，地名结群在旅游中的运用，探讨旅游目的地、旅游景区、旅游住宿、旅游餐饮、旅游地名规划等如何运用地名结群，分析在展现地域文化、提升游客感知和树立品牌形象中的作用。

三是旅游地名网络体系研究。旅游系统是以目的地和客源地为节点、交通线路为连接所形成的网络[16]。旅游地名网络体系即以旅游为出发点，研究区域地名点、线、面的协调问题，以发挥旅游功能，提升旅游品质。如以“黄山”取代“徽州”，以“武夷山”取代“崇安”，前者是将名山的指代范围扩大了，后者则将名山固有的指称范围缩小了，从旅游地名网络来看失之偏颇，极易造成旅游导向混乱。

2.3.2 旅游地名命名研究

科学合理的命名能提升旅游地文化内涵，形成旅游吸引力，否则会对旅游地产生负面影响[17]。命名原则、原理和采词等是旅游地名命名要考虑的方面，如果将旅游地名命名比喻为大厦，原则是框架、原理是操作规范、采词即为各种材料。

一是旅游地名命名原则。即命名中所遵循的指导性、方向性、宏观性规则，旅游地名命名要遵循普通地名的名实相符、指位明确、语词规范等基本原则。同时，作为旅游者和目的地的沟通桥梁，游客需求、游客感知和地域文化也是命名原则所要考虑的。

二是旅游地名采词研究。即地名语词采集、组合、筛选、论证并将名称予以定稿的全过程[18]，为命名提供基础素材，是命名质量和命名特色的保证。以下三个方面值得关注：其一，在分析旅游命名客体特点的基础上，充分挖掘其自然特色和人文内涵，提取具有代表性的地名元素，构建地名采词库；其二，对地名采词库的地名元素进行筛选，分析地名元素的派生、组合等构成特点；其三，旅游地要进行地名规划，形成地名规划表、地名规划图等。

三是旅游地名命名原理研究。即研究旅游地名是如何构成的，主体根据采词素材和原则，结合主观知识和创意，从方式、结构和类型进行组合，完成旅游地名命名。①命名方式。在命名原则下对采词进行组合、编排和加工，形成旅游地名，如方位、序数、派生、合称、谐音、写实、写意等命名方式。②地名结构。旅游地名结构即地名命名要素类型以及各要素之间不同的组合形式[19]，一般由专名和通名组成。专名体现地名的内涵，如“武汉市”“襄樊市”（现为襄阳市）的专名为两个地名的合称，“乌鲁木齐市”“雅鲁藏布江”则体现了民族语言的特色。当前我国的景区通名极为复杂，通过对 3958 处 4A 级以上景区的分析，通名达到数十种，在命名中体现出多样性甚至随意性，如同为北京 5A 级历史文化类景区，“圆明园景区”“颐和园”“天坛公园”

分别用了三种通名。此外，旅游地名中无通名和多种通名并存的情况也很常见。③字数差异。如苏州园林中的“留园”“网师园”“环秀山庄”分别由二字、三字、四字构成，“大三巴牌坊”“秦始皇兵马俑”“石室圣心大教堂”分别由五字、六字、七字构成，不同字数的旅游地名所蕴含的意境、信息丰度和地域文化对命名有很好的参考作用。

2.3.3 旅游地名演变研究

地名为地理环境—人—地名系统的一部分，当地理环境变化对人类造成的影响足够大时，地名变更或消失也就具备了条件[20]。旅游迅速发展影响了系统稳定性，推动旅游地名演变。

一是从地名内部系统研究旅游地名演变的一般规律，为当前变化提供借鉴。①旅游地名命名规律演变研究，包括命名方式、结构、类型、字数和组合方式等方面呈现出来的变化规律，如自然类地名形成后较为稳定，桂林伏波山、漓江、象鼻山，分别于唐代、宋代、清代后便稳定下来，而东巷、西巷历经沉浮于近些年复原以“东西巷”出现在游客面前。②旅游地名演变的研究内容，涉及读音、用字、含义和词语结构等方面的演变特征，如银川市兴庆区的住宅小区通名呈现“家属院—小区—园、苑、区—多元化、国际化”的演变过程[21]，旅游地名的通名和专名也有类似的演变过程。

二是“休眠”地名的“复活”。老地名作为区域历史文化的符号，在旅游开发中受到广泛关注，需加强对老地名的考证和挖掘，对复原的适用性、派生规律等进行研究，发挥老地名在旅游中的价值。

三是旅游地名更替机理与影响研究。20 世纪 80 年代以来，国内旅游地更名现象持续不断，有的更名突出了资源和文化特点，扩大了知名度，更名效果良好，可提高旅游地吸引力和竞争力[22]，如中甸改为香格里拉。更多研究者对更名热保持理性思考[23-24]，有的更名则形成遮蔽效应，掩盖了当地同样重要的资源或更为突出的资源，或通过更名导致了旅游地指向性混乱，从徽州到黄山的命名即为此例。地名更名的影响和效果多停留在定性分析阶段，从定量角度分析有待进一步深入。

2.3.4 旅游地名功能研究

旅游地名功能是学界较早关注的方面，根据地名到旅游地名的发展过程，可从核心功能、扩展功能和旅游功能三个层次来构建旅游地名的研究内容。其一，旅游地名的核心功能是指位，这是地名产生最初和最基本的功能，在旅游中发挥导向、定位、社会交往作用，旅游者可“按名寻地、按名知地”。其二，地名在指位功能之外也承载了一些信息，游客通过地名可了解区域、民族、历史、文化等信息，因此具备了审美、知识、纪念、传播功能。其三，地名与旅游结合起来形成一些独特的功能，旅游地名具备吸引、广告、形象标识、品牌等相应的功能。目前学界在后两种功能的探讨上较多[25-26]，核心指位功能的分析则值得进一步深化。

2.3.5　旅游地名价值研究

旅游地名价值研究十分重要。旅游地名在旅游中的有用性，根据价值的含义，可从旅游主体、旅游客体、旅游介体三个层面构建旅游地名价值的研究体系。

旅游主体地名价值。地名的主体价值即地名对于旅游者的价值，旅游者可通过地名所承载的信息对旅游目的地进行筛选，组织旅游线路；也可根据地名构建旅游地产品的形象，了解自然和人文景观；或通过地名文化内涵和审美价值调动起想象和情感，强化精神追求[27]；也可以深化游后感知，提高满意度。

旅游客体地名价值。即旅游地名的资源价值，首先，地名是地域文化的组成部分[28]，本身即为旅游资源，也可与其他旅游资源整合，形成资源的竞争力；其次，地名在旅游规划编制中具有提示、引导甚至决定作用，关系到旅游资源与景观命名、旅游地定位与项目创意等内容，是旅游规划编制人员确定主题定位、寻找创意素材的灵感来源[29]。

旅游介体地名价值。旅游介体可多方面发挥地名的作用，在产品命名中利用有影响力的地名作为品牌或商标来进行命名[30]，构建口号，推广旅游形象。酒店和餐厅可设计与地名层次结构相一致的命名体系，展示区域特色文化。旅行社可根据区域事件发生的时间或空间序列，将相关的特色地名串联起来，设计专题文化旅游线路。

2.3.6　旅游地名管理研究

旅游地名管理即通过管理发挥地名在旅游中的作用，为旅游者的旅游活动提供便捷、全面、规范的服务。旅游地名管理的研究涉及旅游地名命名与更名管理、旅游地名标志管理、旅游地名标准化、旅游地名数字化和旅游地名规划等内容。

旅游地名命名与更名管理。在当前旅游地名比较混乱的局面下，推进命名与更名管理很有迫切性。首先，研究旅游地名命名的主体特征，分析利益相关者在旅游地名命名和更名中的作用，探讨如何在现有地名管理制度下构建旅游地名命名、更名管理制度和法规。其次，旅游地名执法研究，分析旅游地名执法依据、执法主体、执法环境与旅游地名命名和更名的关系。

旅游地名标志管理。旅游地名标志为自导式解说系统的组成部分，发挥向导、知识作用，分为地名牌、导向牌和解说牌的管理。旅游地名标志的造型、材质、色彩、类型、数量等属性特征，地名标志布局和呈现的内容与旅游活动的关系是该研究的范畴。

旅游地名标准化。旅游地名标准化有助于主客交流，为信息传播提供便利。作为交流和传播信息的工具，在命名原则和方式的基础上，需关注民族地名和跨区域地名翻译的规律，扩展外语翻译的种类，并探讨旅游地名与地名标准化的关系。

旅游地名数字化。即借助技术手段实现旅游地名信息由静态服务向动态、由单向到互动的转化，拓展旅游服务的深度和广度[31]。首先，通过信息技术实现地名的基本导向功能，推进旅游地名数据库的建设，以地名数据库为基础发展旅游地名网站、旅游地名信息触摸屏等旅游地名信息化服务平台。其次，将地名档案信息与新技术结合，推进旅游地名向服务转化，开发形成大众化产品——旅游电子地图、旅游导航仪等，将旅游地名与旅游活动全方位融合，为旅游者提供新的浏览方式。

旅游地名规划。李庆雷提出地名在旅游规划中的具体运用[29]，但旅游地名规划目前则鲜有涉及，这是当前旅游地名乱象丛生的一个重要原因。地名规划已经发展了近 20 年[32]，旅游地名专项规划却迟迟未被旅游管理部门和业界重视。旅游地名规划既可作为旅游规划组成部分，也可单独编制不同尺度的旅游地名规划，或将地名规划融入旅游规划之中。旅游地名规划的类型（空间、形态）、内容、步骤、技术等都需要在理论上进行探索。

综上所述，通过对地名学研究体系的延伸和细化，将旅游地名系统分为内部语词系统和外部应用系统两个层面，可确定旅游地名的研究体系，如图 2-1 所示。

图 2-1　旅游地名系统结构

2.4　旅游地名研究方法

根据旅游地名学科属性，旅游学和地名学的方法可用于旅游地名的研究。旅游地名从大的层面可分为内部系统和外部系统两个部分，其中语词方面常用语言分析法和文献研究法，外部系统研究在上述方法的基础上侧重于实地调查、空间分析和数理统计法。同时，新一代信息技术为旅游地名管理和研究提供了新途径，而数学、管理学、经济学、心理学、艺术学等学科亦可在旅游地名研究中使用。

2.4.1 语言分析法

地名学是研究地名的起源、语词构成、含义、演变、读写标准化等内容的学科，因而语言分析法是地名研究中最基本而又最重要的方法之一[10]。在具体的研究中，旅游地名单名的音、形、义、结构、别称、地名结群、民族语言地名和翻译等方面要以语言分析为基础，借助语言分析法，分析旅游地名形成的规律。同时，研究者要具有资料检索、考据、分析和运用的综合能力，对文献进行收集、分类及考证、辨伪，以发现地名文化的内涵和演变规律。

2.4.2 实地调查法

无论是旅游学还是地名学都注重实地调查，从旅游地名研究的内容可以明显反映出实地调查的重要性，实地调查主要有两种方法：观察法和访谈法。观察法可用于研究旅游地名网络系统、旅游地名的功能、旅游地名价值、旅游地名管理等方面。访谈法则是地名更名、地名管理研究常用的方法。通过实地调查获取第一手资料，弥补文献研究的不足，研究旅游地名的文化内涵、命名依据、演变过程等内容，可通过走访区域一些重要的街区、亭台楼阁、名胜古迹等，从当地实物、群众中得到新踪迹和新资料[33]，获得更加翔实有效的旅游地名信息。

2.4.3 空间分析与数理统计

旅游地名作为地理实体名称，其研究与地理学研究方法有密切关系，旅游地名结群、旅游地名网络体系和旅游地名规划以空间分析方法作为基础，借助 GIS 等工具进行分析和展示。同时，在实地调查、空间分析等基础上进行定量研究，通过数理统计方法，来提升旅游地名研究的科学性。

2.4.4 新信息技术应用

旅游地名的使用和研究因新信息技术而更为广泛和多元化。一方面，旅游主体、客体和介体之间通过新信息技术进行信息沟通，为旅游地名传播提供了便利；另一方面，通过新信息技术进行旅游地名信息存储、传输、展示和提供相关服务，将新信息技术与旅游地名管理融合，实现旅游地名数字化。

基于此，既要将新信息技术广泛应用于旅游地名管理，同时也为旅游地名研究提供新的思路和方法，运用 Python 等计算机工具，通过大数据展开研究，如基于网络文本对热度地名进行提取和分析[34]等。

2.5　小结与展望

旅游地名研究经过近 40 年的发展，成果增长迅速，主要聚焦于旅游地名翻译、旅游地名更名与命名、旅游地名资源开发和旅游地名管理等应用层面的研究，而总体研究比较零散，有的研究还存在重复的现象。通过借鉴地名学的理论体系，分析旅游地名研究的意义、对象、方法和内容，从旅游地名内部语词系统和外部应用系统两个逻辑层面构建理论体系，可指导旅游地名研究和实践。在文旅融合和旅游高质量发展的背景下，旅游地名研究将会受到前所未有的关注，结合研究现状，以下几个方面有待深入和完善。

一是夯实基础，全面展开旅游地名语词体系研究。当前，对旅游地名单名、地名结群和地名系统的研究鲜有涉及，甚至为空白状态，命名和演变的研究也处在零散和表面的阶段。针对此现状，旅游地名语词的研究要系统展开并提升，基础理论的研究对当前旅游地名命名和更名具有指导作用。

二是根植旅游，深化地名功能和价值研究。学界对旅游地名功能和价值进行了多方位的思考，是旅游地名比较集中的研究领域。如果将功能和价值置于旅游全过程、全要素、全行业、全时空、全方位、全社会、全部门、全游客进行考察，将会得到更为系统的认识。同时将模式总结研究方式与定量和实证研究结合，可大大提升研究的深度。

三是立足现实，改善旅游地名的管理状况。针对旅游地名乱象，旅游地名管理需解决制度、法规、旅游地名专项规划的制订和执行中存在的问题；提升旅游服务功能，对旅游地名标志、地名数据库、数字化平台进行完善，辩证分析旅游地名标准化问题。

四是面向未来，拓展研究方法和技术。旅游地名具有很强的应用性，环境的变化会催生新问题，因此，需在传统研究方式的基础上，借鉴新的理论，吸收新的方法，提升旅游地名研究的功效性和科学性。

参考文献：

[1]B.A. 茹奇凯维奇. 普通地名学[M]. 崔志升，译. 北京：高等教育出版社，1983：71.

[2]马波. 论我国的旅游研究与旅游学科建设[J]. 旅游学刊，1998（S1）：35–39.

[3]华林甫. 中国地名学源流[M]. 北京：人民出版社，2010：395.

[4]韩光辉. 中国地名学的发展[J]. 中国科技史料，1993（4）：3–14.

[5]路洪昌. 关于现代地名学理论体系的探索[J]. 中国地名，1997（6）：37–38.

[6]许辑五. 试论地名学的性质[J]. 河北师范大学学报（哲学社会科学版），1984（3）：92–95.

[7]王荣，何彤慧. 地名旅游资源特征及其开发利用初探：以桂林市为例[J]. 桂林师范高等专科学校学报，2009，23（4）：72–75.

[8] KLEIN E.Klein's Comprehensive Etymological Dictionary of the English Language[M]. Amsterdam：Elsevier Publishing CO，1971：772.

[9] SIMPSON J A，Weiner E S C.The Oxford English Dictionary[M].Oxford：Oxford University Press，2009：154.

[10]牛汝辰. 中国地名文化[M]. 北京：中国华侨出版社，1993：2–3.

[11]褚亚平，尹钧科，孙冬虎. 地名学基础教程[M]. 北京：测绘出版社，2009：7.

[12]董观志. 旅游学概论[M]. 大连：东北财经大学出版社，2007：12.

[13]马勇. 旅游学概论[M]. 北京：高等教育出版社，1998：12.

[14]炎冰，宋子良. "交叉学科"概念新解[J]. 科学技术与辩证法，1996（4）：51–54.

[15]许意如，王荣. 桂林古地名文化演变初探[J]. 中国地名，2019（2）：10–14.

[16]吴晋峰，包浩生. 旅游系统的空间结构模式研究[J]. 地理科学，2002（1）：96–101.

[17]朱昌春. 地名在风景名胜区的应用[J]. 旅游学刊，2002（6）：19–22.

[18]谢前明. 地名采词学假想[J]. 中国地名，1996（2）：22–23.

[19]费三华，李正升，李庆雷. 海南国际旅游岛A级旅游景区命名初探[J]. 海南热带海洋学院学报，2019，26（4）：48–54.

[20]王荣，吴宏岐，何彤慧. 基于聚落地名的盐池县人地关系状况研究[J]. 地

域研究与开发，2014，33（1）：153–157.

［21］刘影，王荣．银川市兴庆区住宅小区地名特征研究［J］. 中国地名，2019（7）：18–20.

［22］李庆雷，高大帅，李芳．旅游地更名现象的理论透视［J］. 常州大学学报（社会科学版），2018，19（3）：80–87.

［23］汪化荣．捧名人招牌　扬文化名牌　打旅游品牌　请注意更改地名未必都能成为“香格里拉”［J］. 中国地名，2012（3）：45.

［24］柴海燕．风景旅游城市地名变更现象透析［J］. 地域研究与开发，2000（2）：82–85.

［25］花露，张洁玉．地名文化的旅游价值及开发浅析［J］. 商业经济，2009（21）：99–101.

［26］王兴奎．新农村营销中地名文化形象设计研究［J］. 现代商贸工业，2010，22（17）：155–156.

［27］赵振宇．地名与旅游［J］. 商场现代化，2007（29）：203.

［28］王荣，吴宏岐，何彤慧．盐池县聚落地名自然要素的空间特征研究［J］. 干旱区资源与环境，2012，26（11）：152–158.

［29］李庆雷．地名在旅游规划中的运用［J］. 中国地名，2018（09）：41–43.

［30］郭清霞，陈文．武汉地名文化资源旅游价值的发掘利用［J］. 湖北大学学报（哲学社会科学版），2006（5）：583–586.

［31］依力塔比尔提肯·吐尔逊．基于安卓系统的新疆“地名旅游”APP《疆行》的设计与开发［D］. 乌鲁木齐：新疆大学，2019.

［32］张伟明．地名规划的内涵分类及内容［J］. 中国地名，1997（3）：20–21.

［33］李慧敏．成都地名文化价值分析及旅游开发探究［D］. 成都：成都理工大学，2017.

［34］李照航，郭风华，李仁杰，等．大量网络游记文本中热度地名提取方法与实证研究［J］. 地理与地理信息科学，2015，31（1）：68–73.

第3章　景观地理实体命名“三词”模式探索

地名是人们对具有特定位置、范围及形态特点的地方约定俗成的语言代号[1]，景名则是指在一定地域文化背景下命名主体赋予景观地理实体的名称[2]，包括自然景观实体和人文景观实体。景名体现了深厚的文化底蕴，可唤起旅游者的美学感受，增强园林书卷韵味[3]。加强传统景名命名研究，借鉴古人景观命名智慧，对当前景观命名具有极大的指导作用。

景名作为景观的重要要素已得到学界关注，20 世纪 80 年代已有学者对其来源、内涵进行研究[4]，后续又从多方面展开探讨。一是从意象和具象两方面对景观命名进行总结[5-6]，有学者认为，典故传说、哲理志趣、吉祥善庆等系意象方面，日月光影、植物山石、四季气候、人名方位形状等系具象方面[7]。二是根据地名学分类法进行研究，从音、形、义三个层面分析景名[2]，提炼指称符号、语言修辞和记事述志等命名法[8]。三是根据园林造景角度进行分类，涉及主景、配景、水景、植物等各类景观命名方法[9]。四是景名命名中的用典研究，中国古代园林景名用典非常普遍[10-12]，尤其是清代皇家园林[11]。当前，学界多从景名结构、园林造景等角度研究景名命名方式，属于景名修饰美化、立意呈现方面的探讨。从地名学角度对景名本身的命名来源、理路、内涵挖掘并不深入[13]，有待进一步探索。

3.1　材料与研究方法

3.1.1　研究范围

桂林作为传统山水景观城市，历史文化底蕴深厚，其景名是桂林优秀传统文化的结晶[14]，对其进行研究具有启示性[15-16]。空间维度方面，历史上桂林政区称谓曾有过多次变更，其管辖范围也有所不同[17]，因而进一步确定统计标准，以当今桂林城区为主体研究区域。时间维度方面，唐代之前所记载的桂林地名结构、意义、类型都较简单，之后随着文人、官员的迁入和经营，区域和景观得到开发，记载地方风物文献的出现使地名数量和类型大幅增多[18]，故以唐代至清代为时间范围。

3.1.2　数据来源与处理

1. 数据来源

梳理地理总志、政书、地方志、笔记等记载桂林传统山水景观地理实体名称的历史文献，发现清代金鉷等监修的《广西通志》[19]记载最为丰富，是广西地区地名研究的重要资料来源。地理总志和政书主要包括《元和郡县图志》[20]《通典》[21]《方舆胜览》[22]《太平寰宇记》[23]《舆地广记》[24]《大明一统志》[25]《嘉庆重修一统志》[26]《读史方舆纪要》[27]等。地方志以广西、桂林及下属县为核心区域，主要包括《广西通志》《桂林郡志》[28]《临桂县志》[29]等。笔记以《桂林风土记》[30]《岭外代答》[31]《桂海虞衡志》[32]《桂胜》[33]为主，作地名数据及其释义补充。

2. 数据处理

翻检相关历史文献，梳理其中山川、岩洞、古迹、寺观、名胜等条目，统计景名、命名缘由、具体出处，获取 1015 条桂林传统山水景观地名数据，其中建筑类景名大体依山傍水而建，作为山水景观延伸地名。进一步处理所获取的数据，一是去除不同文献中记载的相同景名，如“象鼻山”在《读史方舆纪要》《广西通志》《临桂县志》中均有记载，只保留一个；二是保留同一地物不同时期的不同名称，如“灵建江”在不同时期称“灵建江”或“拖剑水”，均指同一地物，皆作为统计、研究对象；三是根据通名类型将统计结果分类归纳。最终统计得到 393 个桂林传统山水景名（见表 3-1），其中超过 5 处的仅列举 5 处作为示例。

表 3-1 桂林传统山水景名统计示例

类别	类型	景名统计 / 示例
自然类景观	山(59)	伏波山、隐山、独秀山、尧山、穿山等
	岩(54)	读书岩、戴秀岩、刘仙岩、龙隐岩、屏风岩等
	洞(45)	白雀洞、雪洞、嘉莲洞、龙隐洞、瞻鹤洞等
	峰(8)	独秀峰、石鱼峰、镇南峰、辅星峰、立鱼峰等
	泉(8)	冷水泉、龙泉、科甲泉、滴玉泉、蒙泉等
	潭(8)	皇潭、琴潭、贵枫潭、龙潭、金龟潭等
	水(8)	漓水、癸水、静江水、灵剑水、琴潭水等
	江(7)	桂江、阳江、漓江、灵剑江、小东江等
	池(6)	龙池、月牙池、流杯池、明月池、圣母池等
	溪(3)	弹丸溪、南溪、蒙溪
	塘(3)	清塘、清岩塘、揭帝塘
	洲(3)	訾家洲、瀛洲、镜子洲
	湖(2)	西湖、癸水湖
	石(2)	辅星石、试剑石
	其他(3)	盘龙冈、皇泽湾、木龙渡
人文类景观	亭(46)	读书亭、流杯亭、超然亭、销忧亭、骖鸾亭等
	寺(25)	开元寺、延龄寺、定粤寺、西山寺、栖霞寺等
	阁(20)	泛绿阁、沦漪阁、青萝阁、棠阴阁、慈氏阁等
	庙(20)	伏波庙、尧山庙、舜庙、陈崇仪庙、真妃庙等
	堂(11)	八桂堂、燕清堂、雨华堂、平易堂、清简堂等
	观(11)	东观、庆林观、五岳观、七星观、壶天观等
	台(7)	独秀台、熙春台、凌虚台、榕台、飞云台等
	楼(6)	逍遥楼、明远楼、湘南楼、叠彩楼、魁星楼等
	门(4)	水月门、拥翠门、榕树门、古南门
	室(4)	丹室、双清室、夕室、延生室
	院(4)	花药院、雉山院、观音院、写真院
	桥(4)	天柱桥、花桥、嘉熙桥、阳桥
	轩(2)	可心轩、云崖轩
	宫(2)	庆祝宫、紫极宫
	馆(2)	去思馆、中和馆
	其他(6)	无倦斋、修玄所、城隍坛、桂山草堂、七星庵、钓榭

3.1.3　研究方法

1. 文献研究法

以文献研究为基础研究方法，从普遍性和区域性出发，多尺度地进行文献爬梳，搜集历代桂林山水景名的出现时间、类型、名称、别名、命名依据、文化内涵，并统计数量。这样既可考察每类景名的数量和文化内涵，也可进行地名规律的分析，为景名命名模式推理提供基础资料。

2. 归纳推理法

在充足的数据和文献研究的基础上，结合地名学基本原理，遵循从个别到一般的逻辑顺序，对景观地物名称命名模式进行推理论证。景观地物名称命名应当有一个最基本的词语元素（采词），遵循基本的组合规则、规范（构词），并融入个人认知和时代、区域特性对词语进行修饰（修词），最终形成景名的过程。基于以上基本思想，在桂林景名文献研究的基础上，通过逻辑推导，构建景名命名基本模式，可为认识景名形成和景名命名提供新视角。

3.2　命名素材：景名语词元素分析

3.2.1　通名语词：地域景观特色之显露

景观通名是对景名所代表的景观地理实体类型、隶属关系、形态和性质的规定称呼。山水是桂林景观地物的基础要素，韩愈有言“江作青罗带，山如碧玉簪”。梳理桂林传统景观名称得到 38 种景观通名（见图 3–1），主要包括山体类（山、岩、洞、峰、石、冈）、水体类（潭、池、塘、湖、泉、渡、水、江、溪、洲、湾）、建筑类（亭、寺、阁、庙、堂、观、台、楼、门、室、院、桥、轩、宫、馆、斋、所、坛、草堂、庵、榭）三大类型。一般而言，通名为体现景观属性之用，如“逍遥楼”为“楼”，而非“阁”或“塔”等，是缘于人们对景观约定俗成的称谓和特定的认知，因此通名语词常取决于景观实体的属性，景观名称的通名采词体现了区域的景观类型特征。

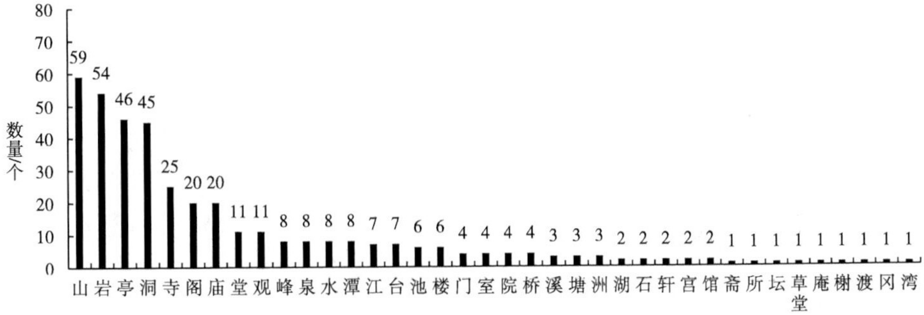

图 3-1 桂林传统景观通名统计

通名混用的喀斯特地貌景观特色。桂林作为山水景观城市，山体是构景的基础要素，宋代范成大曾评价“桂山之奇，宜为天下第一”[32]。奇特的山体造就了众多因山而形成的景名通名，包括山（59）、岩（54）、洞（45）、峰（8）等类型，数量上远高于其他通名，是山体类景观通名采词的主体类型。这四类通名要素关系极为密切，在不同时期存在混用情况：一是“洞”和“岩”，如白龙洞“唐李渤尝名以元岩，宋改曰白龙洞”[25]；二是“山”与“岩”，如伏波山“在府治东北，又名伏波岩”[25]；三是“山”与“峰”，比较典型的是不同时期“独秀山”[23]和“独秀峰”[30]的混用。以上几种通名采词的替换现象，总体反映了桂林山之奇特、陡峭和岩洞遍布的特征。

动静结合的水体景观特色。水体类地名采词有如下倾向：一是静水流深的静态水域景观，有潭（8）、池（6）、湖（2）等，平静水面多深广，如西湖“引蒙溪为湖，成巨浸，名曰西湖”[19]（卷十三，山川），与景观要素结合起来可成为构景来源，如贵枫潭“贵枫潭在城南一里，漓水之最深”[19]（卷十三，山川）。二是清澈灵动的动态水体景观，包括泉（8）、溪（3）等，如玉泉“（尧山）中有石穴泉涌，曰玉泉”[19]（卷十三，山川），弹丸溪“以溪石圆转名之”[33]（卷二），此类通名要素体现了水体灵动的特征。

依山傍水的赏景与构景建筑特色。在独特的山水基础上，建造了众多人工建筑，形成自然和人文交融的景观特征。一是依托山水自然环境，选择合适地址营建建筑及相关设施，逐渐形成名胜景观。此类地物通名有寺（25）、庙（20）、堂（11）、观（11）、室（4）、院（4）、宫（2）、馆（2）、轩（2）、斋（1）、所（1）、坛（1）、草堂（1）等，如栖霞寺依山而建，“在城东七星岩下，唐时建，……顺治八年，僧浑融扩建殿、阁、亭、台，备极宏丽、为一郡佳胜”[19](卷四十三，寺观)。八桂堂则傍水而建，“在府东北隅揭帝塘上，宋绍圣中知桂州程节治圃筑堂，有熙春台、流桂泉诸胜”[19](卷四十四，古迹)。二是在山水间修建了诸多休闲赏景建筑，包括亭（46）、阁（20）、台（7）、楼（6）、榭（1）等，主体功能是用于休闲和赏景。如在叠彩岩后有越亭及拱辰、望江二亭，“元晦于此多建台榭，最称胜境”[19](卷十三，山川)，逍遥楼则可“俯视山川”[23]，沦漪阁上有宋代陶弼的诗词：“谈笑沦漪阁，藤花竹叶间，易醒江上酒，难画雨中山”[25]，表明此类建筑主要功能用于欣赏山水景色和休闲之用。

3.2.2 专名语词：自然特征与人文色彩之融合

桂林景名专名语词根据属性可分为自然和人文两大类，自然要素尽显桂林的自然环境和地域特征，人文要素则体现时代背景下区域社会环境和本土文化色彩。

1. 普遍性传统文化象征与区域性特色自然语词元素

景名的自然属性语词来源于山川、动物、植物、天象、气候等[34]，且多从地物形似词源的角度选择语词。桂林山川类语词元素主要包括山、峰、水、江、溪等，此类语词作为专名多来源于景观属地，如癸水亭、东山亭、雉山院等，表征所处地理位置。以下对桂林其他方面自然属性语词元素进行阐述。

动物要素语词。根据动物要素类型，水生动物有鱼（立鱼峰、石鱼峰）、龟（金龟潭）等，或源于观赏行为，如知鱼阁因“叩浅栏而数游鳞，翛然有濠上之趣”[33](卷四)而得名；或源于形似，如石鱼峰源于“一峰峻拔如立鱼状，俗号石鱼峰”[25]。禽类动物有鸡（斗鸡山）、鹤（仙鹤岩、瞻鹤洞）、燕（燕清堂）、雀（白雀洞）、鸾（骖鸾亭）等。兽类动物有马（驷马山）、象（象鼻山）等，如驷马山因“四山攒立如马骧首”[29]而得名。景名中动物类语词主要选择传统或有观赏价值的动物。

植物要素语词。植物类语词主要源自具有美好象征或地域特色的植物种类。有桂（桂山、八桂堂、桂江、桂山草堂）、榕（榕溪阁、榕台、榕树门）、莲（莲叶洞、瑞莲亭、嘉莲洞）、蔗（仙蔗洞）、荔枝（荔枝岩）、枫（贵枫潭）、梅（梅雪亭）、棠（棠阴阁）等。榕溪阁因“宋黄山谷南迁过桂，维舟榕下，后人为作榕溪阁”[19](卷四十四，古迹)，桂山则因“桂生其巅”[27]以名。

日月星辰类天象语词。天象类语词主要源自太阳、月亮和星辰，以“月”

最为多见，包括光月亭、明月池、明月岩等。语词源自太阳也有多种情况，或以“阳”作为语词元素，有阳亭、朝阳洞、阳桥等；或以“光”作为语词元素，如岩光亭、光明山等；以“晖”为语词元素有东晖洞，“霞”者有栖霞洞、碧霞洞等。源于星辰的语词如七星山、辅星石、魁星楼等，形成星辰系列语词来源。

气候要素语词。气候语词中多为桂林常见的气候现象，包括云（穿云岩、飞云台、齐云亭、图云亭）、风（风洞、元风洞、玄风洞）、雷（雷庙）、雨（雨华堂）、雪（雪洞、梅雪亭）等，反映了岭南季风性气候要素特点。

景名中自然要素选择呈现出比较明显的倾向：一是倾向于含有中国传统文化寓意的语词要素，如动物中的龟（长寿健康）、鱼（吉祥、富裕）、鹤（延年益寿）、鸡（大吉大利）、燕（吉祥如意）、白雀（祥瑞）、鸾（瑞鸟）、马（奔放、忠诚）、象（吉祥），植物中的莲（高洁）、梅（坚强不屈、高洁淡雅）、桂（富贵）、棠（游子思乡）等，普遍性的文化寓意语词为景名命名提供了主要的素材来源。二是地域性自然要素的融入，表现在植物（桂、榕、蔗、荔枝、枫）和岭南气候要素方面。总体来看，自然要素方面，立足传统文化寓意，同时也体现了地域特色。

2. 多元、正向、兼容的人文语词元素

体现景观开发营建与文化交融的人物语词。一是人物纪念。如戴秀岩“在城北五里，郡人戴秀隐于此，亦名戴秀岩”[19]（卷十三，山川），以人物全名作为景观的专名。二是景观营建者。如訾家洲“先是訾氏所居，因以名”[19]（卷十三，山川）；吕公岩“此洞未有名，因公（吕愿忠）而题”[33]（卷三）；马王台“在叠彩山顶，五代马賨建”[19]（卷四十四，古迹），则是人物通过开发、修桥、盖亭、题词等形式参与了景观的开发建设。三是文化融合。中原文化对岭南地区影响较大，从景名语词来看，或源自传统文化相关人物，如尧山、舜山因“人慕尧舜之风”[25]而得名；或是人物尊称，如圣母池因“明孝穆后入京曾盥此”[19]（卷十三，山川）而得名；或源于军政人物之官职，如伏波山因“祀汉马援”[25]，根据汉代将军名号而命名。

仙境与普度众生的宗教信仰语词。桂林景观专名涉及的宗教主要为道教和佛教。道教相关的景观语词以神仙、仙境为主，有会仙岩、刘仙岩等，一定程度上体现了桂林山水景观符合神仙对于环境的要求，如仙迹岩“相传仙

人刘仲远居此”[25]。佛教相关语词则以普度众生的佛、观音等作为专名，有寿佛洞、佛子岩、铁佛寺，寿佛洞因“内有古寿佛石像故名”[29]；因“观音”而采词的有观音峰、观音堂等。

地方与主流并存的社会心理语词。景名专名语词中体现了命名主体壮志抒情、超脱隐逸、传统美德和期盼祥瑞等社会心理。壮志抒情方面体现了边疆安宁、长治久安之愿望，有定粤、镇南、普安、兴、宁等；超脱隐逸之倾向有读书、逍遥、销忧、超然等；中国传统美德的采词既有社会公德方面的仁、德、恩、义、清，也有家庭美德的孝、贤、慈等；祥瑞心理之倾向如福、寿、光明、庆、佑等。

广泛的诗词元素。景名源于诗词歌赋、文献古籍等经典，如湘清阁、碧虚亭、所思亭等。所思亭为宋代范成大建，因“张南轩有《所思亭海棠初开折赠两使者》二绝句”[19](卷四十四，古迹)中的所思亭而得名。

精致典雅的器物语词。根据器物类别可分为以下来源：一是琴、书等高雅艺术器物，如琴潭山“如闻雅弄，故以琴潭名”[33](卷四)；二是玉、珠、巾等装饰用品，巾子山因“有巨石峙其巅，如巾冠状”[27]而得名；三是钩、杯、壶、盆、镜、瓶、屏风等生活用品，镜子洲“小洲浮起如印又如镜，因名镜子洲”[19](卷十三，山川)。

人文景名要素方面，来源广泛，充分表现了命名主体复杂的社会属性。景名的人文要素体现了如下特点：一是人文要素来源多元性，涵盖了人口、政治、军事、民族、宗教、经济、交通、道德、文化、社会心理等层面，与人有关的个体属性、社会属性和心理属性都可成为命名素材的来源。二是正向采词倾向，上述各个层面人文要素中，或纪念名人，或普度众生的宗教采词，或主流的社会心理，或高雅的诗词、器物素材，都体现了符合社会价值观的采词倾向。三是文化上的兼容并包，各类型的采词体现出多种交融形式，区域上传统中原文化与区域文化相融合，宗教上不同宗教和谐相处，文化上高雅与世俗并存，社会心理上经世之志与出世解脱兼容。

3.3 命名规范：景名语词组合编排

3.3.1 词素分类与字数规律

1. 内外结合的词素分类

在采词的基础上对所采集的语词素材进一步分类，形成命名基础元素。可从采集素材的内部和外部属性进行解读，内部属性为事物本身所具有的属性特征，外部特征因外部联系而形成。

自然类采词方面。内部属性可分为名称（榕台）、部位（莲叶洞）、形态（月牙岩）、颜色（青萝阁）、亮度（明月池）、时间（夕阳洞）、状态（飞云台）等。外部特征则分为环境（梅雪亭）及事物衍生景象（东晖洞）。

人文类采词方面。人物的内部属性可分为姓、名、性别、籍贯等，外部属性包括社会赋予的名号、尊称、职业、身份等；宗教信仰的内部有信仰对象，外部有相关环境等；诗词的内部有题名、词语等，外部则为呈现的意境；器物内部包括颜色、材质、音质、形态等，外部则有器物使用的场景。

2. 多层次的景名字数组合特征

景名由“专名＋通名”组合而成，景名通名以单字居多，故景名字数通常取决于专名，专名字词数量的多寡影响着景名的意境描写和文化效果。

二字景名精练显主题。二字景名通常是单字专名，用词短小精悍。一是高度凝练主旨，如穿山[26]，其“穿”字表现出景点穿天投地之造型特征，赋予景观强有力的精神文化内涵。二是高度概括主题，表现景点自然或人文的主题特征，如西湖、东楼为方位指向，雉山、榕台为动植物种类表征。二字景名文辞简洁，含义深远，常能起到点睛作用。

三字景名细化扣实际。三字景名在桂林景名中最为常见，相对于单字专名，两字专名所承载的信息更多，所表现的景观特征也更具体。如“雉山”与“白雀洞”，前者表示动物采词种类，后者结合颜色，表征意义更为具体。又如“独秀峰”较于“穿山”，语义亦更详细。

四字景名丰富显意境。四字景名在景观中亦较为常见，桂林的古八景、续八景与新二十四景皆为四字景名，多以景点为中心丰富景观形象。如古八景的尧山冬雪、桂岭晴岚为“山岭 + 气候”结构，西峰夕照为“山岭 + 气象”结构，栖霞真境为“建筑 + 风景”结构，此外还有“山岭 + 古迹”“河流 + 风景”“建筑 + 古迹”等结构。其山岭、河流、建筑等地名用于定位，其余两字为景色和意境的描写，如“訾洲烟雨”中的“訾洲”为地点，“烟雨”为意境的表达。

3.3.2　词性组合与语法结构

景名是语言词汇的一部分，是由词素在一定结构和规则下组合形成的语词单位，该过程不仅要符合人们约定俗成的使用习惯，还要恰当地呈现立意。主要涉及两个方面：一是词性组合，即名词、动词、形容词及数词等组合方式；二是语法结构，即相应词性组合下形成的结构。

从大的层面来看，景名可划分为简单和复合两类结构。简单结构中景名专名是可自由运用的最小语言符号，多为单字或专有名词，是音义结合的最小的、不可再分的定型符号，如西湖（单字专名）、癸水亭（专有专名）。这种语词一旦作为景名专名，就具有与固有意义相联系的新内涵，这个“内涵”就是它所指称景观实体的形状特征或构造特征，或表达命名者某种祈愿心理，文化意义丰富[35]。

复合结构指至少由两个不同的词根结合在一起的情况，从词根与词根之间的关系来看，桂林景名专名结构可分为 5 种类型：联合型、偏正型、动宾型、主谓型和特殊型。联合结构由两个同样词性的词根组合在一起，“名词 + 名词”“形容词 + 形容词”组合，表并列、选择、递进等关系；偏正结构以定中短语为主，“形容词 + 名词”组合，呈现出修饰与被修饰关系；动宾结构第一个字是动词，第二个字是宾语，“动词 + 名词”“动词 + 形容词”组合，表支配关系；主谓结构由主语词和谓语构成，“名词 + 动词”组合，表陈述关系；特殊结构带有数词或方位词的专名，“数词 + 名词”“数词 + 动词”“数词 + 形容词”“方位词 + 名词”等组合，体现特殊意境（见表 3–2）。

表 3–2　桂林景名专名结构类型示例

主类	语法结构	结构说明	专名词性组合	景名举例
简单结构	单字专名	单个语素作专名	单纯词	桂江、阳桥
	专有专名	不可拆分的词语，指代具体事物	专有名词	癸水亭、伏波庙

续表

主类	语法结构	结构说明	专名词性组合	景名举例
复合结构	联合型	两个同样词性的词根组合在一起，表并列、选择、递进等关系	名词 + 名词	水月岩、梅雪亭
			形容词 + 形容词	清秀岩、独秀峰
	偏正型	以定中短语为主，专名中呈现出修饰与被修饰关系	形容词 + 名词	净瓶山、金钩岩
	动宾型	前半部分是动词，后半部分是宾语词，表支配关系	动词 + 名词	试剑石、听月亭
			动词 + 形容词	泛绿阁、叠彩岩
	主谓型	前半部分是主语词，后半部分为谓语，表陈述关系	名词 + 动词	龙腾岩、宝积山
	特殊型	带有数词或方位词的专名	数词 + 名词	七星山、八桂堂
			数词 + 动词	四望山、五咏堂
			数词 + 形容词	双清室、万寿寺
			方位词 + 名词	北牖洞、南熏亭

3.4 意境呈现：景名语词修饰美化

在采词和构词的基础上，运用修饰手法对筛选确定的语素进行美化修饰，以呈现命名者的立意即为修词，这是景名命名的关键性环节。桂林传统山水景名语词修饰美化的方式方法，主要包括比喻、通感、移情、用典和比拟等。

3.4.1 比喻树形象

比喻即根据类似的联想和对事物关系的新认识，选取另外的事物来描绘本事物内在特征的修辞方式[36]，由本体、喻体、喻词组成。景名精练简洁，一般不会出现喻词，而以本体和喻体同时出现最为常见，如象鼻山之“象鼻”为喻体，“山”为本体。根据上述研究，采词于自然和人文的元素皆可用于喻体。桂林景名有如下几种比喻形式：一是形状比喻，利用本体与喻体之间形状相似性进行关联，如屏风山、簪带亭等，屏风岩因“山形折叠故以屏名”[33](卷三)。二是颜色比喻，如白龙洞“洞中乳石凝结如白龙状”[25]。三是声音比喻，如琴潭洞因“洞有流水触石成响，如闻雅弄，故以琴潭名”[33](卷三)等。四是形态比喻，如穿山、北牖洞等。

3.4.2 通感显意境

通感即将人的视觉、嗅觉、味觉、触觉、听觉等不同的五官感觉互相沟通、交错，彼此挪移转换。桂林景名中，反映视觉的有望江亭、四望山等；反映听觉的如滴玉泉因"泉从岩顶滴坠，石穴琤然作清响"[33](卷二)而命名；反映触觉的有冷水岩、冷然阁等。感官交融是景名中常用的方式，有以下通感的修词方式：一是视觉听感化，如听月亭，将视觉范畴的月亮转化为听觉感受；二是听觉视感化，如漱玉亭"以岩泉琮琤如漱玉，故名"[25]，即将听到的声音用可视的形式展现出来；三是万物互通的方式，如"知鱼阁"即体现了人与动物的交流。通感的修词方式体现了人与自然关系交融，可提升景名意境。

3.4.3 移情表志向

移情即将主观的感情移到事物上，是景名的常用方式，表现了命名主体的行为和心理期望。行为上追求隐逸自得，体现在景名上有隐山、读书岩、无倦斋、逍遥楼、翛然亭等；性格上寄以清简友善，景名上有平易堂、清简堂等；思想境界上追求超脱自然，有超然亭、沦漪阁、可心轩、销忧亭等；生命健康上期望延年益寿，有延龄寺、延生室等。

3.4.4 用典塑文化

用典即使用古诗词歌赋、历史故事、神话传说等古代文化因素进行命名，极大提升了景名的文化底蕴。其一是诗词体现主流文化。桂林景名中流杯亭、慈氏阁、环翠阁、泛绿阁、熙春台等引自主流经典诗文，熙春引自老子"众人熙熙，如享太牢，如春登台"之句，五咏堂"以刘宋颜延之有五君咏，故名"[25]，体现了主流文化在景名中的运用。其二是神话传说蕴含传统文化。中国神话传说源远流长，承载着共同的文化记忆，其各种要素也运用到景名中。如传统文化中的龙、仙被广泛运用于景名中，有龙池、龙腾岩、仙迹岩、会仙岩等。又如三皇五帝的传说深刻融入岭南文化中，与之相关的景名有尧山、皇潭等，皇潭因"言舜南巡曾游此潭"[30]而得名。其三是人物故事彰显地域文化。在区域流传的人物故事融入景名命名中，曾公岩、镇南峰、榕溪阁等反映了不同人物与桂林的关系，体现区域的历史和文化。

3.4.5 比拟促想象

比拟即把物当作人、把人当作物、把甲物当作乙物来描述的修辞方式，具体体现为拟人或拟物。如玩珠洞因“二龙戏珠”[29]而得名，水月洞因“其形正圆，望之映空明皎俨如月轮”[29]，侯山因“高耸如公侯端冕之状”[29]而得名。比拟修词体现了丰富的想象力。

3.5 命名模式：景名命名“三词”模式构建探索

上述研究发现，景名或是命名者有感而发，或是地方群体精神寄托，或是地物直观反映，看似随心所欲、毫无章法，实则蕴藏着采词、构词、修词到确定景名的整个过程（见图 3–2）。

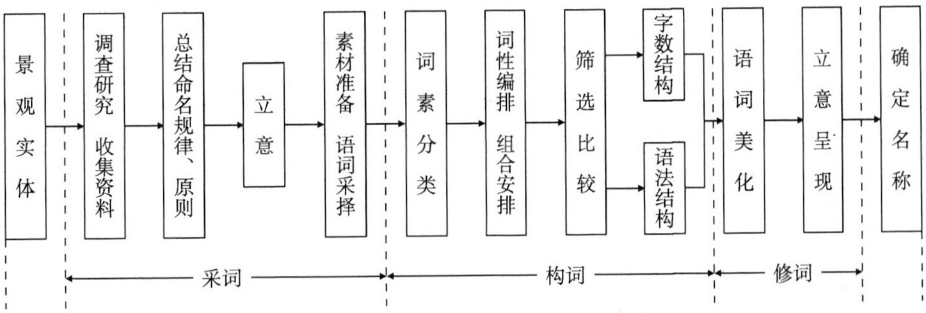

图 3–2 景名命名流程

结合桂林景名命名分析，可总结出“三词”模式下景名命名主要环节、流程逻辑、核心因素、特征内涵和建构内容（见图 3–3）。

横向维度将景名命名划分为三个环节，以采词为核心的基础环节、以构词为核心的规范环节和以修词为核心的升华环节。采词是素材来源，以山川、动物、植物、天象、气候等为基础，挖掘地域性和普适性的自然素材；立足人物、宗教信仰、社会心理、诗词、器物等人文素材，将本土文化和传统文化融合，是为基础环节。构词是组织规范，将采词素材进行内部和外部分解与分类，依据词性组合和语法结构以一定字数规律呈现出来，是为保障规范

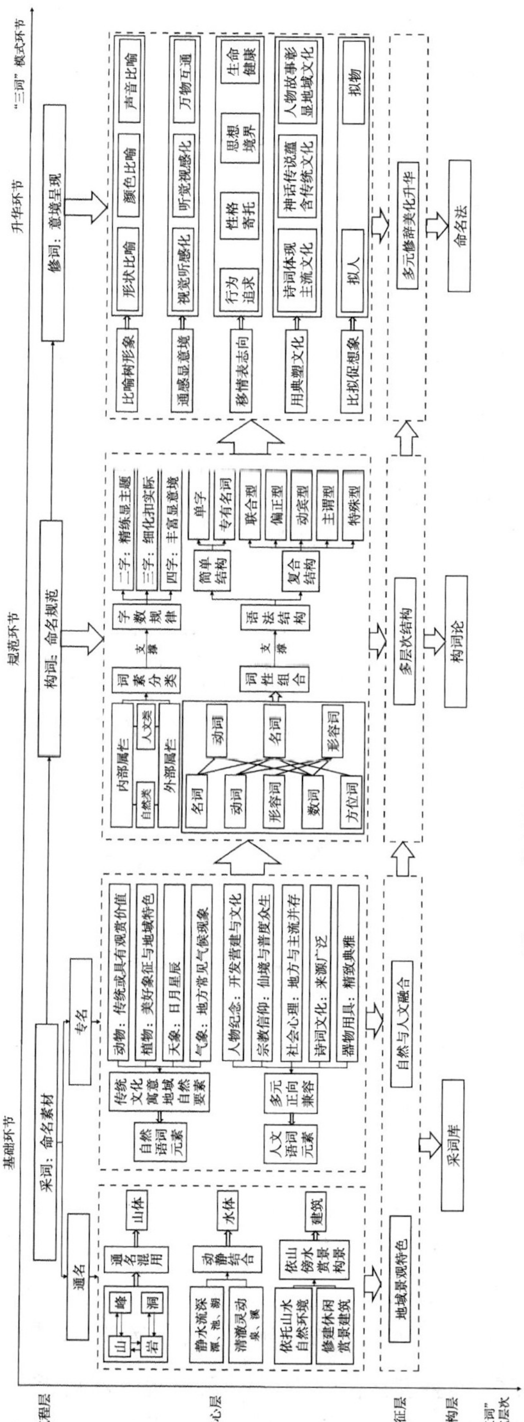

图 3-3　桂林传统山水景名命名“三词”模式

环节。修词是美化立意，利用比喻、通感、移情、用典、比拟等方法，通过写意的方式将命名者的立意呈现出来，是为升华环节。

纵向维度将景名命名分解为四个层次，即流程层、核心层、特征层和建构层。景名命名的流程层主要包含“三词”环节。采词作为命名素材，构词形成命名规范，修词促进意境呈现。景名命名的核心层从“三词”流程中分解而来，是采词、构词和修词环节的细化和体现。景名命名的特征层对核心层进行总结提炼，可考察采词呈现出的自然与人文的特征、构词呈现的层次结构特征、修词的多元修辞特征，适用于不同区域、不同类型的景名的特色总结。基于流程层、核心层和特征层最终形成景名命名的内容，即命名素材解析形成采词库，命名规范剖析形成构词论，意境呈现分析形成命名法。

通过如上分析，传统山水景名命名“三词”模式是存在的。桂林传统山水景名命名从采词、构词到修词无不体现其山奇水秀之地域特色。从采词来看，独有的山川地貌、特色动植物、气候条件和地方文化构成其主要语词来源。构词和修词则充分反映其历史文化内涵与地方文脉变迁，体现了鲜明的地域风格。在桂林景名产生、传承和发展的历史长河中，形成了以独特地理环境特征语词为核心，以传统文化色彩元素为延伸的景名命名模式。

3.6 小结

在真山真水景观的基础上，以岭南文化为基底，融入地域性和普适性自然因素，结合本土和传统人文要素，桂林形成了独具特色的景名体系。本书探索性地构建起景名命名“三词”模式，即采词、构词和修词。从景名形成的过程进行系统分析，可更清晰地认识景名形成机理，能为景名研究和景观命名提供思考，从地名遗产的角度促进山水城市历史文化的传承与保护。

通过桂林山水景名研究，可进一步明确景名命名的原则和方法：首先，要强基础，在命名中充分研究区域的地脉和文脉，挖掘地域性的自然和文化因子，为景名命名提供素材，形成地方文化氛围。其次，要立规范，在采词基础上根据语词的基本规律进行分解分类，得到命名词素，是为合规；对词素按照词性进行编排和字数整合，以便最大可能呈现立意，是为合理；命名过程中充分遵守语法规律和区域用字规律，是为合法；即景名命名中要合理、合规、合法。最后，要重修词，以景观特色、命名主体和受众角度为依据，分析各种修词方式的使用途径、方式和效果，将景名立意充分呈现出来，强化景观名称的文化功能，塑造良好的地域景观形象。

参考文献：

[1]何彤慧，李禄胜.宁夏地名特征与地名文化[J].宁夏社会科学，2003（4）：65–68.

[2]史英霞，赵丹青，孟祥彬.圆明园四十景景名的诗意表现[J].中国园林，2020，36（3）：46–49.

[3]过元炯.园林艺术[M].北京：中国农业出版社，1996：151–164.

[4]艾定增.景名漫谈[J].中国园林，1986（1）：60–61.

[5]徐萱春.中国古典园林景名探析[J].浙江林学院学报，2008（2）：245–249.

[6]王美仙，李旻.基于植物或植物景观的园林景点命名研究：以北京市公园为例[J].中国园林，2015，31（11）：86–89.

[7]金荷仙，华海镜，周慕真，等.园名景名的取名方法及其文化内涵[J].浙江林学院学报，1999（3）：87–91.

[8]方茜.苏州私家名园中的景名文化[J].华中建筑，2005（2）：123–125.

[9]衣学慧，李朋飞，郝颖.西安曲江池遗址公园园景命名艺术赏析[J].西北林学院学报，2009，24（6）：166–168.

[10]简浩东，朱永春.品味与解构：中国古典园林景名创作方法探讨[J].中外建筑，2010（12）：81–84.

[11]詹朋伟.从景名用典探究清代皇家园林的审美文化[J].兰台世界，2014（33）：153–154.

[12]阎景娟.中国古代园林的题名原则、事典源流及意义生长[J].北京林业大学学报（社会科学版），2018，17（4）：39–44.

[13]王荣，刘影，许意如.旅游地名研究理论体系建构研究[J].干旱区资源与环境，2021，35（8）：167–174.

[14]陈晔.桂林乡土园林的文化记忆[J].沿海企业与科技，2016（3）：54–56.

[15]刘寿保.宋代桂林山水园林景观论[J].社会科学家，1992（3）：88–92.

[16]杨翼飞.浅析桂林山水园林造园特色[J].山西建筑，2011，37（15）：195–197.

［17］刘金荣，冯红，叶青，等．桂林名称的由来及其政区演变沿革［J］．中国岩溶，2004（1）：80–82.

［18］许意如，王荣．桂林古地名文化演变初探［J］．中国地名，2019（2）：10–14.

［19］金鉷．广西通志［M］．刻本．北京：国家图书馆，1733（清雍正十一年）.

［20］李吉甫．元和郡县图志：卷 37［M］．北京：中华书局，1983：917.

［21］杜佑．通典：卷 184［M］．北京：中华书局，1988：4924.

［22］祝穆．方舆胜览：卷 38［M］．北京：中华书局，2003：682.

［23］乐史．太平寰宇记：卷 162［M］．刻本．金陵：金陵书局，1882（清光绪八年）.

［24］欧阳忞．舆地广记：卷 36［M］．成都：四川大学出版社，2003：1129.

［25］李贤．大明一统志：卷 83［M］．西安：三秦出版社，1990：1265.

［26］穆彰阿，等．嘉庆重修一统志［M］．上海：上海商务印书馆，1934.

［27］顾祖禹．读史方舆纪要：卷 107［M］．北京：中华书局，2005：4812.

［28］陈琏纂．桂林郡志［M］．刻本．北京：国家图书馆．

［29］蔡呈韶．临桂县志［M］．刻本．桂林：桂垣书局，1892（清光绪十八年）.

［30］莫休符．桂林风土记［M］．抄本．北京：国家图书馆，899（唐光化二年）.

［31］周去非．岭外代答：卷 1［M］．上海：上海远东出版社，1996.

［32］范成大．桂海虞衡志［M］．严沛，校注．南宁：广西人民出版社，1986：5.

［33］张鸣凤．桂胜［M］// 永瑢，纪昀，等．文渊阁四库全书．上海：上海古籍出版社，2003.

［34］张力力，贾文毓．山西省古代八景中的景观类型及特点［J］．干旱区资源与环境，2018，32（12）：204–208.

［35］韩建业．青海民族语地名的语言结构特征［J］．青海民族学院学报，1999（4）：118–123.

［36］张弓．现代汉语修辞学［M］．石家庄：河北教育出版社，2014：82.

实践探索篇

第4章　旅游地名语词研究

4.1　中国4A级以上景区地名结构特征研究

景区地名可简称为景名，指在一定地域文化背景下命名主体赋予景观地理实体的名称[1]。景名是旅游景区不可分割的部分，也是一种言简意赅的文学表达形式。我国高级别景区规模不断扩大，旅游地名相关研究逐渐成为学界讨论的热点。中国社会进入新发展阶段，旅游业面临高质量发展的新要求，《"十四五"旅游产业发展规划》指出，强化系统观念有利于旅游业全面协调可持续发展，景区地名自然也应如此。

针对景区数量规模扩大带来的一系列景区命名问题，如夸张洋化、名不副实、重复命名等，对中国高级别景区的地名结构特征进行研究，剖析其命名要素、规律和原则，可丰富景区命名理论，规范景区命名工作，以更好发挥景名的名片效应和旅游功能。景区名称是旅游地的一张名片，科学合理的旅游景区命名，既能反映出景区的自然特色，又蕴含丰富的文化内涵。高级别旅游景区是旅游地的高品质资源，其名称在展示地域特色资源、突出区域文化内涵、增强区域旅游吸引力等方面具有重要作用。在文旅融合背景下，高级别景区命名作为旅游地文化建设的重要内容，应对其有更高的要求。

4.1.1　相关研究进展

景区是旅游学的主要研究对象之一，A级景区因其规范性、典型性和较高关注度成为学者们研究的热点。目前国内关于A级景区的研究集中于空间分布及其影响因素、开发管理和网络关注度等方面。学者对A级景区空间结构和分布的研究始于 21 世纪初，主要依托地理信息系统[2]、地理探测器[3]、二分法[4]等技术方法研究 A 级景区空间分布的格局[5]、结构[6]、特征[7]、差异及其成因[8]等。开发与管理方面，由于 A 级旅游景区动态化管理已成常态，如何提升景区管理水平[9]、提高景区满意度[10]、实现景区高质量发展[11]成为学界的热点话题。大数据时代，研究者开始利用互联网数据，从旅游网站访问量、旅游信息搜寻行为、旅游电子社区等角度，分析旅游景区网络关注度空间格局及其演化特征[12-14]。

地名作为一种独特的地域文化符号，是旅游目的地文化建设的主要内容。随着旅游业的快速发展，旅游地名研究也逐渐受到各界学者关注。目前旅游地名相关研究主要集中在地名资源的旅游开发、旅游地名更名及地名管理方面[15]。尹钧科较早对地名在旅游中的作用进行分析，认为地名文化是内容极为丰富、底蕴极为深厚的文化旅游资源[16]。之后，学者进一步对地名的旅游价值与功能进行总结，认为地名的旅游价值与功能主要体现在导向功能、知识功能、形象标识功能、吸引功能、审美功能等方面[17-19]，故而地名资源能够转化为旅游资源进行开发。旅游地更名总体上可分为旅游行政区和旅游景区更名两大类型[20]，有关旅游行政区更名现象的利弊以及更名效果提升策略的研究受到广泛关注[21-24]。旅游地名管理研究主要涉及旅游地名标志建设[25]、旅游地名标准翻译[26]和地名档案[27]方面。

目前，关于旅游景区景点命名的研究相对较少，主要涉及两个方面。一是旅游景区地名命名原则及规范性研究，地名命名在风景名胜区中的应用存在不合理现象，会对旅游地产生负面影响[28]，旅游景区景点应重视地名命名规范化问题[29]，依照命名原则，确立景区命名系统，突出景点特征，营造景点意境[30]。二是旅游设施及景点要素的命名，要在思想上重视旅游设施和景点命名混乱的原因，加强对相关命名问题的管理[31]。研究方法则主要运用数理统计、文献分析和归纳等。

综上所述，学界对高级别景区研究较为成熟，已取得一定研究成果，但对旅游景区地名和景区景点命名研究较薄弱，甚少从地名学角度研究我国 A 级景区名称命名、更名及空间分布规律。旅游地名学作为新兴交叉学科，完善的理论架构还未建立、现有研究不够系统、相关理论有待深化[32]。将旅游学与地名学相结合，以我国 4A 级以上景区地名为研究对象，分析其通名类型、专名要素及组合特征，进一步总结出景区地名的结构特征和规律，是旅游地名学研究的重要内容。

4.1.2 数据来源与处理

1. 数据来源

景区名称是一个景区的名片，能彰显景区的特色与文化内涵，给游客留下第一印象，对景区形象的传播和推广至关重要。综合考虑相关研究数据的可获得性、可操作性以及实际研究价值，选取中国 31 个省（自治区、直辖市，不含港澳台）的高级别旅游景区为研究主体，景区名录通过查询原国家旅游局和各省份旅游局网站公布的数据、各省份年鉴相关信息以及电话咨询各地旅游部门获取，其他相关资料来源于各旅游景区官方网站以及《中国名胜词典》中对旅游景点的介绍。研究统计 4A 级以上景区数据截至 2020 年 7 月，结果显示 4A 级旅游景区为 3675 个，5A 级旅游景区为 280 个，共 3955 个。

2. 数据处理

景区名称一般由特称（专名）和通称（通名）两部分组成[33]，景区名称的特称只用于称呼某一景区，景区名称的通称可用于统称某类景区。如九华山风景区，“九华山”本为标准的“专名 + 通名”结构，“九华”为专名，体现其个体特征，“山”为通名，反映地物属性类别。为凸显九华山的景区属性和定位，在其后加上“风景区”这一具有景区属性的通名，则九华山不仅是一座山，也是风景区。从地名结构上看，“九华山”转变为专名，反映景区的个体特征、地形地貌等信息；“风景区”揭示出景区的属性类别，区别于博物院、游乐园、动物园等。因此，“九华山风景区”属于“（专名 + 地物类型通名）+ 景区属性通名”结构。

分析所统计的我国 4A 级以上景区名称发现，各省份旅游局官网上所公布的名称较为随意，未引起重视。如河南省文旅厅收集的高级别景区名称“河南省新郑市黄帝故里景区管理委员会”，命名较长，且不符合景区属性特点。又如“新昌大佛寺风景旅游发展有限公司”和“新昌县十九峰景区发展有限公司”，均使用政区名称，但命名方式不统一。

为确保研究可操作性和严谨性，对数据作以下处理：首先，去除高级别景区名称中仅具有指示作用，普遍利用、默认添加且不具有实际研究价值的政区名称，如“安徽省六安市万佛湖景区”“合肥市三河古镇景区”，依次处理为“万佛湖景区”“三河古镇景区”，而像“西安博物院”“南京博物院”等类型的高级别景区名称，本身名称较为简单且因去掉政区名称后，会出现相同名称，不便于分析，故对于此类地名的政区类取词予以保留。其次，去除高级别景区名称中以“有限公司”“管理委员会”“风景管理处”“风景管理局”“管理所”等明显不能构成景区的后缀。如“河南省新郑市黄帝故里景区管理委员会”简化为“黄帝故里景区”。

4.1.3　通名类型分析

旅游景区通名能够体现景区特性，具有重要作用。一方面，可揭示其与其他地物的差异，即通过通名便知其为旅游景区；另一方面，旅游景区通名的多样性使其形成丰富多彩的通名文化，体现旅游景区性质。

按照我国景区通名要素的结构特点，可将其大致分为以下 5 个级别（见表 4–1）：一级如区、园、馆、院、城等，从类别上对景区名称通名进行归类，为单字；二级如景区、公园、博物馆、展览馆等，在一级基础上有所丰富，是景区常用的通名类型；三级如文化景区、生态公园、自然博物馆等，在二级通名基础上进一步扩充，每个三级通名均可拆分为三个层次；四级如历史文化景区、生态民俗博物馆等，在三级通名基础上再次丰富，可拆分为四个层次；五级以此类推如休闲旅游度假景区、民俗文化生态景区等。景区通名每一级别作用不同，一、二级用以表明景区的属性特征，三、四、五级用以表明景区的功能性特点，表现方式依次强化，层次丰富性依次递进。

表 4–1　景区通名级别分类

级别	类型
一级	区、园、馆、院、城、镇、村等
二级	景区、公园、动物园、度假村、博物馆、展览馆、旅游区、艺术馆等
三级	文化景区、生态公园、自然博物馆、乡村旅游区等
四级	历史文化景区、生态民俗博物馆、生态农业旅游区等
五级	休闲旅游度假景区、民俗文化生态景区、国际风景旅游开发区等

对所统计的中国 4A 级以上景区名称进行分析，发现一级通名主要包括区、园、馆、院、城、镇和村，其中区类通名分布最为广泛，有 2799 个，占

总数近 71%（见表 4–2）。区类通名中以“景区”“旅游区”为主要类型，占比约为 86%，此类地名特点较为鲜明，具有较高辨识度。园类通名有 489 个，其中直接以园为通名者有 49 处，多为历史底蕴深厚的文化遗产，如颐和园、豫园等，后衍生出“公园”“乐园”“文化园”“博物园”“动物园”“植物园”等。馆类通名的景区有 197 个，其中博物馆数量比例较大，且多与归属地名称相结合，如首都博物馆、徐州博物馆等。院类通名的高级别景区有 17 个，其中以“博物院”命名的较为常见，有 12 个，如故宫博物院、良渚博物院、昭君博物院等。城类通名的高级别景区有 52 个，多为“影视城”“武侠城”“博览城”等三字通名及“古城”“水城”“玉城”等两字通名。镇类通名的高级别景区有 48 处，“古镇”和“小镇”较多，如怀远古镇、洛带古镇、航空小镇、温泉小镇等。村类通名的高级别景区有 42 个，以“度假村”最为常见。

表 4–2　景区主要通名类型

一级	二级
区（2799）	景区（1899）、旅游区（513）、风景区（162）、度假区（116）、名胜区（77）、保护区（6）、游览区（5）、街区（4）、园区（3）、休闲区（3）、示范区（2）等
园（489）	公园（218）、乐园（32）、博览园（27）、动物园（22）、植物园（19）、庄园（17）、陵园（15）、纪念园（11）、生态园（10）、田园（8）、家园（6）、观光园（6）、故园（1）等
馆（197）	博物馆（116）、纪念馆（44）、陈列馆（6）、科技馆（5）、艺术馆（5）、展览馆（4）、极地馆（3）、海洋馆（2）、规划馆（2）、蜡像馆（2）、民俗馆（2）等
院（17）	博物院（12）、书院（3）、收藏院（1）、禅院（1）
城（52）	古城（9）、商城（2）、长城（2）、玉城（1）、慢城（1）、酒城（1）、水城（1）、影视城（7）、文化城（6）、武侠城（5）、欢乐城（3）、珠宝城（3）、博览城（3）、动漫城（2）等
镇（48）	古镇（28）、小镇（18）等
村（42）	度假村（28）、村落（1）等

大部分高级别景区名称有较为明显的景区指向的通名，且类型较多，但也有部分旅游景区名称的通名特征不明显。我国高级别景区名称存在省略通名的现象，如以“世界”“中心”“山”“居”“苑”“峡谷”等为景区通名，这类高级别景区通名无明显景区指向，指示不明，易使游人产生误解，应对其通名予以补充。

4.1.4　专名要素与组合分析

1. 景区专名要素

近年来，旅游景区数量规模迅速扩大，景区命名要素种类繁多，一个景区的名称由一个或多个不同的命名要素构成。通过对我国 3955 个高级别景区名称中包含的命名要素进行分析与统计，从大的类型来看，可将其分为自然类和人文类。自然方面主要分为地形、水文、动物、植物、矿藏等，人文类地名则可以分为历史事件、历史名人、神话传说、寓意、方言、宗教文化、政区、建筑等（见表 4–3），每一种专名命名要素可以反映景区建设者对于地理环境的依赖和选择，并可以了解景区的文化氛围。

针对所统计的 3955 个高级别景区名称中过于复杂冗长者，仅取其核心要素进行专名研究，如古浪战役纪念馆景区，取“古浪战役”，归类为历史事件。另外，对于一个景区名称同时包含多个地理要素者，如老君山 · 鸡冠洞旅游区、两江四湖 · 象山景区等，将其视为多个专名要素，故而最终所统计的高级别景区专名元素多于实际的景区地名数量。

表 4–3　高级别旅游景区专名要素示例

<table>
<tr><td rowspan="5">自然类</td><td colspan="2">地形类</td><td>山、洞、湾、谷、岛、沟、峡、岩、峡谷、峰、滩、岭、寨、石林、湿地、洲、沙漠、峪、梯田、梁、坑、屿、崖等</td></tr>
<tr><td colspan="2">水文类</td><td>湖、河、泉、溪、江、海、潭、瀑布、池、塘、川、渠、水、涧等</td></tr>
<tr><td rowspan="3">资源类</td><td>植物</td><td>桃花、莲、荷、梅花、牡丹、樱花、薰衣草等</td></tr>
<tr><td>动物</td><td>狮子、鹿、鱼、鹤、燕子、虎、马、象、牛、鸡、鹅、天鹅、猴、蝴蝶等</td></tr>
<tr><td>矿藏</td><td>铜、铁、沙、珍珠、雨花石、乌化石、英歌石等</td></tr>
<tr><td rowspan="9">人文类</td><td colspan="2">历史事件</td><td>龙州起义、台儿庄大战、红军长征、遵义会议、博鳌亚洲论坛等</td></tr>
<tr><td colspan="2">历史名人</td><td>孙中山、老子、董存瑞、包公等</td></tr>
<tr><td colspan="2">神话传说</td><td>凤、仙、龙、麒麟、朱雀、玄武、神农、尧、舜、禹、女娲、伏羲、天后等</td></tr>
<tr><td colspan="2">寓意、赞誉</td><td>乐、幸福、浪漫、兴隆、百年好合、七彩、第一、最美等</td></tr>
<tr><td colspan="2">方言</td><td>呼和诺尔、库尔德宁、库木塔格、热贡等</td></tr>
<tr><td colspan="2">宗教文化</td><td>佛、观音、老君、太乙、天使、菩提、太虚、太极、禅、洞天福地等</td></tr>
<tr><td colspan="2">建筑</td><td>宫、寺、城、庙、府、亭、台、楼、阁、馆等</td></tr>
<tr><td colspan="2">企业名称</td><td>华夏、伊利乳业、鞍钢集团、方特、君乐宝乳业等</td></tr>
<tr><td colspan="2">其他</td><td>中华（级别）、in 巷（英语）、悠然南山（诗词）等</td></tr>
</table>

2. 景区专名组合方式

旅游景区专名命名一般由一个或多个命名要素组成，各命名要素之间的组合方式就是景区专名的命名结构[34]。根据专名命名要素的多少，将命名结构分成三大类型：单一型、双重型、复合型。这三种专名组合方式各有优劣，旅游景区应根据自身特色，选择一种既能突出自身优势，又利于宣传推广的专名命名方式，以更好发挥景区名称的功能和作用。

单一型指旅游景区名称由一个命名要素构成，如“上海科技馆”专名中仅包含政区命名要素、“鹿回头风景区”专名中仅包含神话传说要素、“龙州起义纪念园景区”专名中仅包含历史事件，类似的景区名称还有“幸福田园”“平乐旅游区”“梁羽生公园”“悠然南山度假区”等。以单一要素命名的景区名称和命名要素应具有较大辨识度和知名度，以便突出单一要素的特征，否则缺少体现地名和展示景区特色资源类型的元素，就会失去旅游景区名称的指示作用，使旅游者不明所以，难以对他们产生吸引力。

双重型指景区名称由两个命名要素组成，如“龙子湖景区”专名“龙子湖”以“神话传说 + 水文资源”命名；“大青山李白文化旅游区”专名以“地理资源 + 人物”命名；“洛阳 · 薰衣草庄园”专名由“政区 + 植物资源”组成。双重型景区专名以“政区类 + 其他命名要素”或“其他要素 + 地形类 / 水文类 / 建筑类”的组合方式为主。政区要素表明旅游景区的地理位置，地形、水文、建筑等要素则表示景区特色资源，因而较多以这两种命名要素组合其他要素来命名景区。

复合型指景区名称由三个或者三个以上命名要素组成，如“中国半汤郁金香高地景区”专名由“级别 + 政区 + 植物资源”三个要素组成；“洛阳 · 豪泽国际郁金香花海欢乐城”由“政区 + 企业名称 + 级别 + 植物资源”四种要素组成，类似的复合型专名命名形式还有“古柏渡丰乐樱花园景区”（政区 + 企业名称 + 植物资源）、“华侨城南戴河国际旅游度假区”（企业名称 + 水文资源 + 级别）等。复合型命名最常见的方式为“政区 + 其他要素 + 旅游资源”，此类景区专名最为完备，兼具了景区名称的引导与形象标识之特点。

4.1.5 景区名称结构规律

通过对我国高级别景区名称通名类型和专名要素及其组合方式的研究，可大致看出，我国高级别景区名称主体仍是通名与专名直接结合的标准形式。随着社会经济的发展，在激烈的旅游市场竞争之下，出现了除“专名 + 通名”以外的其他形式，表现为“（专名 + 通名）+ 通名”、无通名 / 通名不明显、通名叠加等。

1. 专名 + 通名

“专名 + 通名”是我国高级别景区名称常见的组合结构类型。这类景区名称如汪口景区、密印景区等，一般通过地名语词能直接辨认其通名和专名，符合地名标准化的要求，是我国景区命名的理想类型。

2.（专名 + 通名）+ 通名

这类景区名称多为自然类或人文类景素与代表旅游指向的“景区”“旅游区”“森林公园”等相结合。类似的景区名称如三台山森林公园、七星湖旅游区、南山植物园等。这类景区能很好地突出景区特色资源，表达旅游景区的属性特点。

3. 双重（专名 + 通名）

一些景区开发商，为扩大区域知名景区的旅游影响力，带动周边景区发展，开始以一些知名景区名称与周边景区名称结合的方式为旅游景区命名，主要表现为“双重（专名 + 通名）”的形式。如避暑山庄及周围寺庙景区就是以避暑山庄为核心资源，开发周边寺庙资源，扩大景区规模，以增加旅游收入。类似的景区名称还有重庆人民大礼堂及人民广场、尼山孔庙及书院景区、李大钊纪念馆及故居等，均包含“双重（专名 + 通名）”结构。

还有一些景区由多个景区名称组合而成，这类景区多为评级而建，即把邻近的单个知名景区组合起来，连片开发，统一规划，扩大景区规模，提升景区品质，提高景区级别，如两江四湖 · 象山景区、苏州园林（拙政园、虎丘山、留园）等。部分景区为突出特色资源，在原有名称的基础上另加资源类语词，共同组成高级别景区名称，如尧山景区因其内建有中原大佛，佛像慈祥庄严，神圣而灵验，是河南旅游和文化的新亮点，故命名为尧山 – 中原大佛景区。

4. 无通名 / 通名不明显

通名缺失类景区名称分为两类：一是明显缺失代表旅游景区特性的通名，相关景名如香山寺、圆玄道观、天使乐园等，通过这类地名，虽能知道其所属的旅游资源类型，但不能准确地判断其为旅游景区。二是旅游景区明显缺乏通名，如木兰胜天、罗布林卡、东郊记忆、长青华阳、长屿硐天等，即通过这些地名无法判断其属性特征。还有一些高级别景区有通名，但无法体现其景区属性，如中国畲乡之窗、北海海洋之窗、“天津之眼”摩天轮、丹山赤水等。

5. 通名叠加

一些景区为指示其旅游属性，在标准景区名称基础上，会出现两个相同类型的通名，如吐鲁沟国家森林公园景区、长沙生态动物园景区、上海浦东郊野公园景区、古浪战役纪念馆景区、中国漕运博物馆景区等。此类高级别景区名称，冗长复杂，不利于记忆，应适当简化。

综上所述，“专名＋通名”结构是景区名称的理想类型，“（专名＋通名）＋通名”“双重（专名＋通名）”等结构类型属于“专名＋通名”的变体，在一定的语境中使用时具有独到的表达效果，符合地名标准化的要求。无通名或通名不明显、通名叠加等则属于我国旅游景区名称命名不规范的现象，是旅游景区名称标准化过程中应当解决的问题，在新建旅游景区的命名时也应特别注意。

4.2 桂林古地名文化演变初探

地名在不同历史时期形成了不同的特点，地名文化包括了地名语词文化和地名实体文化两个层面。地名语词文化揭示了地名的语源文化内涵，地名实体文化体现了其所指代实体的地理、历史和乡土等[35]。秦代开凿灵渠之后，岭南与中原加强了经济、文化的联系，西汉时期在桂林设立了始安县，唐宋年间中原文人、官员的迁徙促进了桂林地区的开发，明清时期桂林逐渐发展为广西的文化和政治中心。在区域发展过程中，桂林产生了众多地名，这些地名具有鲜明的时代和地域烙印，是地域文化的重要组成部分。在快速城镇化过程中，桂林地名文化遗产面临消失和更新的形势，梳理桂林古代地名的文化特征及演变规律对于从总体层面认识桂林地名文化意义重大，可为城镇化过程中地名的命名或更名提供参考。以正史地理志、地理总志、地方志、地理著作、游记、笔记、舆图等区域地名记载较为详细的地理类文献为依据，以今桂林及周边地区为区域，梳理桂林古代地名的数量、类型和文化内涵特点，从地名语词和地名实体文化总结桂林地名文化演变规律，能够为快速城镇化背景下的桂林地名文化遗产保护和开发提供理论支撑。

回顾与桂林相关的地名，《山海经・海内南经》中已有“桂林八树在番隅①东”的记载，但“桂林”最早作为植物地名，并不能与现在的桂林等同类比[36]。秦代设立的桂林郡，治所在桂平市，与现在桂林市也相距甚远。汉代以前的文献对当前桂林的地名记载极少，汉代在桂林设立始安县之后，桂林的地名逐渐增多，不同阶段的地名都具有独特的文化内涵。

4.2.1　唐代以前：地名偏重于政区沿革、地理位置，地名遗存少

1. 地名数量实现个位数到两位数的突破

唐以前记载地名的地理文献主要为正史地理志和地理著作，桂林地名数量呈现增长的趋势，但总体数量还较少。先秦的《禹贡》未见桂林有关地名的记载。《汉书・地理志》记载了 6 个桂林相关的地名：零陵郡、零陵县、阳海山、湘水、离水、始安[37]，《后汉书》中仅有“零陵”一个与桂林有关的地名[38]。《晋书》[39]《宋书》[40]增加了新设的政区地名，地名分别为 8 个和 7 个。北魏《水经注》中共记载了 22 个关于桂林的地名[41]。至此，有关桂林地名的记载已经突破两位数。《隋书》记载了 8 个有关桂林的地名[42]。总体来看，唐代以前桂林地名记载数量大体上呈现增加的趋势，实现了个位数到两位数的突破，但总数不多，见表 4–4。

表 4–4　唐以前桂林相关地名统计

统计来源	地名	数量 / 个
《汉书》卷二十八《地理志第八》	零陵郡、零陵县、阳海山、湘水、离水、始安	6
《晋书》卷十五《地理下》	桂林郡、始安、始阳、平乐、荔浦、熙平、永丰、兴安	8
《宋书》卷三十七《州郡三》	零陵、平乐、建陵、熙平、永丰、始安郡、荔浦	7

① 番隅，即番禺，古代县名，今广东省广州市番禺区。

续表

统计来源	地名	数量 / 个
《水经注》卷三十八《漓水》	零陵郡、漓水、阳海山、阳朔山、荔浦县、始安峤、峤水、始安水、始安、弹丸溪、弹丸山、洛溪、洛溪山、永丰县、熙平县、羊濑山、鸡濑山、龙山、熙平水、朝夕塘、平乐县、平乐水	22
《隋书》卷三十一《地理下》	始安郡、桂州、平乐、兴安县、目山、荔浦、建陵、阳朔	8

说明：1. 以上统计以与桂林相关区域为依据，主要以桂林及周边地区为范围，但不局限于今桂林市；2. 文献统计依据以具体的条目为范围。

2. 政区地名为最主要的地名类型

唐代以前的地名类型主要有两种：政区和山水地名。正史地理志中记载的地名以政区为主体。《汉书・地理志》所记载的 6 个有关桂林的地名中，零陵郡、零陵县和始安为政区地名，离水、湘水和阳海山为山水地名。《宋书》《晋书》所记载的也均是政区地名。《隋书》所记载桂林有关的地名中，除了平乐的目山之外都是政区地名。《水经注》以水为纲，除了记载沿途的政区之外，还记载沿途的地物，特别是把山水地名放到较为重要的地位。根据表 4–4 所示，统计到唐朝以前的文献资料中记载的桂林相关的政区地名 31 个，山水地名 19 个，其他地名 1 个。

3. 地名文化侧重地名实体的位置和历史沿革，地名遗存少

唐代以前文献中关于桂林地名的语词记载较少，偏重于记述地名实体。一是对地物位置和所在区域的记载，如《汉书・地理志》载“阳海山，湘水所出”[37]，又如《水经注》载“漓水亦出阳海山，……南过苍梧荔浦县”[41]。二是对政区地名的记载主要为历史沿革，如《隋书》“始安，旧置始安、梁化二郡。平陈，郡并废，大业初废兴安县入焉”[42]。三是地名的直接陈列，即直接将地名列在书卷之中，如《晋书》中载：“始安，始阳，平乐，荔浦，常安，熙平，永丰。”[39]

从唐代以前地名遗存来看，很多地名并未沿用下来，有的地名则发生了演变。一些县级政区地名得以流传，如荔浦、阳朔、平乐、兴安等，而建陵、熙平、永丰、始安等则并未沿用。政区名称“桂林”还并非指现在的桂林，

从在《山海经》中作为植物名，到秦代的桂林郡（治桂平），再到三国时期桂林县（治象州），西晋的桂林郡（治柳州），隋代的桂林县（治象州）[43]，作为政区地名的专名“桂林”长期存在，但治所尚未在今桂林市范围之内，即唐代之前所言的桂林与现今意义的桂林所指的地域范围并不相同。文献中记载的自然地物地名与现在亦有所区别，如漓江在《汉书·地理志》中称为“离水”，《水经注》中又作“漓水”。

总体而言，唐代之前所记载的桂林地名结构、意义、类型都较为简单。地名文化侧重于历史沿革和地理位置的记载，对桂林地名的命名规律、命名原因记载较少，是桂林地名文化的起步阶段。

4.2.2　唐代：山水景观地名初步形成，地名文化内涵多样化

有唐一代，文人、官员的迁入和经营，使桂林区域和山水景观得到开发，记载唐代桂林地名的文献除了正史地理志、地理著作之外，还出现了记载地方风物的文献，地名数量和类型大幅增多，文化内涵记载渐趋丰富。

1. 地名数量突破 50 个

唐代桂林地名数量大幅增加（见表 4–5）。正史地理志记载的政区地名较之前有所增加，《旧唐书》[44]《新唐书》[45]分别记载了 22 个、24 个地名，大多为政区地名。《通典》中记载桂林相关地名 18 个[46]。地理总志是唐代记载地名的重要文献类型，《元和郡县图志》桂州条目下有 38 个相关地名[47]。涉桂的笔记则更为详细，莫休符《桂林风土记》[48]记载了桂林的地物和风土人情，原书为三卷，现仅存的一卷中有 42 个条目，载有 54 个与桂林相关的地名。

表 4–5　唐代桂林相关地名统计

出处	地名
《通典》卷一百八十四《州郡十四·桂州》	桂州、临桂县、始安郡、越城岭、临源岭、漓水、桂江、荔水、荔江、灵川县、阳朔县、荔浦县、建陵县、永丰县、永福县、理定县、全义县、纯化县
《元和郡县图志》卷三十七《岭南道四·桂州》	桂州、始安县、零陵郡、始安郡、建陵郡、临桂县、驳乐山、福禄山、全义县、越城峤、湘水、灵川县、冷山、阳朔县、永福县、永福乡、白石水、建陵县、建水、建山、骆驼水、理定县、兴安县、慕化县、常安水、永礼县、永礼乡、荔浦县、荔水、荔州、荔江水、桂江、漓水、阳朔山、零陵山、零陵县、越城、阳海山

续表

出处	地名
《桂林风土记》	桂林、桂州、灵川、全义岭、舜祠、虞山、皇潭、双女冢、伏波庙、东观、越亭、圣寿寺、碧峰山、北牖洞、龙越亭、岩光亭、北罗门、訾家洲、漓山、沉水山、温灵庙、尧山、尧山庙、东山亭、望月楼、碧浔亭、拜表亭、夹城、伏波山、独秀山、读书亭、欧阳都护冢、海阳山、全义县、会仙里、隐仙亭、盘龙冈、延龄寺、嘉莲洞、白雀洞、石盆大亭、庆云亭、朝阳亭、夕阳亭、桂岭、灵渠、漓水、零陵、大江馆、去思馆、青桂馆、甘岩、思磨山、逍遥楼

2. 山水景观地名成为主体类型

唐代，在桂林地名数量增加的同时，地名类型也开始多样化，山水景观地名数量逐渐超过政区地名，成为地名的主要类型。正史地理志、《通典》以及《元和郡县图志》尚以政区地名为主体，如《通典》中政区和山水地名分别为 12 个、6 个，《元和郡县图志》有 21 个政区地名和 17 个山水地名，《旧唐书》《新唐书》也大致如此。《桂林风土记》中地名类型则明显多样化，除政区、山水地名外，还增加了建筑、园林、寺庙、祠冢、亭台、水利等类型，其中园林景观地名作为重要类型开始大规模见于记载，如东观、越亭、岩光亭、碧浔亭、拜表亭、隐仙亭、读书亭、逍遥楼等。

唐代桂林山水景观地名的增多与当时的文化兴盛和区域开发密不可分。朝廷委派或者贬谪到桂林任职的文人官员们，注重改造桂林山水，使其更加适合观赏游览，李渤便是代表人物之一。其在隐山、南溪山增设亭台，修建栈道，这些改造活动丰富了地名的类型，桂林山水地名记载由此得以凸显。

3. 地名文化体现了山水景观的开发进程，传统地名学探索趋于成熟

（1）地名体现主体对于山水景观的认识、开发和解释

地名文化发展具有稳定性，唐代以前地名文化得到了延续，文献记载了地名实体的名称、历史沿革、地理位置等，地名实体开发过程和文化解释方面也有所加强。唐代文献对地名实体的形态记载较为详细，山水形态最为明显，如独秀山“高耸直上，周回一里余。迥出郭中，下有岩洞”[48]。对地物开发的记载也较为详细，主要体现在山水景观营建方面，包括修建亭台、种

植花木等。宝历年间李渤于隐仙亭“开置亭台，种植花木”[48]。桂管观察使裴行立在訾家洲“创造亭宇，种植花木，迄今繁盛”[48]。此外，唐代地名文化记载注重与历史人物、传说的关联，如伏波庙是“东汉伏波将军马援之祠也”[48]，会仙里“旧有群仙于此，辎羽驾，编于碧空，竟日而去”[48]。由此可知，唐代桂林地名文化记载蕴含了人们对于山水景观的认识、开发以及对地名实体的解释，体现了阶段性和区域性特征。

（2）地名语词文化内容丰富，地名学日趋成熟

与地名实体文化相比，唐代桂林地名的语词文化特点更为突出，主要表现在以下几个方面。

第一，一地多名体现了文化传承与空间分异。唐代之前桂林地名主要为一地一名，唐代则出现了诸多一地多名的现象，常见于山水地名，如漓山又名沉水山，阳朔山即零陵山，越城岭又称临源岭等。漓江在唐代有“桂江”与“漓水”等名称，如“漓水，一名桂江”[46]。《元和郡县图志》中记载在灵川县和临桂境内称桂江：“桂江，一名漓水，经（临桂）县东，去县十步，杨朴平南越出零陵下漓水即谓此也”，又“灵川县，龙朔二年分始安县置，东临桂江”，阳朔境内则称为“漓水”，如“漓水在（阳朔）县西二十里”[47]。

第二，一地多名的形成，可从时间和空间两个方面进行分析。时间尺度方面，同一个地物在不同历史时期名称不同，因地名文化的继承性，原地名得以沿用，与现地名共存。空间尺度方面，则是因为特定时期同一个地物在不同地区有不同称呼，这在河流名称上比较明显，出现明显的分段意识。

第三，地名得名渊源解释初成体系。唐代对桂林地名命名渊源的分析在文献中较为常见，大致可归为自然和人文因素。如对于各县名称的分析中，因山水而得名的有阳朔县“取阳朔山为名”，荔浦县“因荔水为名”；因所在地而命名的有永福县“武德四年析始安县之永福乡置，因以为名”，永丰县“吴甘露元年析汉荔浦县之永丰乡置”[47]。《桂林风土记》记载地物较多，归纳起来大致分为如下几种：因历史人物命名，如伏波庙因伏波将军马援之祠而命名；因山水形态命名，如北牖洞、沉水山；因姓氏命名，有訾家洲；因方位命名，如东门亭；因传说命名，如舜祠、双女塚、会仙里等。由此可见，唐代桂林地名记载中命名渊源分类已初成体系。

（3）地名语源、语义的考辨增多

对地名的考辨丰富了唐代桂林地名语词文化，如对“阳朔山即零陵山”

进行了梳理和说明，“汉时称阳海，晋以后称阳朔，一山而先后殊名矣。此云阳朔山即零陵山，殆因前人有湘出零陵山语，然彼以郡县名统称，犹言零陵之山实非是山，本名零陵则证合之似赘”[47]。另外，对于避讳地名也有说明，漓山因“其名与昭应骊山音同，故遂改名为仪山”[48]。唐代对于地名语源和语义的考辨已经成为桂林地名文化关注的方面。

（4）“桂林”作为地名与今桂林地域趋同

唐代之前的“桂林”地名可称之为与桂林有关的地名，在地域上与现今桂林不是同一区域。唐代在桂林设立桂州，从诗词、笔记记载来看，当时已经被称为桂林，由此桂林地名的界限逐渐清晰。

4.2.3 宋代：山水地名景观格局完善，地名与地方文化融合

1. 地名数量突破 80

宋代桂林地名数量较之前有较大增加。正史地理志延续了之前的特点，有关宋代的地名数量较少，元代脱脱所修《宋史》[49]静江府条中记载宋时桂林地名只有 11 个。记载岭南风物的笔记中地名数量较多，《岭外代答》[50]为 36 个，《桂海虞衡志》[51]志山条中为 45 个。宋代地理总志所记载的地名数量也较多，《太平寰宇记》[52]所记的桂林相关地名已经达到 81 个，《舆地广记》[53]为 41 个，《方舆胜览》[54]中的桂林相关地名数量为 46 个。总体而言，宋代地理方面的文献类型和数量都更加丰富，所记载的桂林相关地名数量也有明显增加。

2. 岩洞类地名大量增加，山水地名景观格局基本形成

宋以前的地名类型在宋代得以传承，又出现了新类型，阶段性特点鲜明。政区、山水和建筑地名类型得到延续，前述《宋史》条目中所载皆为政区地名，《舆地广记》中记载的 41 个地名中，山水地名与政区地名基本上对半分成，政区地名稍多[53]，《太平寰宇记》则包含政区地名、山水地名、建筑、宗祠、水利地名，以及其他类型的地名[52]。总体而言，宋代以前的地名类型得到了延续，同时园林景观地名增加了一些新的类型，《方舆胜览》中记载了学校、楼观、堂舍、园林、湖泊等园林景观类型[54]。桂林溶洞数量众多，“山皆中空，故峰下多佳岩洞，有名可记者三十余所，皆去城不过七八里”[51]。宋代以前文献对于岩洞也有所记载，但大规模、集中的记载首推宋代。《岭外

代答》[50]中记载了 23 个岩洞地名，《桂海虞衡志》[51]志山条目中记载的桂林地名皆为山、岩、洞名。

宋代桂林地名类型更加丰富，记载也更加详细具体，关于山水、岩洞地名的记载贡献突出。唐代之前地名记载以政区地名为主，唐代桂林山水地名开始凸显，宋代各类文献记载中以山水地名为主，山水地名景观格局基本形成。

3. 地名与地域文化融合，扩展了景观导向功能

地名语词文化在宋代得到延续并发展深入，体现在地名命名渊源分析、通名类型和地名群方面。唐代桂林地名在命名渊源上已经趋于系统，宋代进一步完善，注意到了方言对于地名的影响，如驳鹿山原名驳乐山，“后人以乐为鹿，故亦名驳鹿”[52]。宋代桂林地名中出现许多地物相似的通名类型，如“岩”与“洞”、“山”与“峰”、“江”和“水”等，周去非在记载桂林岩洞时对“岩”和“洞”进行了区分[50]，范成大《桂海虞衡志》载：“岩洞与此同，惟白龙乃洞名，龙隐则岩洞俱有”[51]，体现了对于地物的区分更为细致。此外，宋代桂林形成了众多专名相同的地名群，如以“辅星”命名的有辅星洞、辅星峰，以“伏波”命名的有伏波庙、伏波岩、伏波山，以“龙隐”命名的有龙隐洞、龙隐岩等。

地名成为地域文化的载体，游览导向功能突出。在宋代桂林地名实体文化中，融入了地方文史，还涉及自然环境、政治、经济、文化、交通等，逐渐成为区域文化的代表。如白龙洞“盛暑重裘而入”，栖霞洞则“六月无炎，大冬温然”[51]，很好地诠释了桂林溶洞冬暖夏凉的特点。又如回涛堤“长五百五十四步，以捍水势，居人免垫溺之患”，漓山“旁有洞穴，……世乱民保以避寇，旱或祷祀颇灵”[52]。地名不再只是代号，从地名中能更直观地了解“地方”，地名体现了地方文化。

具有明显的游览功能也是宋代地名实体文化特点之一。关于地名的记载根据游览线路进行描述，如“龙隐洞、龙隐岩，皆在七星山脚，没江水中。泛舟至石壁下，有大洞门，高可百丈。鼓棹而入，仰视洞顶，有龙迹夭矫，若印泥然，其长竟洞。舟行仅一箭许，别有洞门可出。岩在洞侧，山半有小寺，即岩为佛堂，不复屋”[51]。叠彩岩“在八桂堂后，……登大半有大洞门，入洞行十许步，则曲转穿出山背，北望平远如画，前后洞门皆有苍石嵌岩，……前山脚有小洞，幽暗不可穷”[54]。类似记载在桂林地名中很常见，

反映了宋代桂林景观开发的日益成熟。

4.2.4 明清：桂林古地名文化的集大成阶段

1. 桂林地名记载数量突破三位数

翻检不同时期有关桂林地名的地理文献，发现元代地理文献对桂林地名的记载甚少。明清记载桂林地名的文献资料种类增多，也更加详细，数量大幅增加。地理总志中的地名已具备一定规模，《大明一统志》[55]和清初《读史方舆纪要》[56]分别记载了227个、112个与桂林相关的地名，《大清一统志》[57]《嘉庆重修一统志》[58]等文献中都有相当数量的地名记载。各朝代《广西通志》所记载的桂林地名数量更为庞大，更不论各个版本的《临桂县志》，总体上明清桂林地名数量已远超前代。其他文献也记载了一定数量的地名，如《桂胜》[59]记述桂林风景名胜，其卷一中就有70个桂林地名，相继成书的《桂故》[60]记载了24个桂林地名，多为政区地名。明末徐宏祖游历桂林，在其著作《徐霞客游记》[61]中记录了大量游历桂林期间所接触到的桂林地名。总体而言，明清时期地名数量已具备相当规模，以至后期地名数量从数字上统计的作用似乎不是很大了。

2. 地名类型丰富，覆盖日常所见的自然和人文地物

明清文献资料中记载的桂林地名已基本稳定，类型逐渐齐全。地方志被称为地方百科全书，各个版本的《广西通志》和《临桂县志》中所记载的地名较为全面且具有代表性，从所列的条目即可见地名类型。如雍正《广西通志》[62]分为星野、气候、饥祥、图经、舆图、沿革、疆域、山川、关梁、驿站、沟洫、田赋、额办、屯田、盐法、榷税、积贮、户口、物产、风俗、蠲恤、城池、廨署、学校、坛庙、寺观、古迹、兵制、秩官、封建、名宦、选举、乡贤、忠义、校友、卓行、儒林、隐逸、迁客、方伎、列女、杂传、土司人物、诸蛮、艺文等条目。县志的条目具有高度一致性，如清嘉庆七年蔡呈韶修、光绪六年补刊本《临桂县志》[63]的条目与《广西通志》相差无几。其他文献则从不同角度进行记载，丰富和补充了地名类型，如《桂胜》与《桂故》所记载的地名类型有所不同，前者以山水标目，所载桂林地名多为山水名胜地名和少量建筑古迹地名，后者注重于讲述桂林历史沿革，所记载的桂

林地名多为桂林当代各级政区地名和一部分典型山水地名。《徐霞客游记》以游历者的角度记载了典型山水地名以及作者途经的许多小型聚落地名。《读史方舆纪要》作为地理总志，侧重于考订古今郡县变迁，详列山川险要战守利害，因此书中所记载的桂林地名类型主要为各级政区地名和山川地名。

从明清文献条目及内容来看，涉及的地名已涵盖了常见的地理实体。自然条目方面包括山川、湖泊、地貌等均有相应条目记载，相较于之前的文献，很多未见于文献记载的小地名也予以记载和描述，如宝瓶山“在城西十八里大律街村，山形如宝瓶”[63]。人文条目方面所涉及的范围更为广泛，常用的人文地名在文献中都会有相应的条目，如历史沿革地名可反映明清桂林政治文化，建筑、学校、桥梁、关隘等皆可反映其地方人文，寺庙、道观地名反映明清时期桂林的宗教文化，应该说明，清代完善的地名类型为桂林地名文化遗产保存提供了依据。

3. 桂林古地名文化集大成时期

古之修志，注重旁征博引，明清文献中所见桂林地名很好地继承了历史时期文化，并被赋予新的内涵。如嘉庆《临桂县志》中关于独秀山的记载引用了《桂林风土记》《太平寰宇记》《桂海虞衡志》《桂胜》《赤雅》《广西通志》等文献，同时在该条目下增加相关石刻、诗词和游览的内容，地名文化更加丰富。经过历史积淀，桂林古地名在演化过程中兼容并蓄，至明清发展到新高度，形成一些阶段特点。

（1）地名通名与专名增多，名称与现今较为接近

首先，通名和专名类型增多。如前所述，明清桂林的地名数量和类型已大量增加，与之相应的地名专名和通名也更为丰富，如雍正《广西通志》中“沟洫”条目收录了重要的农田水利地名，其通名类型有水、湖、陂、塘、河、潭、陡（见表 4-6），以“塘”和“陡”为主，符合岭南地形特点，具有区域特色。

表 4–6　雍正《广西通志》沟洫地名统计

通名类型	名　称
水	琴潭水
湖	西湖、白竹湖
陂	灵陂

续表

通名类型	名　称
塘	润塘、沙塘、石家塘、灌塘、黄察塘、大浪塘、瓮水洞塘、洛塘、罗汉塘、广穴口塘、鹅颈盛水塘、金龟塘、陇塘、贺塘、四陂塘
河	陡河、苏桥河
潭	青潭
陡	新宅陡、上耳陡、庙门陡、黄岭背陡、周陂头陡、石架桥陡、六圈桥上陡

资料来源：雍正《广西通志》卷二十一《沟洫・桂林府・临桂县》。

其次，地名命名渊源有新的思考。传统的命名渊源在明清依旧得到延续，且为主要类型，如根据形态和传说得名的地名在桂林较常见，白鹤山即为此例，“尝有白鹤翔集顶上，因名”[55]。陈宏谋所在的横山村，因“陈氏聚族居其（横山）麓，即以山名村”[63]，考虑到了聚落名称与地形的先后关系，体现了文献记载中对于地名命名渊源的新思考。人物也会对地名命名有影响，如戴秀岩因“郡人戴秀隐于此”而得名[63]。总体而言，明清时期对于地名命名渊源的解释已趋于完善。

最后，桂林古地名经过演变，于明清趋于稳定，与现今地名比较相近。曾经出现的地名群如伏波山、伏波岩、伏波庙，至清代则趋于统一，“伏波山亦称伏波岩”，七星山亦稳定下来成为主要名称[58]，这些名称与现代桂林地名已较为相近，一个更为典型的例子就是“漓山”向“象鼻山”的过渡[58]，稳定下来沿用至今。“漓江”长期称为“丽水”“漓水”，自宋代之后“漓江”常见于诗文，明清则逐步确定为正式名称，如雍正《广西通志》和《嘉庆重修一统志》皆将“漓江”作为主名称，已成为主流。越城岭从始安峤、越城峤、始安岭、临源岭、越城岭，至清代则稳定“越城岭”[58]之称，沿用至今。

（2）地名与诗词文化深度融合，景观开发与游览较为成熟

经过唐宋的营建，明清桂林的景观开发已较为成熟，独特的地理环境让前来游览的文人墨客流连忘返，留下诸多诗篇，给桂林地名赋予新的文化内涵。以独秀山为例，唐代已成为重要景观，历代文献皆有记载，唐宋文献所见关于独秀山的诗句较少，嘉庆《临桂县志》梳理了独秀山相关诗句，唐代有张固的《独秀山》，宋代有沈晦的《独秀山读书岩》，明代有 5 首诗，清代有 14 篇相关诗、序、题记等[63]。明清时期的桂林地名与诗词歌赋相关联，单个地名的文化内涵得到丰富。如果说宋代桂林地名体现了景观的组织与引

导功能，那么明清的地名景观就已经形成了现实的吸引力，这与景观开发一脉相承。

另外，明清桂林地名文化增加了相关历史事件，丰富了地名文化。如白龙洞，南宋时的记载为“白龙洞，在南溪平地半山中，龛有大石屋，由屋右壁入洞，行半途有小石室”[51]，局限于地理位置及其形态特征的记载，清代文献记载补充“五代汉末，南汉谋并静江地，湖南遣兵屯龙洞以拒之，即此”[57]，丰富了其地名文化的内涵。又如訾家洲，唐代记述其地理位置和命名缘由，清代则有记“訾家洲在临桂县东南江中，先是訾家所居，因以名之。虽巨浸不能没，自古以为浮洲，唐元和中裴行立建亭洲上，柳宗元有记”[57]，也在原有基础上，补充后人在此活动事迹，使得地名文化内涵得到延伸而更加丰富。

4.2.5　小结

地名文化由地名语词文化和地名实体文化构成，通过对历代记载地名的主要文献进行系统梳理和分析，发现桂林古地名文化的演化具有清晰的发展脉络，阶段性、传承性和区域性明显。

桂林古地名文化演变可以分为唐代以前、唐代、宋代和明清 4 个阶段，每个阶段特点鲜明。唐代以前地名数量稀少，不过也实现了个位数到两位数的突破，这一时期地名记载较为单一，以政区地名为主，遗存下来的地名较少。唐代地名数量突破50个，主体地名类型则从政区地名转向山水景观地名。宋代地名数量较唐代有所发展，突破 80 个，一个鲜明的特点是岩洞类地名大量增加，山水地名景观格局基本形成。明清桂林地名数量大量增加，突破了三位数且不局限于此，地名类型极为丰富，覆盖日常所见的自然和人文地物。

桂林地名语词文化上体现了较强的传承性。唐代之前所记载的桂林地名主要是对地物位置、所在区域和历史沿革的记载，是桂林地名文化起步阶段，这些特点在后来均得到了延续。至唐代，地名语词文化内容丰富，传统地名学日趋成熟，表现在一地多名广泛出现、得名渊源解释初成体系、地名语源和语义考辨增多等方面。宋代在地名命名渊源分析、通名类型和地名群方面有所发展。明清桂林古地名通名与专名增多，名称与现今较接近，是桂林古地名文化的集大成时期。

地名实体文化体现了较强的区域性。自唐代开始，桂林的古地名与山水景观的发展密不可分，唐代桂林地名体现了主体对于山水景观的认识、开发。宋代桂林山水地名景观格局完善，与地方文化融合，并扩展了景观导向功能，关于地名的记载根据游览线路进行描述。明清地名与诗词文化深度融合，反映出地名实体文化所指代的山水景观已形成了现实的吸引力，景观开发与游览较为成熟。

综上所述，地名文化不断演变，每个阶段都有其特征，由于地名文化具有继承性，地名文化演变是地名文化内涵逐渐丰富的过程，也体现出较强的地域性，是地域文化的典型符号。

参考文献：

[1]史英霞，赵丹青，孟祥彬．圆明园四十景景名的诗意表现[J]．中国园林，2020，36（3）：46–49.

[2]郭艳萍，刘敏．基于 POI 数据的山西省旅游景区分类及空间分布特征[J]．地理科学，2021，41（7）：1246–1255.

[3]王敏，韩美，陈国忠，等．基于地理探测器的 A 级旅游景区空间分布变动及影响因素：以山东省为例[J]．中国人口・资源与环境，2021，31（8）：166–176.

[4]汤礼莎，贺清云，朱翔．长沙市 A 级景区空间分布特征[J]．经济地理，2018，38（6）：218–224.

[5]吴清，李细归，吴黎，等．湖南省 A 级旅游景区分布格局及空间相关性分析[J]．经济地理，2017，37（2）：193–200.

[6]赵胡兰，杨兆萍，时卉，等．乌鲁木齐市 A 级旅游景区系统空间结构分形研究[J]．中国科学院大学学报，2021，38（3）：367–373.

[7]邓纯纯，吴晋峰，吴珊珊，等．中国 A 级景区等级结构和空间分布特征[J]．陕西师范大学学报(自然科学版)，2020，48（1）：70–79.

[8]周海涛，张雨惠，宁小莉，等．内蒙古 A 级旅游景区时空分异特征及影响因素[J]．干旱区资源与环境，2021，35（12）：202–208.

[9]宋瑞，孙盼盼．资源属性、管理体制、景区级别与门票价格：基于 5A 级景区的实证研究[J]．中国社会科学院研究生院学报，2014（1）：59–67.

[10]陈天宇，张春燕，李玥，等．基于关联规则的湖北省 5A 级景区游客满意度研究[J]．资源开发与市场，2021，37（10）：1159–1165.

[11]李冬花，张晓瑶，陆林，等．黄河流域高级别旅游景区空间分布特征及影响

因素［J］. 经济地理，2020，40（5）：70–80.

［12］李会琴，李丹，董晓晴，等 . 中国5A级景区分布及网络关注度空间格局研究［J］. 干旱区资源与环境，2019，33（10）：178–184.

［13］郭冠华，王荣成，王昱，等 . 东北5A级景区网络关注度区域差异研究［J］. 科技与经济，2018，31（4）：61–65.

［14］曾铭 . 基于百度指数的A级景区网络关注度时空特征研究：以湖南省景区为例［J］. 绿色科技，2017（11）：248–250.

［15］纪小美，陶卓民 . 旅游地名的国内外研究述评［J］. 广西经济管理干部学院学报，2017（3）：69–76.

［16］尹钧科 . 略论地名在旅游中的作用和价值［J］. 测绘科技动态，1993（3）：21–23+30.

［17］王萌 . 地名的旅游价值和文化价值［J］. 中国地名，2015（12）：78+77.

［18］花露，张洁玉 . 地名文化的旅游价值及开发浅析［J］. 商业经济,2009（21）：99–101.

［19］李慧敏 . 成都地名文化价值分析及旅游开发探究［D］. 成都：成都理工大学，2017.

［20］李静，吕连琴 . 旅游地更名现象研究［J］. 河南商业高等专科学校学报，2010，23（4）：60–63.

［21］李庆雷，高大帅，李芳 . 旅游地更名现象的理论透视［J］. 常州大学学报（社会科学版），2018，19（3）：80–87.

［22］汪化荣 . 捧名人招牌　扬文化名牌　打旅游品牌　请注意更改地名未必都能成为“香格里拉”［J］. 中国地名，2012（3）：45.

［23］柴海燕 . 风景旅游城市地名变更现象透析［J］. 地域研究与开发，2000（2）：82–85.

［24］黄华，王洁 . 对我国旅游地更名的思考［J］. 旅游论坛，2011，4（6）：12–17.

［25］张建明 . 为海南建成国际旅游岛营造优良的地名环境［J］. 中国地名，2011（6）：45–46.

［26］董辉 . 喀什地区旅游地名公示语英译探析［J］. 语言与翻译，2018（1）：67–71.

［27］卢雅楠，张伟夫 . 浅谈地名档案的资源属性和特征［J］. 中国地名，2017（1）：24–25.

［28］朱昌春．地名在风景名胜区的应用［J］．旅游学刊，2002（6）：19–22.

［29］赵彬．旅游景区景点命名的规范化问题初探［J］．中国地名，2011（8）：46–47.

［30］张祥，杨传开，林章林．旅游景点命名原则及策略新说［J］．广州大学学报（社会科学版），2013，12（9）：74–78.

［31］陈文君，曾大兴．旅游设施和景点的命名问题［J］．生产力研究，2006（4）：141–142+167.

［32］王荣，刘影，许意如．旅游地名研究理论体系建构研究［J］．干旱区资源与环境，2021，35（8）：167–174.

［33］郭锦桴．地名的语言分析［J］．汉语学习，1991（3）：26–31.

［34］费三华，李正升，李庆雷．海南国际旅游岛 A 级旅游景区命名初探［J］．海南热带海洋学院学报，2019，26（4）：48–54.

［35］胡彬彬．重视地名文化，就是重视我们的历史［J］．中国地名，2015（11）：11–12.

［36］邓敏杰．桂林古今行政建置考辨［J］．广西民族研究，2014（3）：133–140.

［37］班固．汉书：卷 28［M］．赵一生，点校．杭州：浙江古籍出版社，2000：543.

［38］范晔．后汉书：志第 22［M］．张道勤，校．杭州：浙江古籍出版社，2000：979.

［39］房玄龄．晋书：卷 15［M］．北京：中华书局，2000：289.

［40］沈约．宋书：卷 37［M］．北京：中华书局，1974：1135.

［41］郦道元．水经注：卷 38［M］．陈桥驿，注．杭州：浙江古籍出版社，2001：595.

［42］魏徵．隋书：卷 31［M］．北京：中华书局，1973：883.

［43］刘金荣，冯红，叶青，等．桂林名称的由来及其政区演变沿革［J］．中国岩溶，2004（1）：80–82.

［44］刘昫．旧唐书：志第 21［M］．北京：中华书局，1975：1110.

［45］欧阳修，宋祁．新唐书：卷 47［M］．北京：中华书局，1975：685.

［46］杜佑．通典：卷 184［M］．北京：中华书局，1988：4924.

［47］李吉甫．元和郡县图志：卷 37［M］．北京：中华书局，1983：917.

［48］莫休符．桂林风土记［M］．抄本．北京：国家图书馆，899（唐光化二年）.

[49]脱脱 . 宋史：卷 90 [M]. 北京：中华书局，1977：2239.

[50]周去非 . 岭外代答：卷 1 [M]. 上海：上海远东出版社，1996.

[51]范成大 . 桂海虞衡志 [M]. 严沛，校注 . 南宁：广西人民出版社，1986：5.

[52]乐史 . 太平寰宇记：卷 162 [M]. 刻本 . 金陵：金陵书局，1882(清光绪八年).

[53]欧阳忞 . 舆地广记：卷 36 [M]. 成都：四川大学出版社，2003：1129.

[54]祝穆 . 方舆胜览：卷 38 [M]. 北京：中华书局，2003：682.

[55]李贤 . 大明一统志：卷 83 [M]. 西安：三秦出版社，1990：1265.

[56]顾祖禹 . 读史方舆纪要：卷 107 [M]. 北京：中华书局，2005：4812.

[57]和珅 . 大清一统志：卷 355 [M]. 石印本 . 上海：上海宝善斋，1902(清光绪二十八年).

[58]穆彰阿，等 . 嘉庆重修一统志：卷 461 [M]. 上海：上海商务印书馆，1934.

[59]张鸣凤 . 桂胜 [M]// 永瑢，纪昀，等 . 文渊阁四库全书 . 上海：上海古籍出版社，2003.

[60]张鸣凤 . 桂故 [M]. 抄本 . 北京：国家图书馆，1585(明万历十三年).

[61]徐宏祖 . 徐霞客游记 [M]. 景印文渊阁四库全书 593 册，台北：台湾商务印书馆，1986.

[62]金鉷 . 广西通志 [M]. 刻本 . 北京：国家图书馆，1733(清雍正十一年).

[63]蔡呈韶 . 临桂县志 [M]. 刻本 . 桂林：桂垣书局，1892(清光绪十八年).

第5章　旅游地名命名研究

5.1　改革开放以来我国风景旅游城市更名机理与效应研究

地名是重要的文化资源，具有较高的旅游价值。地名对旅游城市而言可以起到指位作用，其所蕴含的文化内涵是城市文化的核心，贯穿于旅游活动中[1]。新时代在文旅融合背景下，风景旅游城市的地名文化资源开发可丰富旅游者的体验并加深对旅游目的地的认知与了解。

关于风景旅游城市更名与效应的研究，有学者提出了城市更名的基本途径[2]，即在城市更名前，引入公众参与机制，征求其所在城市社区居民的意见[3]。有学者提出，城市更名是旅游地视觉识别符号系统的重要部分，利用景区知名度可促进旅游目的地与城市间的资源整合[4]；旅游地城市的名称与更名必须统筹考虑定位功能、文化底蕴、信息含量及旅游资源[5]；城市更名是为了提升知名度、吸引力、竞争力[6-7]；城市更名能够增进旅游经济收入、游客数量、行业发展、文化传播等方面的旅游经济效益[6-10]。然而，它同时也会带来一些负面效应，如有的风景旅游城市更名存在明显的名不副实现象[11]，地名文化内涵缺失影响旅游城市形象、影响辖区内其他景区发展[12]，增加经济成本与管理成本，导致地名管理困难[13-14]。风景旅游城市更名为历史地名或风景名胜等具有知名度的地名时，能促进旅游业等行业的发展，推动经济增长，而更名为其他名称时则不能达到这种效果[15]。

目前，学界对于风景旅游城市名称的研究多从命名、更名及其所带来的影响等方面进行探索，较少与地名更名的内部语词系统相结合。从地名学视角研究风景旅游城市更名机理与效应，可为其他风景旅游城市更名提供理论依据与借鉴。

5.1.1 数据来源

地名具有社会性、时代性、民族性、地域性和代表性等特点，具有经济价值、文化价值、旅游价值等，风景旅游城市更名正是对地名价值的充分运用。风景旅游城市是指在其市区或近郊区拥有规模较大、质量优异、富有特色的风景名胜等旅游资源的城市，其自然风景往往能够与城市融为一体。

本书选取我国 31 个省级行政区（不含港澳台地区）县级以上风景旅游城市作为研究对象，并通过民政部官方网站（全国行政区划信息查询平台）、行政区划网站、中国・国家地名信息库官方网站、《中华人民共和国行政区划简册》（1990—2017 年）等途径获取研究数据。使用的经济数据主要来源于中国统计信息网、各城市的统计信息网、各城市统计年鉴等官方途径。

5.1.2 改革开放以来风景旅游城市更名状况分析

1. 总体概况

改革开放以来，我国政区更名的一个显著特点是利用风景名胜区名称为旅游城市更名，更名热潮一直持续至今，涵盖各级政区，引起学界和社会的广泛关注。据统计，改革开放以来全国共有 74 个县级及以上地区的风景旅游城市进行了更名。

2. 时空分布特征分析

（1）更名时间分布

改革开放以来，风景旅游城市的更名与我国政治、社会经济、旅游业的发展与变化密切相关，历经多个发展阶段（见表 5-1）。改革开放初期（1978—1980 年），旅游业刚刚起步，对各类旅游资源的认识和开发不够充分，因此风景旅游城市更名以风景名胜、历史或人物等为依据的命名较为少见，仅有深圳市（1979 年更名，原名为宝安县）、吉安地区（1979 年更名，原名为井冈山地区，现名为吉安市）2 例。随着社会经济发展，城市数量增多，旅游业也受到重视，城市化的推进促使更多城市地名出现或变更，并将旅游资源要素融入城市更名中。1981—1990 年有 14 个城市更名融入旅游资源要素。在旅游业快速发展的时期（1991—2000 年），为了创造独特性，抢占市场，有 19 个城市更名为旅游地名。2000 年之后，旅游市场竞争日益激烈，很多城市希望通过更名创造独特性，打响旅游品牌，有 39 个风景旅游城市在 2001 年至 2020 年进行了更名。

表 5–1 风景旅游城市更名时间分布与占比

时间段 / 年	数量 / 个	占比 /%
1978—1980	2	2.70
1981—1990	14	18.92
1991—2000	19	25.68
2001—2010	21	28.38
2011—2020	18	24.32

（2）更名空间分布

就区域空间分布来看，我国改革开放以来风景旅游城市更名状况呈现出东多西少、中多南北少的空间分布特点（见表 5–2）。我国东部与中、西部地区改革开放以来风景旅游城市更名数量存在明显差异。东部地区是经济发达地区，城市政区设置较多，旅游资源方面呈现出较大优势，为在城市规划建设与旅游规划发展中获得更多的效益，很多城市进行了更名，因而更名数量较多。

表 5–2 风景旅游城市更名空间分布统计

<table>
<tr><th>地区</th><th>省（自治区、直辖市）</th><th>数量 / 个</th><th>总计 / 个</th><th>占比 /%</th></tr>
<tr><td rowspan="2">华南</td><td>广东</td><td>1</td><td rowspan="2">2</td><td rowspan="2">2.70</td></tr>
<tr><td>海南</td><td>1</td></tr>
<tr><td rowspan="2">华北</td><td>河北</td><td>2</td><td rowspan="2">3</td><td rowspan="2">4.05</td></tr>
<tr><td>内蒙古</td><td>1</td></tr>
<tr><td rowspan="3">华中</td><td>河南</td><td>4</td><td rowspan="3">15</td><td rowspan="3">20.27</td></tr>
<tr><td>湖南</td><td>4</td></tr>
<tr><td>湖北</td><td>7</td></tr>
</table>

续表

地区	省（自治区、直辖市）	数量 / 个	总计 / 个	占比 /%
华东	浙江	1	16	21.62
	安徽	6		
	江苏	4		
	山东	1		
	福建	1		
	江西	3		
西南	四川	9	17	22.97
	云南	4		
	贵州	2		
	重庆	2		
西北	甘肃	4	7	9.46
	宁夏	1		
	新疆	2		
东北	黑龙江	4	14	18.92
	吉林	4		
	辽宁	6		

从省（自治区、直辖市）分布来看，四川是西南地区风景旅游城市更名数量最多的省份，共计 9 个；其次为华中地区的湖北，数量为 7 个；华东地区的安徽与东北地区的辽宁并列第三，数量均为 6 个。其他更名较多的省份有华东地区的江苏、西南地区的云南、华中地区的湖南与河南，发生更名较少的省份为宁夏、海南、广东、内蒙古、福建、浙江、山东，数量均为 1 个。

5.1.3　改革开放以来风景旅游城市更名机理分析

在制造区别过程中，取个好名字是所有命名者共同的心理，使得命名学越来越受到人们的重视[16]，由于地域特色，城市命名体现出较强的区域性和文化性。我国风景旅游城市的名称体现了独特的风景名胜、地域特色、民族文化等，如黄山市、赤壁市、淮安市通过地名向人们传递自己的文化。从地名学、命名学视角出发，研究风景旅游城市更名机理具有借鉴意义。

1. 更名依据

对风景旅游城市更名类型进行分析，发现更名类型主要可以分为历史文化、山水景观、文学意象等类型。

（1）以历史文化为依据

历史是城市发展的见证，是更名过程中不可或缺的部分。以城市历史文化作为更名依据，不仅能够宣扬城市的底蕴，还有利于打造历史文化名城和旅游名城，赋予城市更多的文化魅力和吸引力。历史文化主要依据有古政区、历史遗迹、历史故事、历史人物等（见表 5-3）。

其一，古政区凝聚了历史时期的文化记忆和底蕴，是历史文化的载体，是风景旅游城市更名中较为常见的依据。采用历代政区使用过的典型地名专名进行命名，涉及各种政区类型。其中采用古州命名进行更名的有 9 处，分别为茂县（茂州）、荆州市（荆州）、万州区（万州）、凉州区（凉州）、秦州区（秦州）、开州区（开州）、伊州区（伊州）、安州区（安州）、盘州市（盘州），其中大量市辖区的更名倾向于采用古代州名，市、县更名中采用较少。采用古县名进行更名的有 8 处，包括淮阴市（淮阴县）、恩施土家族苗族自治州（恩施县）、鹿泉市（鹿泉县）、淮安市（淮安县）、北镇市（北镇县）、襄阳市（襄阳县）、昭化区（昭化县）、兰陵县（兰陵县），市、县更名倾向于古县名。采用古郡名的有零陵区（零陵郡）、宜都市（宜都郡），采用古路名有吉安市（吉安路），采用古军名的有崇州（崇庆军）。总体上看，今市、县更名主要倾向于古州县名，也会适当采用其他各类政区专名。

其二，采用历史遗迹进行更名，常以古代著名建筑、水利工程和历史遗迹为依据。水利工程方面有都江堰市、清江浦区，其中江苏省淮安市清江浦区于 2016 年撤销清河区、清浦区而设立，因明朝永乐十三年（1415）陈瑄开凿的清江浦河而命名。古建筑方面有惠济区、禹王台区和濂溪区，如惠济区得名于隋唐大运河上的惠济桥，濂溪区得名于濂溪书院。历史遗迹方面有安阳市殷都区，2002 年由铁西区、郊区更名为殷都区，依据境内殷商都城遗址而更名。

其三，采用历史故事进行更名，包括怀德县更名为公主岭市（1985 年）、蒲圻市更名为赤壁市（1998 年）、思茅市翠云区更名为思茅区（2007 年）。公主岭市反映了清代公主下嫁当地的历史事件，赤壁市以赤壁之战为更名依据。

这一类型既有历史事件，也有与历史相关的故事，依据范围较广泛。

其四，采用历史人物进行命名，有许昌市建安区，以汉献帝年号“建安”而更名。

表 5–3　历史文化地名一览

更名依据	更名数量	更名时间 / 年	现名	原名
古政区	22	1979	吉安地区	井冈山地区
		1983	淮阴市	清江市
		1987	茂县	茂汶羌族自治县
		1993	恩施土家族苗族自治州	鄂西土家族苗族自治州
		1994	崇州市	崇庆县
		1994	鹿泉市	获鹿县
		1996	荆州市	荆沙市
		1998	宜都市	枝城市
		1998	万州区	万县区
		2001	凉州区	武威市
		2001	淮安市	淮阴市
		2004	秦州区	秦城区
		2005	零陵区	芝山区
		2006	北镇市	北宁市
		2006	瓜州县	安西县
		2010	襄阳市	襄樊市
		2013	昭化区	元坝区
		2014	兰陵县	苍山县
		2016	开州区	开县
		2016	伊州区	哈密市
		2016	安州区	安县
		2017	盘州市	盘县

续表

更名依据	更名数量	更名时间 / 年	现名	原名
历史遗迹	6	1988	都江堰市	灌县
		2002	殷都区	铁西区、郊区
		2003	惠济区	邙山区
		2005	禹王台区	南关区
		2016	清江浦区	清河区、清浦区
		2016	濂溪区	庐山区
历史故事	3	1985	公主岭市	怀德县
		1998	赤壁市	蒲圻市
		2007	思茅区	翠云区
历史人物	1	2016	建安区	许昌县

（2）以山水景观为依据

以山水景观为依据，是我国风景旅游城市更名的重要倾向，既能向人们展示地物资源，也能为人们提供导向。山水景观主要依据有山岭、河流、湖泊、国家风景公园、岛屿和海湾等（见表 5–4）。

其一，据国内或区域著名山岭进行更名。既有享誉全国的山岭，如黄山、峨眉山、武夷山、白山、五指山、庐山等，这是更名的主流；也有区域知名的山岭，如华蓥山、千山、西塞山、调兵山、蜀山、麦积山、大箐山等，在区域内具有较高知名度，也是风景旅游城市更名中所依据的重要类型。

其二，依据河流进行更名，既有区域流经的著名河流，如弋江、浑江、郫江等；也有依据河流位置更名的，如丹江口、江源、浑南；或根据古河流名称更名的，如梁溪。

其三，依据湖泊进行更名。有自然形成的知名湖泊，如五大连池、呼伦贝尔、巢湖等；也有因为著名历史事件而知名的湖泊，如南湖。总体而言，名山大川是风景旅游城市更名中比较重要的倾向。

其四，根据国家级风景名胜区和国家公园进行更名。如张家界市依据张家界国家森林公园，九寨沟县和石林彝族自治县依据国家级重点风景名胜区，丰林县则依据丰林国家自然保护区。依据国家级特色风景资源，也是风景旅游城市更名的重要类型。

其五，其他更名依据。或根据岛屿更名，有葫芦岛市和曹妃甸区；或根据海湾更名，如 1981 年根据大连湾将旅大市更名为大连市。

表 5-4　山水景观类地名一览

更名类型	数量 / 个	更名时间 / 年	更名	原名
山岭	14	1983	黄山市（县级）	太平县
		1985	华蓥市	华云工农区
		1987	黄山市（地级）	徽州地区、屯溪市和黄山市（县级）
		1988	峨眉山市	峨眉县
		1989	武夷山市	崇安县
		1994	白山市	浑江市
		1996	千山区	旧堡区
		2001	五指山市	通什市
		2001	西塞山区	石灰窑区
		2002	调兵山市	铁法市
		2002	蜀山区	西市区
		2004	麦积区	北道区
		2016	庐山市	星子县
		2019	大箐山县	带岭区
河流	7	1983	丹江口市	均县
		1995	江源县	三岔子区
		2005	弋江区	马塘区
		2010	浑江区	八道江区
		2014	浑南区	东陵区
		2015	梁溪区	崇安区、南长区、北塘区
		2016	郫都区	郫县
湖泊	4	1983	五大连池市	都德县
		2002	呼伦贝尔市	海拉尔市
		2005	南湖区	秀城区
		2011	巢湖市	居巢区

续表

更名类型	数量 / 个	更名时间 / 年	更名	原名
风景公园	4	1994	张家界市	大庸市
		1997	九寨沟县	南坪县
		1998	石林彝族自治县	路南彝族自治县
		2019	丰林县	新青区、红星区、五营区
岛屿	2	1994	葫芦岛市	锦西市
		2012	曹妃甸区	唐海县
海湾	1	1981	大连市	旅大市

（3）以文学意象为依据

在英国著名作家詹姆斯·希尔顿的长篇小说《消失的地平线》中，把“香格里拉”描绘成一个群山峻岭中永恒的和平宁静之地，而“香格里拉”在迪庆藏语中意为“心中的日月”，是迪庆藏民心中一个美好的境界。基于此，云南省中甸县在 2001 年更名为香格里拉县（2014 年撤县设市）。如今香格里拉市已成为著名的旅游胜地之一，以其古朴风情和独特的自然风光走进了人们的心中，每年都吸引着大批的国内外游客前来观光。

2. 更名动因

随着经济水平不断提高，很多城市为促进旅游业发展、抢占市场，开始将注意力转移到城市名称上。风景旅游城市更名主要有如下动因。

（1）推动经济发展

推动城市经济的发展，是很多风景旅游城市更名的首要动因。改革开放之后，我国风景旅游城市出现更名热潮，特别是在黄山市、都江堰市、香格里拉县（现为香格里拉市）等旅游城市更名后，提升了城市知名度，越来越多的风景旅游城市争相效仿。中国旅游资源类型丰富，一些知名的资源可形成优良的品牌吸引力，风景旅游城市为了获得更强的招商引资能力，开始将注意力转移到城市名称上来，着力推进城市的更名。

（2）传播文化形象

利用历史地名，挖掘地方文化内涵，促进旅游发展。一些旅游城市名称原名特色不鲜明，或缺乏历史文化底蕴，或缺乏旅游吸引力和品牌潜力，从而产生更名诉求。如新疆原哈密地区撤地设市，哈密市（县级）更名为伊州区，追溯哈密历史发现，“伊州”为哈密知名度较高的古地名，且为当地百姓所熟知，在生产生活中广泛使用。使用“伊州区”可以展现哈密的历史文化，与其他古“丝绸之路”城市遥相呼应，重新焕发出其作为古“丝绸之路”重镇的光彩。

（3）宣传城市与品牌

利用核心景区命名，可有效提高城市的知名度。许多城市利用当地著名的风景名胜区进行更名，如四川南坪县更名为九寨沟县，更名前知名度较低，后因县境内有著名的风景名胜九寨沟而更名。福建的武夷山市，原名崇安县，取“崇地安宁”之意，1989 年根据武夷山更名为武夷山市。此类风景旅游城市，凭借着风景名胜区更名，吸引了大量游客，成为热门的旅游城市。

5.1.4　改革开放以来风景旅游城市更名效应分析

风景旅游城市更名现象频发，成为社会上备受关注的问题。在更名过程中，既有成功的经验也有失败的教训。

1. 正面效应

风景旅游城市更名所带来的旅游经济效益和旅游社会文化效应明显。旅游经济效益指旅游活动对旅游地产生的经济影响，如游客数量、旅游经济收入的增加。旅游社会文化效应指旅游活动对旅游目的地的价值观念、民俗风情和文化特征等方面的影响[17]。

（1）旅游经济效益

促进游客数量快速增长。风景旅游城市更名，使得城市吸引力、知名度得到提高，带来大量游客。湖北省的蒲圻市 1998 年更名为赤壁市后，2004 年接待国内外游客达 81 万人次。更名 10 年后，2008 年接待国内外游客达 150 万人次。

扩大旅游收入。湖南张家界市更名后经济增长较快，其旅游经济收入由 1995 年的 25680 万元增长到 1999 年的 94624 万元，增长了 2.68 倍，到 2000 年则达到 194106 万元。旅游外汇收入由 1995 年的 165 万美元增长到 2000 年的 2905 万美元，增长了 16.6 倍，并于 2001 年达到 3961 万美元。

综上所述，风景旅游城市更名，创造了旅游消费热点，引起了游客们的注意，从而影响旅游消费者的行为决策。而且风景旅游城市更名，促使游客数量、旅游经济收入都有了或快或慢的增长。

（2）旅游社会文化效应

传承地名文化遗产。许多行政区十分重视挖掘历史地名文化，着力恢复历史地名的使用，从而传承地名文化、宣传城市文化，以达到吸引游客的目的。1996 年荆沙市更名为荆州市，2014 年山东苍山县更名为兰陵县，此类更名对历史地名进行了复原，同时推广了地名文化产品，如荆州古城、兰陵美酒、兰陵古镇等，在政区更名后有了更确切的依托。

塑造城市形象。风景旅游城市以知名度较高的风景名胜区、历史故事、历史人物等为城市名称，以此提升和强化旅游吸引力，打造城市名片、塑造城市形象，为游客提供地名线索，影响旅游行为决策。

2. 负面效应

（1）文化遮蔽，掩盖资源

文化遮蔽效应是指当两种及以上文化共同存在时，其中一种文化被突出强化，导致其他文化被弱化的现象。城市地名是影响旅游城市形象的主要因素之一，由于竞争性和盲目性，容易掩盖城市原有的历史文脉，降低旅游吸引力。

风景旅游城市更名过程中，有不少城市新更改的名字存在着“文化遮蔽”，有学者认为风景旅游城市的更名会对遗产的原真性产生负面影响[18]，使得原来具有丰富历史文化内涵的地名被人为地抹杀。如 1983 年太平县更名为黄山市（县级），1987 年安徽省撤销徽州地区、屯溪市和黄山（县级）市，设立了黄山（地级）市，虽效仿其他更名成功的风景旅游城市，用辖区内著名的黄山为更名依据，却没能获得显著效益。徽州文化是中国三大地域文化之一，包含丰富多彩的社会文化内涵，凝聚着包括徽派建筑、徽商、新安理学等在内的中国优秀传统文化。黄山市的更名，突出了黄山这一旅游资源，但将徽州文化遮盖住了，不利于旅游地资源整合及旅游业全面发展。

此外，城市更名也可能会以偏概全，屏蔽其他旅游景区资源，抑制整体发展。如四川灌县更名为都江堰市，都江堰市内有两个著名的旅游景点——都江堰和青城山，二者知名度相当，更名后虽然能突出著名水利工程和世界文化遗产都江堰，但对著名的中国道教名山和世界文化遗产青城山的宣传与推广有所影响。城市更名过程中，需充分考虑各方面因素，尽量避免文化遮蔽效应，实现旅游资源的全面发展。

（2）管理困难，成本增加

风景旅游城市的更名，牵涉社会管理的问题，可能产生较高的经济管理费用，民政部门、公安部门、身份证件、旅游手册等各种涉及地名的场合都要重新调整，增加了社会管理费用。城市更名时，国家统计数据、城市交通通信等信息也都要作出相应调整，其他涉及该城市名称的出版物、标识等亦是如此。更名会带来有形成本，如 2010 年湖北的襄樊市更名为襄阳市后，对各类公章、证件、招牌、地图等的修改，花费上亿元[19]；2004 年甘肃天水市的秦城区、北道区分别更名为秦州区、麦积区，其更名成本据不完全统计高达 300 万元[15]。由此看出，更名所造成的直接成本、行政成本、社会管理成本和社会资源的浪费是巨大的。

（3）指向混乱，误导游客

不合理更名会造成指向性混乱，向游客传递错误信息，误导游客。喻诗华认为，城市更名常常面临着地区名称所涵盖的资源与实际资源不匹配的问题，这样会引起新地名混乱的情况[20]。风景旅游城市以风景区名称命名，会使游客产生错觉：景区位于市区或郊外，到达城市就相当于进入景区，给游客带来不必要的困惑和误解。如四川省九寨沟县，游客乘坐飞机到达九寨黄龙机场后，距离九寨沟风景区还有 86 千米，需要近两个小时的车程，这会增加游客的心理距离。由于地名的误导，给旅客的旅游活动带来诸多不便，由此引发的游客投诉事件屡见不鲜。

5.1.5 小结

风景旅游城市的地名是独特的、有说服力的名片，会影响旅游者的行为决策。因此，成功的风景旅游城市更名可增加城市旅游吸引力，塑造城市旅游形象，促进城市社会经济发展。

我国风景旅游城市更名在时间上具有延续性，受到社会发展的影响，在改革开放之初发生更名的城市数量较少，1980 年之后数量不断增多，延续至今。在空间上呈现东多西少、南多北少，且主要集中在中部、东部沿海地区的分布特点。风景旅游城市的更名依据主要可分为历史文化、山水景观、文学意象等类型，其中历史文化包括古政区、历史遗迹、历史故事、历史人物等；山水景观则包括山岭、河流、湖泊、国家风景公园、岛屿和海湾等；文学意象以美好的境界为主，更名数量较少。同时，更名在一定程度上会影响行政区划等级、范围。进一步研究风景旅游城市更名与旅游效应，发现风景旅游城市更名的动因是获取经济发展动力、传播文化形象、宣传城市品牌等。更名所带来的正面效应较为明显，可以促进城市经济增长、增加游客、传承文化、塑造城市形象、产生“示范效应”。但不科学的城市更名也会造成遮蔽效应、耗费巨额管理成本、导向混乱等不良影响。

5.2　桂林植物园地名规划采词与命名研究

地名规划是对一定时空范围内命名更名、公共服务、地名文化等各项地名工作的整体部署和设计[21-22]。科学编制和实施地名规划，对增强地名工作前瞻性和科学性，推进地名标准化，传承和弘扬优秀传统文化，充分利用旅游资源，彰显旅游地自然、人文特色，实现旅游高质量发展具有重要意义。

地名采词是在地名命名工作中根据有关政策规定、命名指导思想或地名规划、设计方案等的要求进行地名语词采集、组合、筛选、论证并将名称予以定稿的全过程[23]。地名采词是地名命名工作中的技术难点，也是景区地名规划工作的重点。

景区地名规划来源于城市地名规划，但规划对象、原则和功能等方面有所不同。完整的景区地名规划要具有通用性和特殊性，通用性是指名称要切实符合景区发展进程，体现文化特色和建设实体要求；特殊性是指名称要具有区别于其他地物的基本能力，要具有一定的辨识度和民众认可度[24]。城市地名可以所在地区的地理环境特征、历史事件、历史人物、历史遗迹、政治思想及美好愿望、行业、植物、数字和方位、名山江河、经济发展、行政区划名称、国家名称及代表性“国标”类命名作为地名采词来源[25]。在旅游活动中，地名是游客进行旅游想象、形成旅游地第一印象的重要影响因素，望文生义、按图索骥、循名责实、择吉求福是游客旅游行为的普遍规律[7]。相较于城市地名，景区地名采词应更加具体化，依托景区资源特色建立景区地名采词库，可充分体现景区自然资源和人文特色。

目前，景区地名规划相关研究主要集中于地名作为旅游资源开发[26]、命名规律[27]及其对于景区文化氛围提升作用[1]等方面，而关于旅游地名及景区地名、景区地名规划的相关研究较少[28]。桂林植物园是我国最早建立的十大植物园之一，自然、人文资源丰富，具备科学研究、科普教育、旅游休闲等功能。桂林植物园中现有地名，如科学馆、科普馆、广西植物标本馆等，名称较为普通，不具备特色专名，不能反映植物园的文化特色，且园区内大量道路、建筑、广场、水域、草坪等地物没有名称。基于桂林植物园的资源特色，有针对性开展地名规划，促进土地规划、旅游规划等的落实与推进，可为文旅融合背景下景区地名规划提供可借鉴的路径和模式。

5.2.1　景区地名规划流程构建

根据城市地名规划步骤[29–30]，设计景区地名规划流程（见图 5–1），包括：景区地名规划调查准备阶段，调查分析景区资源特色、地名状况，建立采词库；基于采词库，提出景区地名规划命名原则和方法，制订科学、完整的景区地名规划方案；对初定方案进行论证、审核和审定，若此环节得出的地名规划方案存在问题，则需再次分析所调查的资源及地名状况，得出更科学合理的方案；整理制作，形成可实施的景区地名规划。采词、命名原则和方法是景区地名规划的核心要素。

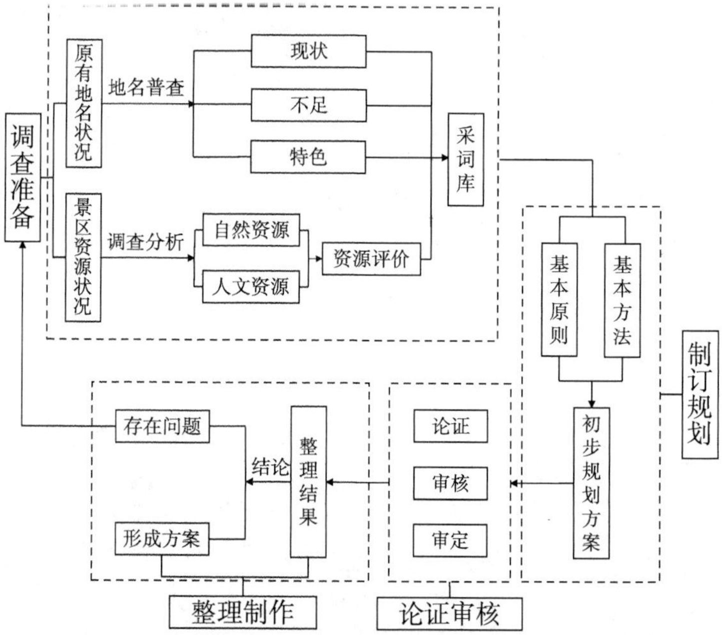

图 5–1　景区地名规划流程

5.2.2 桂林植物园概况

1. 自然资源

桂林植物园地处中亚热带季风气候区，年平均降雨量约 1800 毫米，年平均相对湿度 78%，有天然泉水资源，地形为低丘土岭与凸峰，形成多样的小气候环境，适宜亚热带植物生长，是广西唯一以战略性植物资源迁地保护为目标的综合性植物园，在保护生物多样性方面有重要作用。目前植物园建成 13 个专类园区，分别是珍稀濒危植物园、广西特有植物区、裸子植物区、棕榈苏铁区、喀斯特岩溶植物专类园、奇珍植物精品园、阴生植物区、中亚热带典型常绿阔叶林示范区、金花茶园、杜鹃园、百竹园、桂花园、桃花园，园区植物种类丰富，各具特色。

2. 人文资源

桂林植物园由陈焕镛和钟济新于 1935 年创立，创立过程中留下许多名人事迹（见表 5–5），赋予植物园文化底蕴与人文情怀。

表 5–5 与桂林植物园有关的名人及事迹

姓名	事迹
马君武	原名道凝，又名同，后改名和，字厚山，号君武，创办广西大学，邀请陈焕镛到梧州考察并创办广西大学植物研究所
李四光	原名李仲揆，字仲拱，抗战时期李四光居于植物园科学馆
陈焕镛	字文农，号韶钟，赴梧州考察并筹建广西大学植物研究所，曾任植物研究所所长
钟济新	曾任广西植物研究所副所长、所长
汪振儒	曾用名汪燕杰，笔名丁乙，广西大学植物研究所主任，整理、鉴定撰写了《广西种子植物名录》
李树刚	曾任植物分类研究室主任、植物研究所副所长，主持《广西植物志》编著工作

抗日战争时期，桂林植物园为了安全地保存植物资源，在广西梧州、柳州、河池南丹和贵州榕江辗转建所；抗日战争胜利后在柳州重建；为了植物园更好地发展，1946 年将其转移至桂林雁山（见图 5–2）。

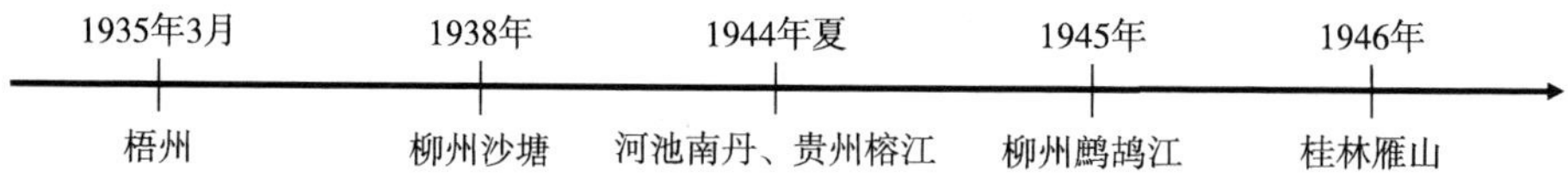

图 5-2　桂林植物园迁移时空路线

桂林植物园在植物多样性研究、广西特有植物和珍稀濒危植物研究等方向成果丰硕，如发现了“活化石”植物——银杉，发表了植物新属——凹柱苣苔属，展开对黄花（青蒿素）、罗汉果、炎见宁片、复方白须公等的研究。20 世纪五六十年代，桂林植物园引种驯化栽培药用和木本粮油植物，如萝芙木、油茶、油瓜等；20 世纪 70 年代，引种驯化药用和珍稀植物，如人参、杜仲、天麻等；20 世纪八九十年代，研究野生水果、蔬菜等经济植物和濒危植物，如罗汉果、银杏等。

3. 资源评价

针对桂林植物园内丰富的自然和人文资源，根据《旅游资源分类、调查与评价》（GB/T 18972—2017），结合专家意见，构建综合因子评价标准，将桂林植物园内单体旅游资源分为 6 个等级（见表 5-6）。根据资源等级和保护开发重视程度不同，对资源评价等级高的资源优先采词，对资源评价等级较低的资源选择性采词。综合因子和评价赋分标准见表 5-7，其中评价项目主要为资源要素价值、资源影响力和附加值，各评价因子则根据不同程度分为 4 个赋分层次，最终得出桂林植物园主要单体旅游资源评价表（见 5-8）。

表 5-6　旅游资源等级划分

等级	五级	四级	三级	二级	一级	未获等级
得分值域	≥ 90	75 ~ 89	60 ~ 74	45 ~ 59	30 ~ 44	≤29

表 5-7　评价赋分标准

评价项目	评价因子	评价依据	赋值
资源要素价值（85 分）	观赏游憩使用价值（30 分）	全部或其中一项具有极高观赏、游憩、使用价值	30 ~ 22
		全部或其中一项具有很高观赏、游憩、使用价值	21 ~ 13
		全部或其中一项具有较高观赏、游憩、使用价值	12 ~ 6
		全部或其中一项具有一般观赏、游憩、使用价值	5 ~ 1

续表

评价项目	评价因子	评价依据	赋值
资源要素价值（85分）	历史文化科学艺术价值（25分）	全部或其中一项具有世界意义的历史、文化、科学、艺术价值	25 ~ 20
		全部或其中一项具有全国意义的历史、文化、科学、艺术价值	19 ~ 13
		全部或其中一项具有省级意义的历史、文化、科学、艺术价值	12 ~ 6
		历史价值、文化价值、科学价值、艺术价值具有地区意义	5 ~ 1
	珍稀奇特程度（15分）	有大量珍稀物种，或景观异常奇特，或此类现象在其他地区罕见	15 ~ 13
		有较多珍稀物种，或景观奇特，或此类现象在其他地区很少见	12 ~ 9
		有少量珍稀物种，或景观突出，或此类现象在其他地区少见	8 ~ 4
		有个别珍稀物种，或景观比较突出，或此类现象在其他地区较多见	3 ~ 1
	规模、丰度与概率（10分）	独立型旅游资源单体规模、体量巨大；集合型旅游资源单体结构完美、疏密度优良级；自然景象和人文活动周期性发生或频率极高	10 ~ 8
		独立型旅游资源单体规模、体量较大；集合型旅游资源单体结构很和谐、疏密度良好；自然景象和人文活动周期性发生或频率很高	7 ~ 5
		独立型旅游资源单体规模、体量中等；集合型旅游资源单体结构和谐、疏密度较好；自然景象和人文活动周期性发生或频率较高	4 ~ 3
		独立型旅游资源单体规模、体量较小；集合型旅游资源单体结构较和谐、疏密度一般；自然景象和人文活动周期性发生或频率较小	2 ~ 1
	完整性（5分）	形态与结构保持完整	5 ~ 4
		形态与结构有少量变化，但不明显	3
		形态与结构有明显变化	2
		形态与结构有重大变化	1

续表

评价项目	评价因子	评价依据	赋值
资源影响力（15 分）	知名度和影响力（10 分）	在世界范围内知名，或构成世界承认的名牌	10 ~ 8
		在全国范围内知名，或构成全国性的名牌	7 ~ 5
		在本省范围内知名，或构成省内的名牌	4 ~ 3
		在本地区范围内知名，或构成本地区名牌	2 ~ 1
	适游期或使用范围（5 分）	适宜游览的日期每年超过 300 天，或适宜于所有游客使用和参与	5 ~ 4
		适宜游览的日期每年超过 250 天，或适宜于 80% 左右的游客使用和参与	3
		适宜游览的日期每年超过 150 天，或适宜于 60% 左右的游客使用和参与	2
		适宜游览的日期每年超过 100 天，或适宜于 40% 左右的游客使用和参与	1
附加值	环境保护与环境安全	已受到严重污染，或存在严重安全隐患	–5
		已受到中度污染，或存在明显安全隐患	–4
		已受到轻度污染，或存在一定安全隐患	–3
		已有工程保护措施，环境安全得到保证	3

表 5–8　桂林植物园主要单体旅游资源评价

等级	资源
四级	珍稀濒危植物园、金花茶园、中国苦苣苔科植物保育中心
三级	裸子植物区、喀斯特岩溶植物专类园、黄花梨、雁山四宝（红豆、方竹、丹桂、绿萼梅）、广西特有植物区、杜鹃园、桂花园、桃花园、百竹园、棕榈苏铁区、阴生植物区、九龙藤九龙井
二级	中亚热带典型常绿阔叶林生态系统示范区、植物资源与植物地理研究中心、生态与环境研究中心、天然产物化学研究中心、特色经济植物研究中心、园林园艺研究中心、科学馆、科普馆、陈公馆、跳舞草、含羞草、马君武、陈焕镛、李四光
一级	山泉水、广西植物标本馆、苗圃、火龙果试验田、猕猴桃试验田、山腰山顶观景台、炎见宁片、黄花蒿、复方白须公
未获等级	亭、潭、台、廊、古樟树、桥、银杏林、观景广场、人物塑像

5.2.3 桂林植物园地名规划采词

采词是一项政策性、社会性、专业性、群众性、技术性的工作，是地名命名工作基本环节，地名采词取向反映地名构成特点，采词质量决定地名命名质量[23]。

1. 采词思路

景区地名命名采词应立足景区自然资源、人文历史，从实际出发，因地制宜，保持地名的相对稳定性和科学性。

（1）以地理位置和方位采词

地名产生是为了便于人们日常生活交往中寻找和判定地物位置，因此需要清楚表达定位和方向信息。固定自然参照物加上东、西、南、北、中等具体方位词的地名在城市中应用广泛，景区也可合理采纳。桂林植物园占地面积 73 平方千米，各园区面积较大，借助方位词语进行位置定位，有助于优化景区布局，便于游客选择最佳游览路线。

（2）以具体功能采词

景区根据资源特点进行功能分区，不同功能分区的地名要与其实际用途紧密结合，通过地名直观展示功能，为游客提供便捷。桂林植物园景区划分为旅游综合服务区、文化创意体验区、科普观光旅游区和科研管理生活区，其中部分地名体现了功能性，如科普馆以植物园的科普功能命名，标本馆是植物园保存重要标本的建筑，园区内各研究中心建筑则以具体研究方向命名。以具体功能命名亦可根据地物相关属性扩展采词，根据科学研究目标、功能、作用等，将与科学研究有关的地物专名采词扩展为求知、真理、真知等。

（3）以历史文化名人或事件采词

以历史文化名人或事件采词，可通过地名彰显人文特色，让游客了解景区历史文化。桂林植物园人文底蕴深厚，教育家马君武、植物学家陈焕镛等历史名人对植物园作出杰出贡献，以他们的姓名、字号等采词既可纪念其功绩，也可激励游客向其学习。植物园的历史事件亦可用于采词，如植物园迁移线路、名称演变过程，这种采词方式能让游客直观地了解植物园历史。

（4）以景区科技成果采词

文旅融合背景下旅游景区功能逐渐多元化，除了旅游功能之外还有生态保护、科研教育、文化传承等功能，以科技成果命名景区地名能让游客增强景区认同感。桂林植物园研究具有阶段性特征，根据景区阶段性研究成果采词，可让游客了解植物园发展历程。

（5）以景区特有资源采词

景区以资源特殊性或稀缺性吸引游客，根据特有资源进行采词，对景区形象塑造及景区特有资源保护和宣传具有重要意义。桂林植物园植物资源丰富，选择园中特有植物进行采词能够体现植物园地方特色，如以广西特有植物石山竹、子芸香竹、凤尾竹进行采词，或以雁山四宝（红豆、方竹、丹桂、绿萼梅）进行采词。资源等级不同，保护开发重视程度也不同，在采词中可对资源评价等级高的资源优先采词，对资源评价等级较低的资源选择性采词。桂林植物园可优先在四级旅游资源珍稀濒危植物园、金花茶、苦苣苔科植物（石蝴蝶状报春苣苔、弯果报春苣苔、凹柱苣苔、长檐苣苔等）等中采词，而对一级和未获等级资源选择性采词。对景区特有资源进行采词能让游客进一步了解园区特色，增强游览兴趣。

2. 建立桂林植物园地名采词库

根据地理环境、方位、具体功能、历史名人与事件、科技成果、特有资源 6 个方面采词，可以得到桂林植物园地名命名采词库（见表 5–9）。

表 5–9　桂林植物园采词库示例

采词方法	采词示例
地理环境	植物园、杜鹃园、桃花园、百竹园
方位	东、西、南、北、中
具体功能	研究、标本、生产、科普、休憩、旅游、避暑、真知、求知、真理
历史名人与事件	马君武、道凝、陈焕镛、文农、韶钟、李四光、仲揆、仲拱、钟济新、汪振儒、梧州、沙塘、南丹、榕江、鹧鸪江、雁山
科技成果	银杉、黄花、凹柱苣苔属、萝芙木、油茶、油瓜、蝴蝶果、人参、杜仲、天麻、麦冬、蚬木、罗汉果、三七、岩黄连、黄花蒿、绞股蓝、苦草、桂翡、桂红、实美
特有资源	珙桐、石蝴蝶、水杉、桫椤、鹿角蕨、巢蕨、夏蜡梅、金花茶、茶梅、黄花梨、跳舞草、丹桂、银桂、石山桂、乌桕、红碧桃、五彩桃、红叶桃、红豆、方竹、绿萼梅

5.2.4 桂林植物园地名规划命名

根据景区地名规划流程，在对桂林植物园自然资源状况、人文历史底蕴进行调查分析的基础上，建立采词库，提出景区地名规划基本原则、基本方法和命名方案。

1. 基本原则

（1）地名与地域环境协调性原则

指位是地名最重要的功能，地名与地域环境相协调是指景区地名应充分反映景区的地域特点及环境特征。桂林植物园地处亚热带季风气候区，年降雨量大，拥有地文景观、水域风光、天象与气候景观等，地形地貌丰富，以植物为核心资源，可充分运用以上地域特点及环境特征进行命名，还可将景区内山、谷、沟、盆等不同地形单元与植物资源共同构词。如建于阴生植物区的亭子，根据其环境阴凉适合避暑的特点，可命名为纳凉亭；位于杜鹃园的水域，可根据园中种植了百余种杜鹃花，将其命名为百鹃潭。

（2）强化地名功能原则

地名具有指位、审美、知识、文化传承等功能[31]，景区地名的使用主体为游客，对地名功能要求较高，因此景区地名规划要起到强化地名功能的作用。桂林植物园用自然资源命名地名可强化其知识功能，结合方位语词命名则能强化其指位功能，如以沙塘路、南丹路、榕江路、鹧鸪江路、雁山路命名景区道路，是对其在战争年代为保存植物资源而迁徙的地点进行采词，凸显其文化底蕴、历史渊源，强化地名文化传承功能。

（3）保护与开发并举原则

地名蕴含地方文化内涵，反映地方地理特征、历史变迁、政治地位，承载人们的美好祝愿，同时地名也应承担时代责任，适应新规划需要，景区地名规划要做到保护与开发并举[32]。彰显历史文化内涵的地名应保护并继承[33]，如为了纪念植物学家、桂林植物园创始人陈焕镛的陈公馆。设计不合理又影响规划的景区地名应摒弃，结合现实情况及新的规划要求重新命名，保证景区规划完整性和科学性。地名是一种文化载体，对景区地名做到保护与开发并举，是对景区资源的筛选，也是对地方文化的“去粗取精”。

（4）服务旅游原则

景区是为游客提供旅游服务，其地名规划要以服务旅游为原则。桂林植物园是科普、研学、观光场所，地名规划以服务旅游为原则，可促进其旅游发展。桂林植物园四个功能分区承担不同旅游功能，要结合功能分区的服务要求进行地名规划，如旅游综合服务区地名规划要充分结合资源进行命名，文化创意体验区地名则需赋予其更多文化意义。地名服务于旅游，可以使景区文化内涵表征化，提升游客体验，促进景区旅游发展[34]。

（5）时效性和一致性原则

景区地名规划要与景区规划时效和要求保持基本一致。景区在不同阶段规划要求不同，桂林植物园过去主要作为科研类场所，现在发展成集科学研究、科普教育、研学观光于一体的场所，原有地名无法满足发展需求。景区地名规划不能脱离景区规划，要与景区的发展相契合，景区地域范围扩大、系列区块划分等，要求将景区规划的要求和原则融入景区地名规划中，保持一致性。

2. 基本方法

（1）通名规范化

地名通名用字应遵循通名规范化要求，如实反映地物类型。桂林植物园的地名通名主要有广场、花园、主干道、次干道、小道、楼、亭、山、泉、塘等。景区地名通名命名要根据景区真实情况进行选词，不能指鹿为马，如将桂林植物园中的水域通名确定为潭、池、塘，杜鹃园内水域命名为百鹃潭，百竹园内水域命名为恭谦池。正确使用通名能让人更好地了解植物园的自然环境和人文资源。

（2）方位派生法

方位派生法是指在选定主地名的基础上，以方位派生命名的方法[35]。在桂林植物园地名命名中将环绕园区的主干道命名为植物园东路、植物园西路、植物园南路、植物园北路、植物园中路等，即选定“植物园”为主地名，在道路通名“路”前加上指位性语词。无论是以自然资源为主的景区还是以人文资源为主的景区，运用方位派生法命名景区地名能使景区格局更加清晰，便于实施景区各类规划。

（3）专名个性化

专名最基本、最重要的功能是指位，让人听其名知其位，因此在专名命名时要体现自然和人文特色，体现个性化，如珍稀濒危植物园内两座桥可根据园内植物郁郁葱葱、种类繁多的特征，命名为郁桥和繁桥；科学馆及研究中心的路段，可根据其功能和性质分别命名为真理路和求知路。桂林植物园自然资源丰富，人文底蕴深厚，在专名命名上要基于植物园特色使其更具个性化特征，注重发挥专名指位、知识、审美等功能。

（4）纪念命名法

地名命名中可用专名来纪念人物或事件，体现景区的历史文化内涵。纪念命名法大体可以分为纪念事件和纪念人物两大类，纪念事件命名法一般采用事件发生的地点名称、时间季节作为专名；纪念人物命名法则采用所纪念人物的名字、绰号、字号、官职、成就作为专名[36]。桂林植物园可用著名地质学家李四光的名字或字号来命名地物，是对前人贡献的肯定和纪念，也是对后人思想行为的引导和激励。用纪念命名法命名可增强景区地名知识功能和文化传承功能，可使游客充分了解景区的历史文化内涵。

（5）组合法

组合法是指以两个正在使用的地名组成一个新地名的命名方法。这种方法的使用由地物所在的地理环境决定，新地名所命名的地物一般在组合前地名的地物之间、附近或直接覆盖原有地物。桂林植物园中可将百竹园和桂花园路段以竹桂路命名，将百竹园和桃花园路段以竹桃路命名。组合法命名可以使景区划分更加合理，增强指位性，体现地域环境特色。

（6）引用法

引用法是通过引用村庄、山峰、河流、古迹、景观等名称命名地物，景区地名命名可引用景区内自然风光和人文景观要素，充分反映景区地理环境和历史文化。桂林植物园可引用园内特有植物命名地物，如位于珍稀濒危植物园中的亭子，可引用园中特色植物水杉命名为水杉亭，桃花园中的水域引用桃花命名为桃花潭。引用法命名充分利用景区资源，在一定程度上起到保护景区资源的作用。

3. 命名方案

针对桂林植物园中道路、建筑、广场、水域、草坪 5 种地物类型无名状况的明显问题，将景区地名规划基本原则和基本方法予以落实，形成桂林植物园地名规划命名方案（见表 5-10），可为其他景区地名规划、地名采词和命名提供借鉴，提高景区对地名文化内涵和旅游功能的重视，适应文旅融合发展趋势，促进旅游高质量发展。

表 5-10　桂林植物园地名规划命名方案

<table>
<tr><th>类型</th><th>名称</th><th>方法</th><th>依据</th><th>原则</th></tr>
<tr><td rowspan="7">道路</td><td>植物园东路、植物园西路、植物园中路</td><td>方位派生法</td><td>以主地名加地理方位命名</td><td rowspan="3">地名与地域环境协调性</td></tr>
<tr><td>红豆谷路、丹桂坡路、方竹山路</td><td>引用法</td><td>以园区特有植物结合地形单元命名</td></tr>
<tr><td>竹桂路、竹桃路</td><td>组合法</td><td>以处于百竹园、桂花园及桃花园相邻路段命名</td></tr>
<tr><td>沙塘路、南丹路、榕江路、鹧鸪江路、雁山路</td><td>纪念命名法</td><td>以植物园迁移地点命名裸子植物区路段</td><td>强化地名功能</td></tr>
<tr><td>真理路</td><td>专名个性化</td><td>以通过科学研究追求真理的目标命名科学馆路段</td><td rowspan="2">保护和开发并举</td></tr>
<tr><td>求知路</td><td>专名个性化</td><td>以通过科学研究探索求知的功能命名研究中心道路</td></tr>
<tr><td>道凝路、振儒路</td><td>纪念命名法</td><td>以名人名字命名生活区路段</td><td>强化地名功能</td></tr>
<tr><td rowspan="9">建筑</td><td>赏珍亭、万花亭</td><td>专名个性化</td><td>以珍稀植物园内珍稀植物种类繁多的特征命名</td><td>服务旅游</td></tr>
<tr><td>纳凉亭</td><td>专名个性化</td><td>以阴生植物区环境阴凉适合避暑的特点命名</td><td rowspan="3">地名与地域环境协调性</td></tr>
<tr><td>水杉亭</td><td>引用法</td><td>以珍稀植物园内水杉命名</td></tr>
<tr><td>百竹亭</td><td>引用法</td><td>以亭子所处百竹园命名</td></tr>
<tr><td>仲拱科学馆</td><td>纪念命名法</td><td>以李四光字号命名</td><td>强化地名功能</td></tr>
<tr><td>银杉楼</td><td>引用法</td><td>以建筑物附近的银杉命名</td><td rowspan="2">地名与地域环境协调性</td></tr>
<tr><td>银杏楼</td><td>引用法</td><td>以建筑物附近的银杏命名</td></tr>
<tr><td>繁桥、郁桥</td><td>专名个性化</td><td>以珍稀植物园内植物郁郁葱葱、种类繁多特色命名</td><td>服务旅游</td></tr>
<tr><td>道凝桥</td><td>纪念命名法</td><td>以马君武原名命名</td><td>强化地名功能</td></tr>
</table>

续表

类型	名称	方法	依据	原则
广场	真知广场	专名个性化	以通过科学研究追求真理的目标命名科学馆前广场	保护和开发并举
	厚山广场	纪念命名法	以马君武字号命名	强化地名功能
	珍奇广场	专名个性化	以珍稀濒危园内奇珍植物种类众多的特点命名	服务旅游
	东区红豆杉停车场、北区石蝴蝶停车场	方位派生法、引用法	以停车场地理方位及珍稀植物命名	地名与地域环境协调性
水域	百鹃潭	引用法、专名个性化	以杜鹃园有百余种杜鹃命名	地名与地域环境协调性
	恭谦池	专名个性化	以百竹园内竹子象征恭谦虚心的品格命名	
	桃花潭	引用法	以水域所处桃花园命名	
草坪	文农草坪、济新草坪	纪念命名法、引用法	以草坪所处位置的雕像命名	保护和开发并举

5.2.5 小结

在旅游经济发展推动下，景区不断新增和升级，许多景区地名存在缺失、重复、不合理、无特色等情况。本节以桂林植物园作为案例地，以地名规划理论为基础，通过实地调查、文献研究进行资源分析，构建采词库，提出基于资源特色的景区地名规划基本原则、基本方法及规划思路，以期为其他景区地名规划提供借鉴，解决景区地名现存问题，在丰富景区地名规划理论研究的同时促进地名规划研究体系的构建与完善。在文旅融合和旅游高质量发展背景下，景区地名规划理论研究与实践在以下几个方面值得关注。

1. 结合理论研究现状，丰富景区地名研究

景区是区域旅游资源的集中体现，其地名是区域的名片。当前景区地名和景区地名规划相关研究鲜有涉及，景区地名规划缺乏理论指导，在一定程度上影响了景区文化内涵的呈现。推动景区地名规划发展，发挥景区地名作用，既要关注景区地名结构和文化内涵，也要加强景区地名规划的理论研究。

2. 立足景区资源特色，优化地名规划流程

景区地名规划要以资源特色为依据，体现特色，并优化规划流程。当前景区地名规划流程尚不成熟、不完善，甚至没有引起重视，景区地名未能发挥其功能作用。要充分利用景区资源特色，赋予景区地名独特意义，根据景区实际情况完善景区地名规划流程和细节。

3. 科学与艺术结合，综合提升景区地名规划质量

旅游景区发展迅速，地名规划应与时俱进，需在实践中总结问题，完善方法和原则，创新思路，提升景区地名规划的科学性和可行性。景区地名规划过程中需以科学的方法为依据，并结合艺术性思维，使景区地名规划既符合科学，又具有吸引力。

参考文献：

[1]张琪 . 景区地名文化氛围与游客行为意向关系研究：以杭州西湖风景区为例［D］. 南昌：江西农业大学，2019.

[2]王旭科，赵黎明 . 服务于城市旅游的城市更名及方法［J］. 城市问题，2007（10）：52–55.

[3]周尚意，吴莉萍，杨飞，等 . 论城市实体空间变化与历史地名保护的关系：以北京二环以内地区为例［J］. 中国地名，2007（1）：66–67.

[4]李蕾蕾 . 旅游地形象策划［M］. 广州：广东旅游出版社，1999：139–140.

[5]许宗元 . 旅游地市行政地名命名的思考：以徽州－黄山市为例［J］. 旅游科学，2002（2）：23–27.

[6]李静，吕连琴 . 旅游地更名现象研究［J］. 河南商业高等专科学校学报，2010，23（4）：60–63.

[7]李庆雷 . 地名在旅游规划中的运用［J］. 中国地名，2018（9）：41–43.

[8]计小青，赵景艳，乔越 . 慕“名”而来的经济效应存在吗：基于合成控制法对县市更名经济效果的分析［J］. 旅游科学，2020，34（5）：17–39.

[9]余凤龙，陆林，操文斌，等 . 行政区划调整的旅游效应研究：兼论江西井冈山市与安徽黄山市的比较［J］. 地理科学，2006（1）：20–25.

[10]郝志鹏，梁红玲 .“襄樊市”更名问题的公共政策分析［J］. 才智，

2011（32）：149.

［11］刘丽丽，徐蕊．改革开放以来我国县级以上行政区专名变更分析［J］. 河南大学学报（自然科学版），2010，40（4）：383–389.

［12］柴海燕．风景旅游城市地名变更现象透析［J］. 地域研究与开发，2000（2）：82–85.

［13］刘丽丽，张纯．黄山市更名对经济增长的影响研究［C］//Hubei University of Technology，China.Proceedings of 2010 Third International Conference on Education Technology and Training（Volume 5）. Institute of Electrical and Electronics Engineers，2010：98–101.

［14］付深红．现阶段我国城市更名的若干思考［D］. 长春：吉林大学，2007.

［15］卢盛峰，吴一平，谢潇．历史名片的经济价值：来自中国城市更名的证据［J］. 经济学（季刊），2018，17（3）：1055–1078.

［16］黎皓青．中国旅游景区景点中人文景素的命名研究［D］. 太原：山西师范大学，2012.

［17］谢彦君．基础旅游学［M］. 北京：中国旅游出版社，2001.

［18］龙太江，黄明元．改革开放以来城市政区更名问题研究［J］. 华中科技大学学报（社会科学版），2014，28（2）：99–105.

［19］纪小美．旅游地名变迁的社会响应研究［D］. 南京：南京师范大学，2017.

［20］喻诗华．城市更名的经济有效性探析［D］. 武汉：中南财经政法大学，2019.

［21］杨卫丽，杨洪福．编制地名规划之研究［J］. 城市发展研究，2007（1）：17–20.

［22］范今朝，黄吉燕．城市地名规划及命名规则［J］. 城市问题，2005（1）：2–5.

［23］谢前明．地名采词学假想［J］. 中国地名，1996（2）：22–23.

［24］吴铜虎，林岳．基于城市文化特色的地名规划设计方法研究：以浙江为例［J］. 教育现代化，2017，4（9）：163–165+184.

［25］蒲欣梅．中国城市地名发展演化与规划研究［D］. 兰州：兰州大学，2009.

［26］韦艳绿，王荣，朱华秀．桂林市景区景点地名资源开发现状研究［J］. 西部旅游，2021（17）：26–29.

［27］刘影．中国高级别旅游景区命名规律、存在问题及对策研究［D］. 桂林：桂林理工大学，2021.

［28］王荣，刘影，许意如．旅游地名研究理论体系建构研究［J］. 干旱区资源与

环境，2021，35（8）：167–174.

［29］王晓娟，王彦颖，张洪岩．地名规划的原则、方法及步骤刍议：兼议长春市地名规划的普遍意义［J］. 中国地名，2010（11）：11–12.

［30］曹青，郭晓琳．浅谈如何编制地名规划：以山东省为例［J］. 中国地名，2019（4）：10–13.

［31］李全茂．浅谈地名的功能［J］. 中国地名，2006（9）：8–10.

［32］章昌平，张晓君．地名符号的传承与建构——基于城市记忆的地名公共服务体系研究：以南岭四省为例［J］. 现代城市研究，2017，32（3）：117–123.

［33］牛汝辰．地名与城市规划［J］. 北京测绘，1996（2）：34–36.

［34］黄华，王洁．对我国旅游地更名的思考［J］. 旅游论坛，2011，4（6）：12–17.

［35］张晓宇，王彦颖．地名规划的基本原则及方法［J］. 中国地名，2010（2）：22–23.

［36］王际桐．论我国地名的命名原则［J］. 地球信息科学，2001，3（3）：13–17.

第6章　旅游地名功能研究

6.1　地名在旅游口号中的嵌入及应用模式研究

目前，我国大部分区域的旅游发展都处在形象驱动阶段，旅游者选择目的地大多会受到旅游形象的诱导和影响[1]。旅游口号是旅游地进行形象宣传的关键手段，因此，旅游口号设计受到各级政府和旅游部门的高度重视。地名作为旅游口号中高频出现的重要元素，是目的地的语言符号和旅游口号的凸显要素。研究地名在旅游口号中的应用规律，可为旅游口号的设计和地名的运用提出针对性建议。

关于地名方面的研究，有学者认为，地名承载着一个地区的地形地貌、自然地理变迁、历史发展以及社会文化等多方面的信息[2]，承载着自然的特性和变迁，铭刻历史的记忆等而成为地方重要的文化资源[3]，是历史文化的活化石[4]。地名可以稳固地保持在人们的长时记忆中，因此，当人们看到地名涵盖型旅游口号时，会自觉地建立目的地旅游与地名的关联，从而更容易记住目的地及其相关形象[5]。

此前，有关旅游口号的研究已经比较广泛和深入，现阶段研究主题主要聚焦于口号设计[6-8]、旅游形象与品牌定位[9]、创意模式[10]、旅游口号评价对比分析[11]等方面，尤其是对优秀旅游城市、特色旅游目的地旅游口号的句式特征及语言结构[12]等方面进行了较多探讨。其中，有学者对旅游口号中的地名信息作了统计分析，认为字词选用等直接决定了旅游口号的语言模式。大部分旅游口号设计含有地理信息和目的地名称，地理信息多是缩略名称，目的地名称倾向于放在口号结尾[13-14]；根据旅游口号中是否包含目的地的地名信息可将其划分为地名涵盖型和地名脱离型[15]。以上研究为旅游口号设计、规范化、科学化问题的解决奠定了理论基础，但以地名为中心，探讨如何科学地将旅游地嵌入旅游口号中，为旅游地推出恰当的形象，还需要进一步探讨。须知，从地名语词视角、旅游形象定位视角和语言句法平面视角，逐步厘清旅游地语言符号、形象定位与旅游口号语言句式的关系，可为旅游口号中的旅游地语言符号嵌入提供借鉴。

6.1.1　视角推演与数据来源

1. 视角推演

旅游口号中的地名语词最终以句法成分的形式呈现，而口号的设计、地名语词要素的选定与旅游形象定位息息相关。具体来说，主要从地名语词理论、旅游地形象定位理论和口号句法平面理论 3 个角度出发，分别探索旅游口号中的地名语词要素应用特点、旅游形象定位方法对地名语词要素以及口号句法结构选定的影响、旅游口号的句法结构及句法成分特点。首先，旅游形象通过影响旅游口号的结构与语词内容的形式影响旅游口号的句法结构与地名要素。其次，旅游口号是由句法成分及特定的结构组建起来的句子，地名是由地名语词内容及其结构组建起来的词语，地名通过语词嵌入环节嵌入旅游口号的句法位置中，最终转变为旅游口号的句法成分之一。其中，旅游形象定位不仅影响地名语词要素的选定，也影响句法结构的选定，进而影响受句法结构决定的句法位置（见图 6–1）。

地名语词理论。地名语词研究包括地名结构和地名类别。标准化地名结构包括专名和通名两个部分，专名在前，通名在后。地名专名是识别个别地名的主要标志，指示特定的地理实体；地名通名表示地理实体所属类型的标志，指普遍存在的有明显共性的地理实体，如山、峰、河、路等[16–18]。地名除了现用的称呼外，大多有简写、历史名称、俗称、雅称等，这些不同的地名类别共同构成了丰富的地名语词库。在地名语词视角下，将旅游口号进行分解，具体分析旅游口号中地名的位置结构和类别特征。

旅游地形象定位理论。有学者在对原有旅游地形象体系特征和规律认知的基础上，提出了旅游地形象定位的 4 种新方法，即横向定位法、纵向定位法、独立定位法和抢先定位法。并将新旧定位方法进行整合，认为旅游形象

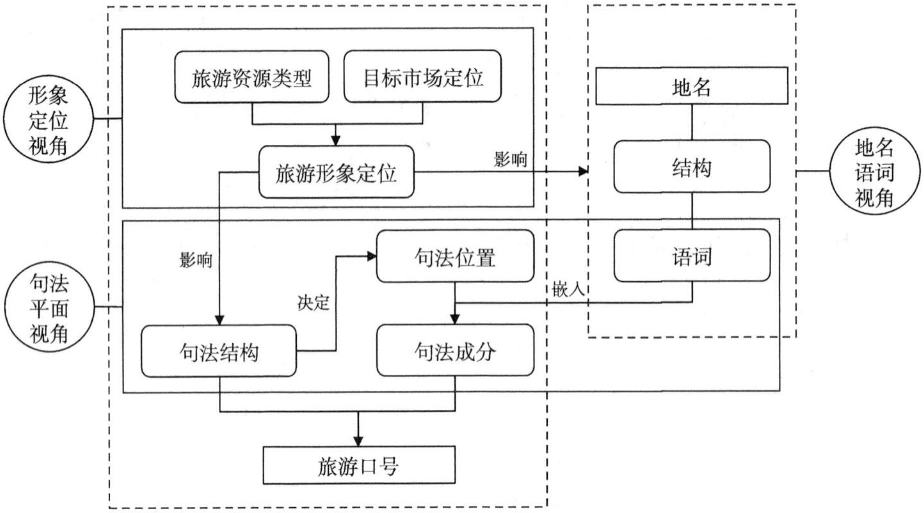

图 6-1 旅游口号中的地名嵌入机制及影响因子推演

定位可分为横向定位法、纵向定位法、独立定位法、抢先定位法、比附定位法和逆向定位法 6 种[19]。在形象定位视角下，从不同的定位方法出发，分析旅游形象定位对地名要素选择的影响因素及特征。

口号句法平面理论。句法是分析描写词组、句子的规则和结构模式[20]。句法平面是指对句子进行句法成分和句法结构内部的层次关系分析[21]，是三个平面的基础与核心，语义、语用的研究都要围绕句法来展开[22]。在句法平面视角下，运用中心词分析法和层次分析法[23]，对旅游口号进行分解，分析地名在旅游口号中充当的句法成分及其作用价值。

2. 旅游口号数据来源

选取 34 个省级行政区、332 个优秀旅游城市①和 100 个 5A 级旅游景区②3 种有典型空间尺度代表性的旅游口号作为口号研究对象，在各地旅游部门网站、景区官方网站等进行搜集，得到省级旅游口号 34 个、优秀旅游城市 276 个、5A 级旅游景区 72 个。其中，省级包含京津沪渝，以及我国香港、澳门和台湾；优秀旅游城市中虎林市等 56 个城市未搜集到旅游口号；在 5A 级旅

① 在原339个“中国优秀旅游城市”中，原莱芜市、金坛市、大丰市现已被撤市，故不作为本次口号收集的对象；京津沪渝 4 地与省级行政区同级别，不予重复统计。

② 来源于由权威文旅平台迈点研究院发布的 2019 年度 5A 级景区品牌 100 强榜单。

游景区中，故宫博物院、大同云冈石窟等 24 个景区缺乏旅游口号或者旅游口号不固定（季节性口号），故不予统计；承德避暑山庄及周围寺庙景区与承德市、无锡市鼋头渚景区与无锡市、吉安市井冈山风景旅游区与井冈山市、成都市青城山 – 都江堰旅游景区与都江堰市旅游口号重复，故不予重复统计。综上，共统计旅游口号 382 个（见表 6–1）。

表 6–1　旅游口号样本数据概况

目的地类型	目的地数量 / 个	实际收集口号数量 / 个	地名涵盖型口号数量 / 个
省级行政区	34	34	34
优秀旅游城市	332	276	202
景区	100	72	53
总计	466	382	289

统计发现，地名涵盖型旅游口号有 289 个，占比 75.65%，即大部分旅游口号含有地名。此外，地名涵盖型包括 4 个整合地名和 9 个拆分地名的旅游口号。整合地名是指在旅游口号中对同一目的地，不同空间尺度或者多个空间的地名描述组合，最终能够整合所得信息，锁定目的地，如上海东方明珠广播电视塔旅游口号“了解上海，从东方明珠开始”。拆分地名是指将目的地地名拆分成两个或更多部分，在旅游口号中重新组合，如天津市旅游口号“天天乐道，津津有味”，所以传统意义上的地名涵盖类型的旅游口号只有 276 个。

6.1.2　地名语词视角下的旅游口号地名分析

1. 旅游口号中的地名结构应用特征

地名作为自然语言的一部分，内部存在着一定的结构，地名要素通过一定的层次和逻辑关系组合在一起形成完整的地名。地名结构包括专名和通名，在旅游口号中根据预计传达的内容确定地名专名与通名的应用。

地名专名。分析发现，省市旅游口号通常不带有通名“省”“市”等，而是使用专名，如“极目楚天，灵秀湖北”。多数情况下，地名专名可以指代相应的地理实体，起到地域符号的作用。

地名通名。与省市不同，景区中不乏山、湖、岛等自然风光和古城、园林等人文景观，这些景区名称通常由专名和通名共同组成。一方面，通名起到明确目的地之“类”的作用，如“西湖”“青城山”“苏州园林”等；另一方面，通名指代对应的地理实体，明确目的地类型，如鞍山市千山风景名胜区旅游口号“东北明珠，辽宁千山”，杭州市淳安县千岛湖风景区的旅游口号“秀水千岛湖，休闲好去处”等。

2. 旅游口号中的地名类别与组合

旅游口号中的地名可归纳为：①现名，即目的地现用地名；②别名，指目的地别称或简称、古称、旧称、美称；③区域知名地名，是目的地辖区内或管理范围内尺度更小的，能够体现该地特色的地名。

在省、市、景区 3 种空间尺度的旅游口号中，省级旅游口号现名的出现频率为 100%；景区口号现名的出现频率高达 98.1%，其中镇江市镇江三山（金山・焦山・北固山）景区的旅游口号为“天下第一江山，镇江三山览胜”，“镇江三山”是金山、焦山、北固山的简称。在优秀旅游城市口号中，地名显现类别较多，故以优秀旅游城市的旅游口号为例，具体分析各类地名出现频率和组合情况。

优秀旅游城市旅游口号中，单个地名占比 92.1%，其中现名出现频率最高，区域知名地名最低。现名，即旅游地目前在使用、对外公布信息使用的地名，相较其他地名类型，其对外联系性最强。别名的运用则要考虑到其传播度和美誉度，如得益于南宁市一直对外界宣传的另一地理名词“绿城”，使得南宁别名及形象“绿城”深入人心，所以口号“绿城寻歌壮乡情”的地名要素采用较为合理；再如张家界市（原名大庸市）因旅游发展而更名，原名的美誉度远不如现名，在旅游口号设计时不会再以“大庸”作为语词要素。区域知名地名的运用是指利用区域知名景点的形象，拔高旅游地形象，如盐城市旅游口号“广博风月水，天下大纵湖”。

此外，口号中还会出现多个地名组合使用的情况，其中现名具有一般地名的指向性作用；别名作为代表性符号的旅游形象，如哈尔滨市旅游口号“冰城夏都，风情哈尔滨”，“冰城”是哈尔滨市的别名，兼具旅游形象，现名“哈尔滨”则直抒宣传对象，对接旅游地；区域知名地名起到拔高旅游地知名度，突出旅游形象的作用，如泰安市旅游口号“中华泰山，天下泰安”中，借闻名全国的“泰山”定位旅游地泰安的旅游形象，提高宣传度。

6.1.3　形象定位视角下旅游口号的地名应用分析

旅游口号是旅游地形象的传达方式之一，能够有效地将旅游形象传达给受众。地名在旅游口号中的不同应用方式，使得旅游目的地的形象传达方式多种多样，给受众带来的感知也大不相同。在旅游地形象定位理论视角下，分析旅游形象定位对旅游口号中地名的影响，十分必要。

1. 横向定位法中的地名应用

横向定位法也称类型定位法，是根据旅游目的地的类型、风格、特色等要素进行比对，明确目的地的旅游类型。如贵阳市旅游口号“森林之城，魅力贵阳”，依托自身资源特色，用“森林之城”修饰“贵阳”，将整个城市的旅游形象类别归为“生态旅游胜地”，突出目的地旅游信息。晋中市平遥古城景区的旅游口号“晋商晋民山西晋美，古色古香平遥古城”中，通名“古城”与修饰语“古香古色”直接点出了自身的旅游类别归属，即历史古迹旅游地。

三种空间尺度的旅游口号中，省市地名通常无法直接让人感受到旅游形象的类别归属，而是利用修饰词，如“时尚之都，魔力上海”表明上海的主打形象是现代都市旅游地，而“上海”本身的解读更具多样性。但在景区旅游口号中，景区通名往往就能点出旅游地的类型归属，如“大同云冈石窟”“恭王府景区”等能从通名中解读出历史古迹旅游地的类型归属，“长白山景区”“鞍山市千山风景名胜区”等能从通名中解读出自然名胜旅游地的类型归属。当然“泰山”“黄山”等单靠解读地名的字面意思达不到完全解读其自然与人文的双重旅游形象的语境，这时带有形象凝练功能的旅游口号就能利用简短的语言较为准确地描述旅游形象，凸显旅游地的自然人文特色。

2. 纵向定位法中的地名应用

纵向定位法依据旅游地等级、规模等属性来表明其在同类旅游地中所处的优势地位，地名在其中的运用表现在别称上。如“诗城”江油市的旅游口号是“九寨门户、蜀道咽喉、华夏诗城、李白故里”，其中“诗城”能直接体现出其欲传达的类型归属，修饰词“华夏”侧面突出了诗城的地位，体现江油市深厚的历史文化感，并给受众留下历史人文胜地的旅游信息。纵向定位法更重要的是地名文化内涵的挖掘，也就是要结合历史文化背景，才能意会地名的纵向价值。如桂林市自古以山水闻名，“桂林山水甲天下”深入人心，因而桂林与山水美景不可分割，处于山水形象的领先地位。

纵向定位法可将旅游地划分为世界级、国家级和区域性等级三大类型。其中，世界级采用“世界”“世上”“天下”等地名语词；国家级采用“中华”“中国”“华夏”“神州”等地名限定语；区域性等级还可划分为中国地理区划、省域和其他圈划定位法。中国地理区划定位法是指定位于中国七大地理区划的旅游形象定位法，口号中采用“华东”“东北”等地名限定词；省域定位法如“秀山丽水，浙江绿谷”，丽水市将形象定位构筑在浙江省之中；其他圈划定位法是利用经济圈、文化圈、自然区域等边界较为模糊的区域圈定位旅游形象，如“塞上江南，神奇宁夏”就是运用“塞上泛指北方长城内外”来限定形象范围。

值得注意的是，纵向定位法是从等级上给予旅游地形象作影响力支撑，是旅游地对自身旅游形象的一种定位和期望，存在夸大事实、用词不准确的现象。所以，旅游地等级也并非直接从旅游口号中出现的语词就可以直接判定，而是要综合地考察其资源等级规模、市场吸引力等多种元素。

3. 独立定位法中的地名应用

独立定位法是利用目的地自身“唯我独有”且不可复制的特色旅游资源来定位旅游形象，通常体现在旅游地被授予或被社会认可的“雅称 / 美称”和“美誉”上，这在一定程度上可以替代地名，如潍坊市素有“世界风筝之都”的美誉，其口号“风筝故乡，幸福潍坊”运用风筝故乡这样的独特资源，在众多形象中另辟蹊径，给人“风筝”“浪漫”“童真”这样的形象代名词。无疑，这种差异化的定位理念更有利于在旅游市场上占据份额。

4. 比附定位法中的地名应用

比附定位法需要有“参照”旅游形象，以此作比对。宁夏旅游口号“塞上江南，神奇宁夏”中将宁夏与江南比对，点出西北地区的“江南胜景”在宁夏，给人留下神奇之地和“塞上江南”的形象感知；天津市蓟州区盘山风景名胜区的旅游口号“早知有盘山，何必下江南”，将盘山的旅游功能对比江南，从而得知盘山有如江南般的美景，点出了其风景名胜的旅游形象归属。

综上所述，横向定位法用通名表明旅游地类型属性，向受众传达明确的类型与旅游特色信息；纵向定位法除了本地地名，还依据旅游地等级，使用限定性地名语词，从而明确目的地级别，定位自身旅游形象；独立定位法使用“别名”“美称”或起到“美誉”“地理名片”等作用，运用差异化理念，明确独立的旅游形象；比附定位法通常使用两个地名，分别是目的地地名和“比附地名”，比附地名相当于目的地类型参照，且一般为公众认可的领先型目的地，作用是“以强衬强”。总的来说，上述定位方法均利用地名实现形象定位，而抢先、逆向等定位方法对地名的应用，则偏向以地名作为目的地符号、口号主题与焦点展开叙述和定位。

6.1.4　句法平面视角下的旅游口号地名应用分析

语法研究的是词、短语、句子等语言单位的结构规律，语法学包括词法和句法两个方面[24]。旅游口号作为目的地旅游品牌向游客宣传的描述性和劝说性的简短语句[25]，一般由短语或句子构成，表达着独立完整的意思。多数旅游口号并未在末尾处带有标点符号，但并不影响它作为句子的特征。旅游口号在外在形式上，句式较为简短、结构匀称、内容紧凑、用词简要，这种具有较大的感染力、号召力和鼓动性的特殊文字，与平时所见的书面用语有所不同，有着独特的句法结构。

根据句法结构，旅游口号可分为主谓结构、述宾结构、介宾结构、偏正结构和其他结构。其中，主谓结构占比 15.9%，包括主谓结构单句、主谓结构联合复句和主从复句，此类结构的语调偏向平实陈述，易被人接受。述宾结构占比 11.2%，包括述宾结构单句、述宾结构联合复句和主从复句。介宾结构占比 2.2%，包括介宾结构单句和介宾结构主从复句。述宾结构与介宾结构用词精当，律动感强，强调语气明显。偏正结构占比 67.8%，包括偏正结构单句、偏正结构联合复句和主从复句，此类结构有明显的层级中心感，处于结构中心的词语是被赞美和被推介的对象。其他结构占比 2.9%，包括“偏正 + 述宾”联合复句、“偏正 + 主谓”联合复句等。

据统计，地名在旅游口号中主要作主语、宾语、偏正中心语和偏正修饰语 4 种句法成分。作主语占比 10.2%，包括主谓单句主语、主谓结构联合复句和主从复句的主语，主语作为观察视角的原点，引导着话题内容的展开，是口号的话题中心。作宾语占比 18.8%，包括主谓（宾）结构单句、介宾结构单句、主谓（宾）联合复句、述宾联合复句、述宾主从复句、介宾主从复句等句法结构的宾语，宾语通常紧跟在动词或介词之后，是被强调的对象，是整句的焦点，引导受众关注目的地。作偏正中心语占比 63.8%，包括偏正结构单句、联合复句和主从复句的中心语，地名作偏正中心语通常是整句修饰与赞美的对象，凸显了地名在句中的核心主导地位，是口号的主题与焦点。作偏正修饰语占比 6.5%，包括各类主语、宾语的定语修饰语、偏正结构单句、偏正结构复句的修饰语等，修饰语是相对于其所限定的中心语而言的，与中心语共同构成组合中心语、主语或宾语等成分，在口号中起到推介目的地形象、资源与产品的作用。此外（其他占比 0.7%），"让大同走向世界 · 让世界拥抱大同"中出现两次地名，分别作主语和宾语，"孝感天下，情润山水"中地名被活用作动词，"孝感"二字分别承担了句子的主语和谓语，这表明地名在口号中并非仅限惯常思维中的应用，而是视地名词语内容而定，因"地名"制宜，寻找适合地名本身的应用方式，赋予地名生命力与活力。

总的来说，从句法平面分析旅游口号句法结构，发现地名在旅游口号中可充当主语、宾语、偏正中心语和偏正修饰语 4 种句法成分。旅游口号设计的目的性决定了地名在口号中的作用特点，即地名作为目的地最形象直接的符号，在旅游口号中通常是"中心"、"主题"和"焦点"，无论地名是作主语、宾语还是偏正结构的中心语与修饰语，地名所在的部分都会是口号的强调核心。此外，地名随着句法结构的改变，在语气方面展现出来的气场也大有不同，在主谓结构中作主语的地名具有较强的亲和力，表述较为平实；在述宾、介宾等结构中，作宾语成分的地名具有较强的号召力和鼓动性；在偏正等结构中，作中心语的地名是赞美的接受对象，展现自身魅力，作修饰语的地名意在推介目的地优势旅游资源与形象，具有较强的推荐性。

6.1.5 旅游口号的地名应用模式

1. 地名在旅游口号中的作用

统计发现，地名涵盖型旅游口号超过 75%，许多地名脱离型旅游口号也含有能够替代地名的美誉、特色旅游资源或名片等，可见，地名在旅游口号中占有较高的地位。总的来说，地名对旅游口号的作用体现在以下几个方面。

（1）代表性符号作用

地名是历史的见证者，是在特定地理空间的地理特征、历史文化背景、经济发展水平、民俗宗教文化等基础上产生的，凝聚了宝贵的历史文化内涵，是代表地理实体最响亮的名片。地名是代表地理实体及其文化内涵的简短语言符号，是使受众识别旅游目的地，明确信息中所宣传对象的重要成分。地名是直接的、无须进行猜测的语料，受众甚至不用对其进行破译就能将其与口号中的其他语料进行组合编码，联想出旅游地所呈现的信息。

（2）聚焦作用

地名在旅游口号中主要作主语、宾语、偏正中心语和修饰语等句法成分，其中主语是句子的主题，是展开论述的原点；宾语紧跟在介词或谓语动词之后，是句子的焦点；偏正中心语是整句或分句的核心，是被形容与修饰的对象；偏正修饰语与中心语共同构成整句的核心与主题。故不论地名在旅游口号中作何成分，都是代表目的地的符号，是口号开展和阐述的核心。

（3）形象感知作用

旅游者在到达目的地之前对目的地信息整理后形成的旅游地印象，被称为“前凝视”，进入目的地后进行的信息交流过程是“凝视过程”[26]。一方面，旅游者在前凝视对旅游地有一定的了解，且是与地名相关联的，如想到内蒙古就会联想到辽阔的大草原，想到江南就会联想到鱼米之乡等；另一方面，前凝视下的地名是旅游者信息收集的核心，对旅游地资料的收集通常需要输入地名要素，才能检索出目的地的相关资料，故地名在旅游地形象构建中具有重要的感知作用。

2. 旅游口号的地名应用模式

通过上述分析，可将旅游口号的应用规律总结如下（见图6–2），该模式主要涉及地名语词选定系统和口号句法结构选定系统，通过两个系统之间的逻辑关系演化出整体的应用模式，最终确定地名在旅游口号中的语词内容、句法成分位置。

首先，需要对地名语词要素进行选定。一是要通过旅游地形象状态识别、旅游资源类别与等级等确定旅游地的形象定位策略；二是要通过形象定位策略选定特定的地名语词要素。横向定位法可使用“景区”“博物院”等旅游地通名或“水乡”“绿城”等旅游地指向性词语，快速定位旅游地形象类别；纵向定位法可使用“世界”“省”“市”等具有级别范围的限定地名建立参照系，宣传旅游地形象地位，建立目标市场范围；独立定位法可使用“风筝故乡”等旅游地指向性词语差异化定位，加强市场吸引力。

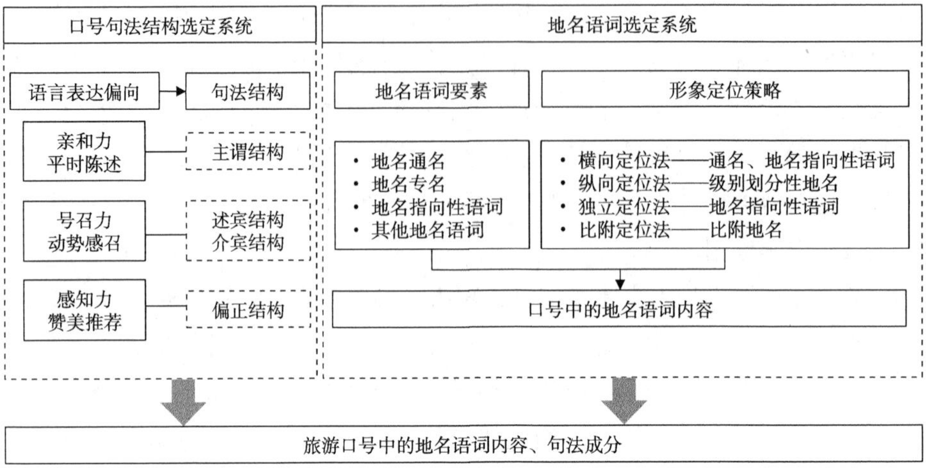

图 6–2　旅游口号的地名应用模式

其次，根据旅游地的人文内涵调查、自然属性特色和对目标客源市场的定位，选定旅游口号的语言表达偏重和句法结构，即结合形象表达诉求，通过“亲和力”“号召力”“感知力”三个层面的风格选定口号的句法结构。主谓结构旅游口号娓娓道来，能够拉近旅游地与目标市场的情感距离，表现亲和；述宾和介宾结构旅游口号铿锵有力，推介性强；偏正结构旅游口号朗朗上口，意境画面表达强，易于感知。

最后，通过对地名语词选定系统和口号句法结构选定系统的综合考量，确定地名在旅游口号中承担的句法成分。实际上，地名句法成分的确定，也意味着旅游口号基本成型。在整个应用模式中，每一步对地名要素的考量其实也是对完整旅游口号设计效果的考量。作为口号的语词要素之一，地名无时无刻不在影响着旅游口号每一部分的选择与确定。所以更应该运用纵向整体思维来考虑地名在旅游口号中的应用，灵活应用地名并深度把控旅游口号的表达效果。

6.1.6　小结与展望

在 382 个旅游口号的基础上，以地名的应用规律为研究目的，从地名语词视角、旅游形象定位视角和语言句法平面视角进行深入探究。分析发现，地名在旅游口号中的应用方式丰富多样，不同的地名信息、不同的形象定位策略、不同的口号句法结构，呈现出多种多样的地名应用方式。依据旅游口号设计一般过程，根据可供选择的语词要素、定位策略、语言风格等，最终构建了旅游口号的地名应用模式，总结出旅游口号经过形象定位、句式表达后确定地名的一般应用规律。

地名在旅游口号中是一个至关重要的部分，影响着旅游口号的整体感知效果。近年来，地名不断受到旅游口号相关研究者的青睐，虽说目前的研究尚处于浅层的地名涵盖与否、地名作用意义探究等方面，但总体上相关研究成果呈上升趋势。在当前形象驱动和文旅融合的旅游发展背景下，旅游口号中的地名研究意义深远。基于当前研究和时代发展的需要，以下几个方面有待深入和完善。

一是旅游口号中的地名应用模式有待深入探究。旅游口号中地名的语词内容、句法结构与地名句法成分的一般关系、地名文化内涵与口号语言风格、地名字形与口号字形字音等相关研究，目前鲜有人作出尝试，旅游口号的地名应用模式还有待持续探索。

二是从地名出发来做旅游口号设计的实践探究有待深入。旅游口号中的地名具有较强的应用性，在现实设计旅游口号时，常会涉及地名要素的融合，但相关研究案例有待总结探究，以提升旅游口号设计中地名应用的可行性。

旅游口号中的地名应用研究需要更多学者的参与思考，希望未来能有更多的相关研究，深入探讨旅游口号中的地名应用模式，给旅游口号设计和地名价值发掘带来更多的理论和现实意义，丰富相关领域的研究成果。

6.2　语法三个平面视角下的旅游口号地名应用研究

旅游口号作为目的地旅游品牌向游客宣传的描述性和劝说性的简短语句[25]，一般是由短语或句子构成，是旅游地进行形象宣传的关键手段。其中地名是旅游口号的重要语料，作为旅游地地域文化的符号和对外展现形象的名片，是重要的旅游资源，亦是受众识别目的地的重要因素。将地名的目的地指向功能和区域形象符号功能与旅游口号进行科学有机融合，对旅游口号设计具有很强的指导作用。

目前，旅游口号与地名的研究主要集中在地名对旅游口号的影响及旅游口号语言特点等方面。地名在旅游口号中的作用和功能方面，有学者认为，地名是目的地具有较高识别度的标志[13]，地名与旅游相结合，使其具有旅游吸引物、广告、形象标识、品牌等重要旅游功能[16]，根据旅游口号和地名的关系将旅游口号划分为地名涵盖型和地名脱离型[15]。在旅游口号语言特点方面，有学者总结了旅游形象口号、公益性标语、旅行社宣传口号等的语法规律、语言风格特色[27]。以上相关研究成果对旅游口号具有较大价值，但要从地名资源应用角度来设计旅游口号，还需从语言学角度进行细化，剖析地名要素在旅游口号中的结构、作用和效果，因此有必要引入语法三个平面理论[28-29]，以为旅游口号设计中的地名应用提出可借鉴模式。

6.2.1 语法三个平面理论的基本思想和结构

从语法角度而言，旅游口号是具有一定结构的语句，适用于汉语语法理论的系统分析。对口号的研究不能仅停留在句法结构这一层次上，还应从语义、语用等更深层次发掘旅游口号的语言特点。1985 年，胡裕树等人正式提出语法研究的三个平面理论，后来经相关学者不断研究与探讨，使该理论趋于成熟，不断地运用于汉语语法研究[30]。语法三个平面即句法平面、语义平面和语用平面，其中句法平面是指对句子进行句法成分和句法结构内部层次关系的分析[21]，是三个平面的基础，语义、语用都要通过句法结构才能表现[29]。语义平面是指结合句子结构，对句子成分进行语义分析，进一步了解句中各成分的语义关系，如施事、受事、处所、时间等[21]。语义不同于词汇意义，主要是指词在句法结构中获得的意义。语用平面是指对句子进行语用分析，句中词语与使用者（符号与人）之间的联系就属于语用层面，语用层面相较于语义层面，其偏向于动态的、讲述表达的[30]，语用相关的因素有：①主题与述题；②表达重心与焦点；③语气；④口气；⑤评议性成分；⑥句型或句式的变化[31]。这三个平面相互联系、相互制约，形成一个整体的句法分析系统，见图 6-3。其中，句法是形式部分，语义和语用是构成整个句法的逻辑意义和表达内容部分，后者要通过前者的形式才能体现出来[32]。

语法三个平面视角下，可对地名涵盖型旅游口号的句法结构进行诠释，剖析地名在旅游口号中充当的句法成分，在此基础上对旅游口号的地名句法成分语义、语用等进行专门研究，综合、立体地考察旅游口号中地名句法成分的语言规律。

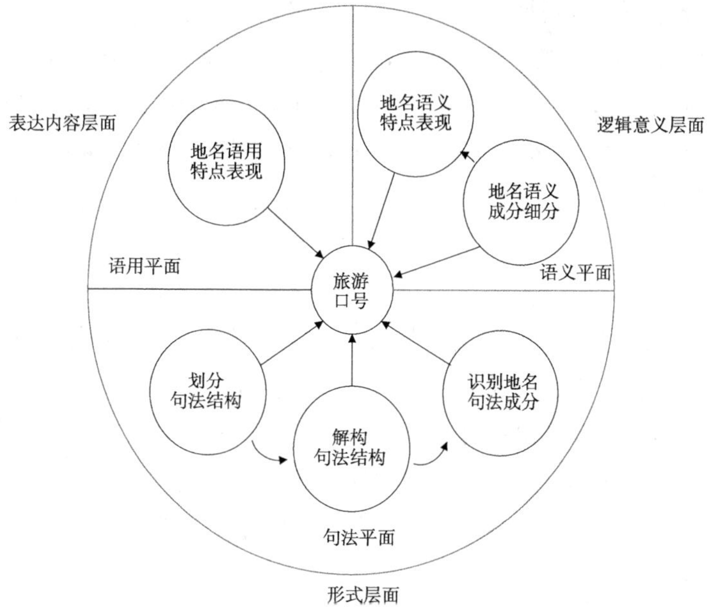

图 6-3　语法三个平面理论系统结构

6.2.2　旅游口号数据来源与处理过程

本书选取省级行政区、中国优秀旅游城市和 100 个 5A 级旅游景区三种具有代表性的旅游目的地作为旅游口号收集对象。其中，“中国优秀旅游城市”原为 339 个，原莱芜市、金坛市、大丰市现已被撤市，故不作为本次旅游口号收集的对象，京津沪渝 4 地与省级行政区同级别，计入省级行政区旅游口号收集范围，故收集范围为 332 个城市；5A 级旅游景区选取了迈点研究院发布的 2019 年度 5A 级景区品牌 100 强榜单的景区。

统计搜集到的旅游口号共计 382 个。根据旅游口号中的地名信息情况，可将口号分为地名涵盖型和地名脱离型[15]。通过对上述 382 个旅游口号分析发现，地名涵盖型旅游口号有 289 个，占比 75.7%，即大部分旅游口号是含有地名的。

6.2.3　旅游口号句法平面地名应用特征分析

在语法三个平面中，句法是基础、核心和纲，语义、语用的分析都要围绕句法展开[22]，因此要研究旅游口号地名句法成分的语义和语用，必先要研究旅游口号句法。句法是语法中最重要的部分，是分析描写词组、句子的规则和结构模式[20]。一切句法分析都应该建立在对词组考察的基础之上，词组是由词和词组合起来的，是具有一定结构的语言单位[33]。句子是语言运用的基本单位，由词、词组构成，能够表达一个完整的意思，带有一定的语调，是人们进行交际的基本语言单位[23]。由于旅游口号一般都是在特定的语境下使用，阅读时会带上一定的语调，因此由短语构成的口号也都可视为句子。据此，我们可以将所收集的旅游口号都视为句子进行句法分析。

在句法平面中，各组成部分之间相互联系、相互作用而形成的有机框架，我们称之为句法结构，构成句法结构的组成成分，我们称之为句法成分[34]。旅游口号根据句子构造组成可分为单句和复句，根据句法结构的基本类型划分为主谓结构、述宾结构、偏正结构和介宾结构等类型。下面将以 289 个地名涵盖型旅游口号为研究对象，对旅游口号的句法结构、地名句法成分及其特点进行具体分析。

1. 单句旅游口号句法平面地名应用特征分析

单句口号是指一个旅游口号由一个句子组成，能独立表达一定的意思的语言单位，不可再分析出分句的句子。单句旅游口号共计 31 个，占全部地名涵盖型旅游口号的 10.7%。单句从构造上说，可分为主谓句和非主谓句两类，非主谓句还可分为述宾结构句、偏正结构句和介宾结构句。

首先是主谓结构中地名作主语成分占比较大，如“台湾能触动你的心”“绿城寻歌壮乡情”等。其次是地名作修饰语，如“桂林山水甲天下”，地名作为“山水”的修饰范围词，起到表述目的地优势旅游资源的作用。另外，地名还可作宾语成分，如“有一种生活叫周庄”。此类结构主要采用陈述语句，语气较为客观平和而有力量，将目的地直接宣之于众，并为人所接受。

述宾结构中地名主要作宾语成分，如“尽享・最香港”“跟着课本游绍兴”等，可以看出，述宾结构的句子其实就是由述宾短语（包括联动短语）加上语句构成的。述宾结构句虽缺少主语等成分，但其语言律动感和情感号召力较强，气势贯通，使得受众能够感受到更强的鼓动性，尤其是联动短语的运用增加了词语动势，更具韵律感。

偏正结构中地名可作为中心语和修饰语两种句法成分，如“天下英雄城・南昌”“华北明珠白洋淀”中，将“天下英雄城”比作南昌，用“华北明珠”形容白洋淀，地名是偏正结构的中心，而其他词语都是对地名的形容与描述；在“三清天下秀”等旅游口号中，地名作为限定范围与目的地的修饰语，与被修饰的词语共同构成了目的地的旅游口号，甚至是目的地的形象定位。偏正结构的单句旅游口号结构简洁明了，字数简略，用词精练，多采用比喻的修辞手法将目的地形象、地位与特色名片表达出来。这类旅游口号在形象宣传上有较明晰的表达，意义鲜明，使受众进一步了解目的地形象。

介宾结构中地名是作宾语成分，如“一年四季在宜春”中使用了介词“在”，以季节的角度，用陈述语气直接点出宜春这一旅游目的地，用平静温和的语气吸引游客，又掷地有声，灵活生动地彰显了旅游口号的传播作用。

总的来说，单句式旅游口号篇幅短小，语言简练，结构紧凑，地名在句子中可作主语、宾语、偏正中心语和偏正修饰语，是整个句子重点强调的核心，突出了目的地向受众推广自身，吸引游客与潜在游客的核心主题。

2. 复句旅游口号句法平面地名应用特征分析

复句口号是指一个旅游口号由两个或两个以上的单句按照某种逻辑联系组合在一起，成为一个较为复杂的句子[23]。复句口号带有完整的句调，其分句按照一定逻辑关系组合起来。复句内部的各个单句已不带有完整句调，失去了独立性，所以复句必须综合各个单句，才能表达完整意思。复句从分句间的逻辑关系上，可分为联合复句和主从复句。联合复句的各个分句地位平等，没有明显的主次之分；主从复句也叫偏正复句，是指各个分句之间有主次之分，表示主要意思的分句称为主句，表示次要意思的句子或处于补充说明地位的分句称为从句[23]。复句旅游口号共有 245 条，在 289 条地名涵盖型口号中占比 84.8%。下面将按照复句的句间逻辑，对其进行具体的句法分析。

（1）联合复句

其分句之间的逻辑关系是多样的，有类似于“天柱一峰擎日月，洞门千仞锁云雷”的并列关系，各分句分别描写不同事物，或同一事物的不同方面；也有“中国有个海南岛，海南有个蜈支洲岛”式的连贯逻辑，按照尺度大小或时间顺序等叙述；更有“宿迁三台山，那山那水衲田”式的总分关系，一般有一句表示总说，其他分句展开描述。总之，联合复句的句式关系复杂多样，处理手法也更为灵活，能够传达的语言内涵与深度也大有不同。联合复句式旅游口号共有123条，占复句式旅游口号的50.2%。联合复句式旅游口号的各个分句一般在结构与字数上是对称的，且大多是句式特征相同的句子。结合旅游口号的句法结构，可将联合复句细分为主谓联合、述宾联合和偏正联合等。

主谓联合复句。主谓联合复句是指句法结构是主谓式分句的联合，且字数上基本对等。地名在主谓联合复句中主要作分句主语和分句宾语，有少部分作为定语成分的修饰语，如下：

A. 与拉萨握手，和天堂拥抱

1 2

1–2是典型的受事主语，用“天堂”与地名“拉萨”相并列，既表明了拉萨与“天堂”的空间距离，也表明了拉萨似“天堂”般的圣洁、美丽。

B. 佛有灵气聚五台，人存善心献八方

3 4

3–4相对比，一“聚”一“献”点出五台山的功能。

C. 江南园林甲天下，苏州园林甲江南

5 6

5–6属于不同空间类型的地名，江南园林包含苏州园林，苏州园林是江南园林的典型代表。用“江南”“苏州”两个地名将“园林”这个主题逐步扣紧，宣传目的地逐步锁定，且也是“小”品牌形象对“大”品牌形象的借用，从而突出“小”品牌的名气。类似的旅游口号还有阳朔县的旅游口号“桂林山水甲天下，阳朔山水甲桂林”，是典型的“优中优”“胜中胜”的宣传方式。

D. 孝感天下，情润山水

7

7是地名“孝感”活用作动词，自然承担了“主语”和“谓语”的成分。

以上旅游口号都是主谓联合复句结构的典型范例，采用对偶的修辞手法，前后句式结构一致，字数相当，在旅游口号中类比、对照、递进。地名在这类结构中可作主语成分，如[A]；作宾语成分，如[B]；作定语修饰语，如[C]；更有个例中地名承担了主谓成分，如[D]。

述宾联合复句。述宾联合复句是指联合的分句都是述宾结构。地名在该结构复句中多作宾语，如“登泰山，保平安”，动词“登”点出泰山的山体旅游功能，“平安”作为与泰山相对的分句宾语，点出了泰山自古以来的人文内涵。除作宾语外，也有少部分地名作定语修饰语，如“倾听崂山古韵，寻访山海风情”中“崂山”划定了“古韵”的地理空间范围。

偏正联合复句。偏正联合复句是指口号是由偏正结构分句联合而成的。地名在这一结构的旅游口号中主要作偏正中心语，即是句中被修饰的部分，如石家庄市旅游口号“红色西柏坡，多彩石家庄”中“西柏坡”和“石家庄”都是偏正中心语，且两者所处位置与成分相同，所以该口号还是典型的对偶句。偏正结构的联合在联合复句中运用最多，该结构不仅结构优美，且常常能够读出韵律与节奏，如“主权三沙，幸福三沙，美丽三沙”“红荔枝，白海豚，绿钦州”等，透过结构相同句子的叙述，能在平和的语气和美妙的词语中感受到不同的人文地理。

其他联合复句。前三种联合复句的联合方式一般采用对偶的修辞手法，即分句之间结构相同或相似、字数相等、意义有关联，并以成对的形式排列起来，充分体现了汉语音节文字的灵活性，提高了对读者受众的吸引力。但联合复句并非都能够凑成对偶句，如杭州市西湖的旅游口号“天下湖，看西湖”和温州市雁荡山的旅游口号“寰中绝胜，梦回雁荡”等都属于“偏正 + 述宾”联合。

（2）主从复句

此类旅游口号共统计了 122 条，占复句式旅游口号的 49.8%。根据对旅游口号的梳理总结，又可将主从复句分类如下。

偏正结构复句。偏正结构复句是指各分句在语法地位上是不对等的，根据偏正短语的分类法，又可将处于修饰补充地位的句子称为“修饰句”，将被修饰、处于中心地位的句子称为“中心句”，且判断何为中心句的重要依据就是是否含有地名，一般含有地名的句子为中心句，也是整个复句的论述核心。地名在该句式结构中主要是作主句的中心语或修饰语。地名作中心语的如［A ~ C］，地名作为主句修饰语的如［D］。

A. 千年古镇，　世界同里（苏州吴江同里古镇景区）

“千年古镇”是对同里的美赞，世界是对同里文化遗产的价值认同。

B. 中国滕头，乡村让城市更向往的典范（宁波奉化溪口 – 滕头旅游景区）

“乡村让城市更向往的典范”是“滕头”的结果补语，说明滕头对乡村旅游的典型性代表作用，故该分句是对主句“中国滕头”的修饰。

C. 魅力长乐，乐山乐水乐人生（长乐区）

“魅力”是常用的修饰词语；“乐山乐水乐人生”是对地名“长乐”的说明性补语，是对长乐字面意思和长乐区人文内涵的解读。

D. 兴城风景好，城泉山海岛（兴城区）

地名“兴城”是中心词“风景”的地理范围修饰词，“好”是风景的程度修饰词，而从句“城泉山海岛”是对兴城风景的拓展性补语。

主谓结构复句。主谓结构复句是指组成旅游口号的前后两部分形成“主谓（宾）”结构关系，前部分是主语部分，后部分是谓语或谓宾部分，是对主语的进一步解释说明与陈述。地名在该结构复句中多作主语成分，是整句修饰语陈述的对象。通过对该类型旅游口号的分析发现，地名在句式中的位置可分为两种：一种为地名主语与谓语直接连接，未作分句分隔，且在该种类型中地名所在主谓句为主句，修饰部分为从句，如［A～B］；另一种是地名主语与谓语相分隔，前句含主语，后句含谓语，必须将两句联读理解才能组合完成全部的释义与结构，如［C］。地名在该结构中还可作宾语，是整句陈述的指向，如［D］。

A. 千古人文地，一城山水诗，诗歌之城马鞍山欢迎您！（马鞍山市）

1　2

前半部分“千古人文地”“一城山水诗”“诗歌之城”都是对地名马鞍山的修饰性语言，故该句是主语为“马鞍山”的主谓（宾）结构复句。

B. “饮淝水春申寻梦，览八公得道升天”——淮南·游哉·悠哉（淮南市）

3　4

前半部分“饮淝水春申寻梦，览八公得道升天”是对主语“淮南”的说明性展述，属于补语从句，“悠哉”是对谓语“游哉”的状态补语，故该复句是主语为“淮南”的主谓结构复句。

C. 诗画漓江，秀甲天下（桂林漓江风景区）

5　6　7

5-6-7 组合是典型的主谓宾结构，故该句是主谓结构复句。

D. 未来之选，就是延吉（延吉市）

8　9　10

8–9–10 组合解读，地名“延吉”是整句宾语，是整个复句陈述与指向的对象。

述宾结构复句。述宾结构复句可分为两种类型：一是指组成旅游口号前后两部分是述宾结构关系，前部分是述语，后部分是宾语，后部分是前部分陈述与说明的对象，如［A］；二是指在复句结构中，部分分句属于从属地位，是对主句或者主句部分词语内容的补充说明，部分分句属于主导地位，能够掌控整个复句，这类分句称为主句，且该主句的结构为述宾结构时，可称该复句为述宾结构复句，如［B～C］。

A. 想到了就去，普陀山（舟山普陀山风景区）

1　2

1–2 组合构成整句完整结构，前半部分为述语，后半部分“普陀山”为宾语。

B. 京畿福地，乐享河北

3　4

3–4 组合形成整个复句的主句，“乐享”作述语，地名“河北”作宾语，从句“京畿福地”是主句宾语的修饰性定语。

C. 天府三九大，安逸走四川

5　6

5–6 组合形成整个复句的主句，“安逸走”作述语，地名“四川”作宾语，从句“天府三九大”是主句宾语的修饰性定语。动作性动词的存在，使得在读这类旅游口号时会有重心偏向，动词后面的地名会被强调，地名也会被引导性地呈现给读者，增强记忆力。整句在语调上偏向平实，语气充满积极向上的力量。

介宾结构复句。介宾结构复句是指地名所在主句是由介词加上地名所构成，从句属于从属地位，用以点出目的地的优质旅游吸引物，衬托主句中心语，这类旅游口号与述宾结构复句旅游口号在语气语调上是类似的，地名也是整句强调的对象，如［A～B］。

A. 太湖绝佳处，毕竟在无锡（无锡市）

B. 天下洞庭，乐在岳阳（岳阳市）

3. 地名拆分旅游口号句法结构特征

地名在约定俗成时已经确定了词语内容与结构顺序，一般不可随意改变其各组成部分的语序，也不可增减其中的词，然而在旅游口号中，我们能够发现很多“变式”地名，可称之为地名拆分。地名拆分就是将地名拆分成两个或更多部分，在旅游口号中重新组合使用，将其放到整个口号中方能体现出效果。按照拆分成句方式来分，地名拆分可分为复句式拆分和单句式拆分两种。

复句式拆分是指将地名拆分并分别放在不同句子中，这种拆分可以分为两种。一种是通过对短语或成语的利用来实现，拆分后的地名词语要分布在分句中的同一位置，承担一致的句法成分，能够使受众识别并拼凑出完整的地名，也可以称为“同位句法成分组合解读”，如［A～C］。另一种是利用地名的字音，构造与口号主题相适的词语组合，如［D］。

A. 天天乐道，津津有味（天津市）

1 2

B. 赤绘天地，水写自然（赤水市）

3 4

C. 人杰地灵，物华天宝（灵宝市）

5 6

D. 博大景德，镇动世界（景德镇市）

7 8

单句式拆分是指将地名拆分在一个单句中，作不同的句法成分，如［E～G］。该种拆分是通过对地名词语字面意思的解读，再将其与含有相应字词的词组或短语结合，实现对地名意思的字面解读，同时对该地寄予美好的愿望。

E. 锦绣之州，神奇之旅（锦州市）

1 2

F. 文昌水秀，祥泰之州（泰州市）

3　4

G. 北江明珠，清香溢远（清远市）

5　6

地名拆分的运用，充分展现了口号设计的灵活性和地名运用的延展性，说明地名在旅游口号中不局限于完整地名作某一句法成分的运用，这使得旅游口号的地名运用思路得到了开阔。

6.2.4　旅游口号语义平面地名应用特征分析

地名作为地理实体的代名词，具备名词的“格”，即地名在口号语义结构中所充当的施事、受事、对象、目的、处所及形象等语义角色。地名在旅游口号中作的语义角色应“因句分析”。在不同句法结构的旅游口号中，地名的语义角色不尽相同，不同的句法成分组合搭配呈现出的语言特点、传达的感情色彩、达到的主题与情感的表现力也不同。下面将进行具体分析。

地名作主语成分。在句法平面中，主语是被陈述的对象[35]，同时也意味着旅游口号的句法结构是主谓结构。按照口号语义特点划分，可将口号的主语划分为施事主语、受事主语和系事主语[36]。施事主语是动作行为发出者，受事主语是动作行为接受者，如“与拉萨握手，和天堂拥抱”中的地名拉萨就是典型的受事主语。地名作施事主语和受事主语的旅游口号一般会采用“欢迎”“触动”“寻”“握”等动词展开对地名的阐述，具有拟人化特点，即以地名作为主人翁，用迎接、亲和、自信等姿态将旅游口号表述出来，给游客亲切的感受；系事主语表明主语既不是施事者，也不是受事者，而是动词的联系对象或处所，从第三人全知视角展开叙述，这类旅游口号一般是资源导向型，将地名与地方旅游资源结合起来展述，有时会采用夸张手法，介于客观描述与夸大描述之间，如“新疆是个好地方”。

地名作宾语成分。在述宾结构、介宾结构中，地名大多作宾语成分，另外主谓宾结构中也有部分地名作宾语。根据王跃平提出的现代汉语宾语的新分类设想，地名在旅游口号中充当的句法宾语可以分为目的宾语、对象宾语和处所宾语等[37]。在述宾结构和主谓宾结构中，地名可以是目的宾语，即地名是谓语动词动作的目的，如“到霍林郭勒看最美的草原”；也可以是对象宾语，即地名是心理活动的对象，且常搭配的谓语动词有“爱上”“想去”等，如“旅游，让世界爱上宝鸡”。在介宾结构中，地名通常是处所宾语，即表示事件或行为在某处发生，如“一年四季在宜春”等。

地名作中心语成分。在偏正结构中，地名多是偏正的中心，也是句法结构的核心，在口号中可分为处所中心语和形象中心语，前者具有地理空间上的位置引导，如“中国泰山，中华泰安”，后者具有凸显目的地宣传的作用，如“红色圣地，醉美遵义”，但在更多的口号中，地名是兼作处所和形象的双重中心语，在口号中起到统领全句的核心作用。

地名作修饰语成分。修饰语成分可分为区别性修饰语、描写性修饰语和限定性修饰语这三类[38]，地名作偏正结构修饰语时一般是具有空间属性的区别性修饰语和地理限定修饰语，具有表明口号宣传目的地的作用。地名修饰语与地名组成的偏正结构一般还是目的地的形象定位，如“创意深圳”“红色西柏坡”等，修饰词围绕着地名，点明目的地的旅游形象，给游客留下第一印象。

6.2.5 旅游口号语用平面地名应用特征分析

句子话题链的构成部分可称为语用成分，是语用平面中独立的语言使用单位，其包括话题成分、陈述语、焦点成分、话题前的全句修饰成分和游离成分[32]。出于口号宣传的目的性，在旅游口号中无论是作主语、宾语、偏正中心语还是偏正修饰语成分，地名通常都是口号的出发点（主题 / 话题）和落脚点（焦点 / 重点）。下面结合案例具体分析。

1. 地名作主语成分

在主题信息方面，主语作为观察视角的原点，引导内容信息的展开[35]。作主语成分的地名是口号的话题发起方，意在引出话题。如“美好安徽，迎客天下”中“安徽”是整个口号的起点，是话题的发起者，站在了主人翁的视角迎接游客，而后半部分的“迎客天下”是整句的陈述部分，起到述题的作用，表现出了安徽对游客亲和热情的态度。

2. 地名作宾语成分

作宾语成分的地名一般是口号话题所指向的对象，意在聚焦话题目标。如“世界欢乐，汇聚长隆”中话题所指引的对象是“长隆”，地名“长隆”是口号的焦点和重点。此外，宾语成分通常紧跟在谓语动词、介词等之后使用，动词和介词的动势感，使得宾语成分带有较强的号召力，如“天府三九大，安逸走四川”中，地名“四川”是述语“走”所支配、影响或涉及的对象，紧跟在动词之后，是汉语读法中惯常会重读强调的部分。

3. 地名作偏正中心语成分

作中心语的地名具有结构中心性和主题焦点性特点。如“海上花园，温馨厦门”中厦门不仅是后分句的结构中心，还是前分句的修饰对象，是整句核心和赞美的指向对象，起到统领全局、聚焦主题的作用。

4. 地名作偏正修饰语成分

偏正结构中的修饰语地名对修饰对象来说是评议性成分，还可与其所修饰的词语共同构成话题中心，从句法结构层次上加以重彩，意在聚焦话题目标，推荐目的地优势旅游资源。地名与其所修饰的部分也可共同充当主语、宾语等成分，如“桂林山水甲天下”中地名“桂林”是“山水”的限定范围词，与“山水”组合形成整句的主语兼主题，作句子展开陈述的对象。

总的来说，从句法平面分析旅游口号句法结构，发现地名在旅游口号中可充当主语、宾语、偏正中心语和偏正修饰语四种句法成分；从语义方面具体分析地名句法成分的语义，对地名句法成分作出语义细分，发现根据口号句法结构的类型和语境的变化，地名的语义功能也会发生变化，与语义相关联的口号情感信息传达、语言风格特点等都会随之发生变化；从语用方面，旅游口号设计的目的性决定了地名在口号中的语用特点，即地名作为目的地最形象直接的符号，在旅游口号中通常是作为“主题”和“焦点”，无论地名是作为主语、宾语还是偏正结构的中心语与修饰语，地名所在的部分都会是口号中强调的核心。此外，地名随着句法结构的改变，在语气方面展现的气场也大有不同，在主谓结构中作施事、受事主语的地名具有较强的亲和力，作系事主语的地名相对客观；在述宾、介宾等结构中，作宾语成分的地名具有较强的号召力和鼓动性；在偏正等结构中，作中心语的地名是赞美的接受对象，展现自身较大的魅力，作修饰语的地名意在推介目的地优势旅游资源与形象，具有较强的推荐性。通过上述分析，语法三个平面视角下的旅游口号地名应用可以分解为表 6–2。

表 6-2 旅游口号地名三个平面语法

<table>
<tr><td colspan="2">形式层面</td><td colspan="2">逻辑意义层面</td><td colspan="2">表达内容层面</td></tr>
<tr><td rowspan="2">句法结构</td><td rowspan="2">主要地名
句法成分</td><td colspan="2">地名语义</td><td colspan="2">地名语用功能特点</td></tr>
<tr><td>成分细分</td><td>功能特点</td><td>主题 / 焦点 / 评议性成分</td><td>语气</td></tr>
<tr><td rowspan="2">主谓结构</td><td rowspan="2">主语</td><td>施事 / 受事主语</td><td>拉近情感距离</td><td rowspan="2">主题</td><td>强亲和</td></tr>
<tr><td>系事主语</td><td>平和客观陈述</td><td>相对客观</td></tr>
<tr><td>述宾 / 介宾结构</td><td>宾语</td><td>对象宾语
目的宾语
处所宾语</td><td>强调核心</td><td>焦点</td><td>强号召</td></tr>
<tr><td rowspan="3">偏正结构</td><td>中心语</td><td>处所中心语
形象中心语</td><td>凸显核心地位</td><td>主题焦点</td><td>强赞美</td></tr>
<tr><td rowspan="2">修饰语</td><td>区别性修饰语</td><td>区分资源形象</td><td rowspan="2">评议性成分
组合主题焦点</td><td rowspan="2">强推荐</td></tr>
<tr><td>限定性修饰语</td><td>限定形象范围</td></tr>
</table>

6.2.6 小结与展望

地名作为旅游口号的基本要素之一，通过对省级行政区、中国优秀旅游城市和有代表性的 100 个 5A 级景区的旅游口号搜集和研究，发现超过 75% 的旅游口号涵盖有地名。根据语法三个平面理论，旅游口号地名应用可从句法、语义和语用三个层面进行分析，建立从形式、逻辑到表达内容的科学分解系统，拓展了旅游口号与地名的研究内容，为旅游口号设计提供新的依据。

综上所述，旅游口号的地名应用可从语法三个平面理论进行系统分析，为旅游口号中地名的应用提供理论支撑和实际参考。从理论和实际情况结合来看，需要加强和改进以下三个方面。

一是深化理论研究，为口号设计提供依据。现有研究看到了地名在旅游口号中的重要作用，但是地名如何应用于旅游口号中却鲜有涉及。旅游口号中的地名运用多凭借设计者的经验和灵感，因此要加强旅游口号的地名应用理论研究，深化三个平面理论的系统性与关联性，为旅游口号设计中的地名应用提供理论、方法和路径支撑。

二是弥补不足，加大现实应用。当前旅游口号的地名运用已在现实层面进行了多方面的尝试，对句法结构和句法成分进行了初步探索，但总体上还比较有限，关于语义和语用的应用亦较少。因此，应借鉴语法三个平面理论，更广泛地吸收句法、语义和语用的要素，融入旅游口号设计，促进旅游口号设计的用语精密化、思考多维化和表达恰当化。

三是因地制宜，探索适宜的应用模式。地名作为区域的名片，受历史、民族、方言等因素的影响，旅游口号针对的客源市场也有自身的特征。因此，在地名的运用中，要根据文化特色和市场特征，从句法、语义和语用方面进行综合衡量，探索适用于本区域的应用模式。

6.3　琼中黎族苗族自治县民族语言地名旅游功能研究

地名是民族文化的重要载体，经过历史的沉淀，形成了多种文化类型，在旅游活动中起到旅游名片的作用，是旅游者对于旅游地的第一感知。通过对地名文化的研究，可挖掘出其所负载的民族社会深层次文化，有助于当地旅游事业的发展。民族语言地名主要是指少数民族语言地名，是地名的重要组成部分，存在着口语和书面语两种形式，书面语形式通常由口语形式音译而来，在语法和语义上与汉语地名存在显著差别。当前，社会生产力水平普遍提高，人们不再满足于物质层面的需求，而开始对精神层面提出新追求。因为民族语言地名文化富有民族性和地域性，所以旅游者对其识别存在一定障碍，导致旅游者在旅游地的选择、实际体验中出现某些困难，使得民族语言地名文化承载的功能无法正常发挥。因此，破除民族语言地名功能发挥的障碍，提升旅游者的体验，落实旅游发展与地名规划，既是铸牢中华民族共同体意识的需要，也是迫切需要解决的问题。

6.3.1　研究区域概况

1. 自然概况

琼中黎族苗族自治县位于海南省中部，东连琼海市、万宁市，西接白沙黎族自治县，南与五指山市、保亭黎族苗族自治县、陵水黎族自治县毗邻，北和屯昌县、澄迈县、儋州市交界。琼中具有优越的自然环境，地貌呈穹隆山地状，由于经受各种地质作用和多次强烈的构造变动，构成了现在错综复杂的地质地貌。县区内山涧河溪众多，是海南省三大河流——南渡江、万泉河、昌化江的发源地，被称为“三江之源”。

2. 人文概况

琼中历史悠久，早在新石器时期，其境内就已有人类活动。秦朝为象郡外徼，两汉属珠崖郡地。三国时为朱卢县地，属朱崖郡。晋为玳瑁县地，属合浦郡。隋属颜卢县地，隶属珠崖郡。唐为琼山县地，属琼州。元置南建州，明废南建州。1948 年建琼中县，1987 年更名为琼中黎族苗族自治县，隶属海南省。琼中是黎、苗、汉等民族的聚集地之一。从琼中民族成分与地名来看，其语言的构成较为丰富，有黎语、汉语、苗语、壮语等，尤其以黎语、汉语和苗语为主。

6.3.2 琼中民族语言地名文化内涵及规律探析

语言不仅是增进民族情感交流的工具，也是传承民族文化内涵的载体[39]。地名是语言系统的重要组成部分[40]，地名衍生于人类社会的发展，是各种地理实体、行政区域和居民点的标识，承载着丰厚的文化内涵[41]，少数民族语言地名则是中国地名学的一个重要组成部分[42]。琼中是一个移民地区，原始移民以黎族和苗族居多，琼中的地域名称多数为移民所命名。以下基于地名梳理，深入分析民族语言地名内涵，从地名的语法、语义等方面来探究非汉语地名的命名规律。

1. 琼中民族语言地名语法特点

琼中的汉语地名与非汉语地名泾渭分明，表现在地名结构上，即地名的通名和专名次序相反。汉语地名结构为“专名 + 通名”，非汉语地名则为“通名 + 专名”。在黎语地名和汉语地名之间又存在黎汉混合的情况，其语法结构同汉语地名一致，表现为“专名 + 通名”结构。

（1）二字地名

二字地名在琼中的民族语言地名中最为常见，其中，黎语地名在非汉语地名中占比较大，其语法结构与汉语地名相反的特点较明显。二字地名中，通名多为名词，其专名包括名词和形容词（见表 6-3）。名词如“什也”，“什”是田，“也”是茅草，意为茅草田；“草南”，“草”是边，“南”是水，意为水边；“番响”，“番”是村，“响”是黄羌，意为黄羌村。形容词如“方满”，“方”是村，“满”是老的，意为老村。

表 6–3　黎语地名二字地名语法结构

书面形式	什也	草南	番响	方满
直译	也什	南草	响番	满方
汉义	黎语中，“什”是田，“也”是草，意为茅草田	黎语中，“草”是边，“南”是水，意为水边	黎语中，“番”是村，“响”是黄羌，意为黄羌村	黎语中，“方”是村，“满”是老的，意为老村

（2）三字地名

琼中的三字黎语地名数量不多，且对汉语的借词较少（见表 6–4）。其语法结构或通名为单字名词，专名为二字组合名词，如“什加玛”，“什”字作为通名为单字名词，“加玛”二字意为罪人。或由三个字组合起来，其中包含名词和动词，形成主谓宾结构。如“猿胎返”，黎语中“猿”是猿猴，“胎”是打，“返”是土块，意为用土块击打猿猴。

表 6–4　黎语地名三字地名语法结构

书面形式	什加玛	什那训	猿胎返
直译	加玛什	那训什	返胎猿
汉义	黎语中，“什”是田，“加玛”是罪人，意为罪人的田	黎语中，“什”是田，“那训”是刺竹，意为刺竹多的田	黎语中，“猿”是猿猴，“胎”是打，“返”是土块，意为用土块击打猿猴

2. 琼中民族语言地名语义特点

琼中民族语言地名语义的文化区间大致可划分为地貌文化、农耕文化、物产资源、商业文化、民风民俗、民间信仰、军事文化等。由于一些民族地区的生产方式和生产力水平相对落后，地名对精神文化体现较少。因此，非汉语地名命名依据多为日常生活中所能接触到的事物，如山川、河流、田园、物产资源等。

（1）以地貌文化命名

① 山体类。琼中有着数量较多的自然旅游资源，其中以山峰居多，著名的五指山就矗立于此。根据《琼中乡镇行政村地名志》记录，汉语地名中常见的以地貌类型命名的有“坡”“山”“岭”等字（见表 6–5）。而非汉语民族，

如黎族，是最早迁入琼中的民族，与境内汉族同处相似的生存环境，在地名中也以汉语与黎语相结合的方式展现出地势的特点（见表 6-6）。

表 6-5 地貌文化（山体）类汉语地名

用字	地名
坡	升坡、平坡、留山坡、大坡、龙头坡、坡陆、新坡、加顶坡、坎坡、栋坡、高坡
山	吊罗山、黎母山
岭	三脚岭、石盘岭、岭脚、岭头

表 6-6 地貌文化（山体）类黎语地名

地名类型	地名	地名含义解释
黎汉混合地名	大拉	黎语中，“拉”是两山之间的河溪峡谷山地，“大拉”意为河溪大阶地
黎语地名	抄贤	黎语中，“抄”是下边，“贤”是山岭悬崖。“抄贤”意为村庄修建在悬崖山坡下边，故名
	保蕊	黎语中，“保”是村，“蕊”是花苞。“保蕊”意为村庄山丘林密，村子像花蕊一样被树林包围，故名

② 水文类。琼中山涧河溪众多，被称为“三江之源”。因此，产生了丰富的水文地名。汉语地名中水类地名常见用字为“堤”“湾”“溪”“沟”“塘”“水”。黎语地名常见用字为“南”“罗”“介”“牙”等（见表 6-7）。在黎语中，“南”指水，“罗”是河溪的源头，“介”是指小溪，“牙”是河沟分支处。

表 6-7 地貌文化（水文）类黎语地名

用字	地名	地名含义解释
南	草南	黎语中，“草”是边，“南”是水。意为村庄建在河岸旁边
	南万	黎语中，“南”是水，“万”是村。辖区村庄沿招咱河两岸而居，故名南万
	河南	黎语中，“河”是河溪的源头，“南”是水。村庄位于什育河支流与招咱河支流中间源头处，故名河南
	南办	黎语中，“南”是水，“办”是水高溢满。洪水暴涨会淹没农田村庄，故名南办
	南久	黎语中，“南”是水，“久”是沟。因村庄西边有条南久溪而得名
罗	罗坎	黎语中，“罗”是河溪的源头，“坎”是深山峡谷，地势不平。村庄地处高丘峡谷地区，罗眉河支流源头较多，故名罗坎
	罗眉	黎语中，“罗”是河溪沟水的源头，“眉”是水沟渠道。修造水沟渠道引用河溪水来灌溉农田，故名罗眉

续表

用字	地名	地名含义解释
介	罗介	黎语中，“罗”是流水的源头，“介”是指小溪。意为河溪沟渠之源头
	介族	黎语中，“介”是指小溪，“族”意为聚族而居
牙	牙挽	黎语中，“牙”是河沟分支处，“挽”是南挽沟。因居住在南挽沟口与番响河汇合处得名，故名牙挽
	牙云	黎语中，“牙”是河溪分支或合口处，“云”是雾水。因村庄靠近招咱河与南什河边而建，早上、晚间露水雾气浓厚，故名牙云
	牙绿	黎语中，“牙”是河沟分支处。因村庄坐落河沟分支处，在青山绿水间，故名牙绿

（2）以农耕文化命名

中国自古以农立国，在长达万年的农耕历史进程和耕耘畜养的生产生活过程中，形成人与自然、人与他人、人与自我相处的独特伦理智慧，培育出中华民族特有的优秀传统农耕文化[43]。琼中各类地名中，以农耕文化命名的占较大比重（见表6–8）。较为突出的是黎语地名中的“什”字，意为“田”。其次是以“埇”“朗”“湴”等字命名的黎汉混合地名，如“大埇”，黎语中“埇”是宽阔的农田，“大”是汉语形容词，意为村庄有一大片宽阔的农田。

表6–8　农耕文化类黎语地名示例

用字	地名	地名含义解释
什	什通	黎语中，“什”是田，“通”是山涧峡谷，意为在山涧峡谷水田边建村定居
	什旦	黎语中，“什”是田，“旦”是土
	什冲	黎语中，“什”是田，“冲”是护栏、围栏，意为用木桩把农田围护起来，防止野兽破坏庄稼
	什空	黎语中，“什”是田，“空”是指山沟峡谷，意为先民在山沟峡谷中开垦农田，建立家园
	什响	黎语中，“什”是田，“响”是黄色，意为农田中的稻谷熟了，金黄色的田园美景，丰收在望
	什黑	黎语中，“什”是田，“黑”是水车，意为利用水车抽取河水灌溉农田
	什错	黎语中，“什”是田，“错”是刀篓、米篓、装衣服篓
	什龙	黎语中，“什”是田，“龙”是宽大，意为农田宽大
	什暗	黎语中，“什”是田，“暗”是泥湴，意为水田深烂泥厚
	什况	黎语中，“什”是田，“况”是田小，意为农田面积很小
	什架巴	黎语中，“什”是田，“巴”是狗，意为村民养狗保卫村庄安全，保护农作物

续表

用字	地名	地名含义解释
埇	大埇	“埇”是宽阔的农田，意为村庄有一大片宽阔的农田
	干埇	因田洋缺水干旱而得名
	长埇	因村旁有一块很长的沙质水田，沿着河流至村前而得名
朗	水朗	村子前后有河环绕流过，村前又有一大片田洋，故名
	大朗	周围地势较高，中间低洼平坦而能开垦出良田的土地称为“朗”，因面积大而得名
溢	深溢	“溢”是深水泥田，因水田烂泥深厚，排水不干涸而得名

（3）以物产资源命名

琼中优越的自然环境和气候特点，使得境内物产丰富。通过对琼中民族语言地名的梳理，发现与物产资源相关的有112个。其中，非汉语地名62个，均为黎语地名，示例见表6–9，汉语地名50个，由此可见，黎语地名对物产资源的承载比汉语地名更丰富。汉语地名中所展现的物产资源信息较容易被感知，例如槟榔园、枫株等。因物产资源为专有名词，黎语地名又是音译而成，其附带的信息难以被感知。

表6–9 物产资源类黎语地名示例

地名种类		地名	地名含义解释
动物类	野生型	礼寨	黎语中，“礼”是鹿，“寨”是荔枝。古代该地方以鹿多荔枝多而得名
		毛项	黎语中，“毛”是山熊，“项”是路过，意为山熊活动走过的地方
	养殖型	什章阶	黎语中，“什”是田，“阶”是土罐，又称蜜蜂，“章”是罐底有漏洞。意为利用有漏洞口的土罐或水缸作蜂房，在田边空地饲养蜜蜂
		什仍	黎语中，“什”是田，“仍”是羊，意为村民在大埇田放牧羊群
植物类	野生型	招咱	招咱是厚皮树
	种植型	那柏	黎语中，那柏为南椰树，因村边种植南椰树多，故名
		草会	黎语中，“草”是边，“会”是桃子树，意为村边有桃子树
作物类		空示	黎语中，“空”是山沟峡谷，“示”是甘蔗，意为山沟峡谷里种植甘蔗丰收
		什运	黎语中，“什”是田，“运”即冲运（木瓜），意为农田周围种植木瓜

（4）以商业文化命名

从以物产资源命名的地名来看，琼中有着极其丰富的物产，当物产达到一定数量时，产生交易行为，商业文化由此产生。通过地名志梳理发现，琼中商业文化地名共有 15 个。其中，汉语地名通常在地名中带有“铺”“市”二字，黎语地名则需要进一步查看其地名含义进行辨认，示例见表 6–10。由此类地名可知，琼中历史上商业交易活动有贩刀、盐、山货、农具、家具、铁器等，且早在明朝便已经开始发展集市。

表 6–10　商业文化类黎语地名示例

黎语地名	地名含义解释
什卓	黎语中，“什”是田，“卓”是刀。相传定安县坐商在田边盖房设铺，收购山货，出售钩刀，故名
架便	黎语中，“架”是讲价钱，“便”是“吊襘”，意为出价赎回“吊襘”
林田	黎语中，“林”是镰刀，“田”是什，意为农田边有坐商铺子出售镰刀

（5）以民风民俗命名

民风民俗是民族文化的重要形式之一，它是一个民族在生产生活中所获得的，包括风俗习惯、民间故事等。琼中民风民俗类型的民族语言地名数量不多，但故事性较为明显，包括民族内部纷争、民族团结、美好品质、生活经验等具体文化内涵，示例见表 6–11。例如，加戏是由于青年男女婚嫁喜庆日，聘请八音乐队唱歌演戏助兴，祝贺新郎新娘新婚喜上加喜，故名。又如“握岱”，黎语中是吃苦的意思，又译黎人热情好客，友谊重如泰山，故名。

表 6–11　民俗类黎语地名示例

文化类型	地名	地名含义解释
民族纷争	什加玛	因打官司得罪了他人而迁居于此，黎语中，“什”是田，“加玛”是罪人
	什太阶	黎语中，“什”是田，“太”是打，“阶”是土缸（罐）。相传兄弟因田地矛盾争抢父母留下来的一缸鹿肉，打破土缸（罐）就此分家
民族团结	报胶	黎语中，“报”是村，“胶”是结合，意为合并聚居的村庄
美好品质	握岱	黎语中，“握岱”是吃苦，又译黎人热情好客，友谊重如泰山
	什各礼	黎语中，“什”是田，“各”（和）是咬，“礼”是毒蛇。相传有一农夫在农田边遇上一条毒蛇，他没有将毒蛇打死，后来反而被毒蛇咬伤了
生活经验	合究	黎语中，“合究”是猿叫声，指用食指放入口中压着舌头吹口哨学猿叫
	坎茂	黎语中，“坎茂”为食物发霉腐烂之意。因村中有一棵荔枝树每年生果发霉腐烂不能吃，因而得名

（6）以民间信仰命名

琼中民族语言地名所展现的地方民间信仰表现出强烈的民族性和地方性，黎族人民是最早来到琼中定居的民族，先民对自然灾害无能为力，将特殊事物视作对抗大自然的力量，民族的信仰模式表现出对物的信仰（见表6–12），如铜锣，地名中记载为汉字“罗”，地名内涵中解释为“铜锣是黎人权力的象征”。

表6–12 民间信仰类黎语地名示例

信仰类型	地名	地名含义解释
事物信仰	罗天	原名罗轻。海南方言中，天与轻音近混用。黎语中，“罗”是铜锣，“轻”是数量轻与重。铜锣有大锣小锣、轻重之分。锣的品牌有公锣、苏锣、芒锣、盘锣等
	罗反	黎语中，“罗”是铜锣，“反”是响声、锣耳，意为村中有锣鼓响声。铜锣是黎人权威与财富的象征
人物信仰	公头拉	村民为纪念建村创始人，称他为“公头拉”，黎语意为公爷大人
	黎凑	相传清乾隆年间，村民为纪念黎人王大夫人，在什立村旁小山坡上修建黎凑婆庙。黎凑婆庙信徒甚众，香火兴旺。黎语中，“黎”是黎人王大夫人，“凑”是燃烧纸钱的火灰盆
祖先信仰	志顺	黎语中，“志”是分祖室，“顺”是香火，意为兄弟分祖室、分香炉火
	冲公保	黎语中，“冲”是杀，“公保”是公猪。相传村民抓捕到一头野公猪，准备杀猪祭祖，突然野公猪变成“金甲神人”，大摇大摆地走开了
图腾信仰	龙简	黎语中，“简”是光银，光银面上有龙的图案

（7）以军事文化命名

琼中民族语言地名中对军事文化的记载不多，但足以表现其地理位置在军事中的重要性。在梳理和分析地名志的基础上发现，黎语地名常使用“营”字，意为军队驻扎过的地方，如营根、营盘（见表6–13）。汉语地名则集中体现了军事文化中的红色文化，如以长征、红皮沟为名。此类红色文化汉语地名多命名、更名于“文化大革命”时期，以颂扬红军精神。

表6–13 军事文化类黎语地名示例

地名	地名含义解释
营根	黎语中，“营”指军营，“根”是烧火，意为军营烽火
营盘	黎语中，“营”是军营，军队驻扎的地方。清康熙二十八年（1689）吴启爵统兵镇压喃唠峒（含什坡、南流、南什、什仍地区）、红毛峒黎民起义，在此地驻军扎营。清光绪十三年（1887）冯子材率部抵五指山，其部属在此地驻扎

6.3.3　琼中民族语言地名功能阐释

地名是时代发展中留存下的历史文化遗产，有诸多的功能和作用[44]。民族语言地名的旅游功能，是在地名基础功能上不断发展和丰富起来的。民族语言地名作为一种文化手段，可以满足旅游者在旅游活动中的基本需求和精神需求。随着旅游者文化素养的提高，民族语言地名的功能也不断丰富。

1. 地名的核心功能

指位是地名的核心功能。一是地名读音的指位。通常是生活在同一地域、有着共同语言背景的人能够通过地名的读音确定某一地理实体的环境、类型和位置[45]。二是地名字义的指位。文字是信息的载体，地名文字化是依靠文字对地名历史进行保存，包含了记录人所要传达的地名信息。我国地名标准化需要按照通用文字来书写地名，其地名结构均包含通名和专名，专名是一个地理实体仅有的特定名称，而通名则可以对地理实体的类型进行划分。如此一来，识别地理实体的通名，则可对地理实体类型和属性进行甄别，实现地名字义的指位。

2. 地名的文化功能

地名的文化功能形成于核心功能之后。一是历史记忆功能。历史是一个地域的人共同创造的，是一个民族珍贵的记忆。早年由于生产力水平比较低下，缺乏记录民族历史的技术手段，因此，主要是依靠先民的记忆去重构历史故事，其中不乏先民通过丰富的想象力创造的民间故事、传说。琼中的民族语言地名中，有记录当地历史上的商业活动的地名，如黎语地名什卓，“什”是田，“卓”是刀，相传定安县坐商在田边盖房设铺，收购山货，出售钩刀，故名。还有记录婚姻事件的地名，如罗柳，黎语中“罗”是流水，“柳”是媳妇，意为洪水冲走新娘。相传有位小伙子娶媳妇，刚好河的上游下暴雨，迎亲队伍走到河中央时新娘被洪水冲走了。二是教育功能。琼中是少数民族居住区，历来就是兵家必争之地。琼中部分以军事文化为命名依据的民族语言地名，有良好的教育意义。如营根，黎语中“营”指军营，“根”是烧火，意为军营烽火。营根是历代军事活动的重要之地，军事地理位置显要，展现了古代军民驻守边疆，捍卫祖国统一的精神。三是民族凝聚功能。黎族人民有着共同的民族信仰，如罗反，黎语中“罗”是铜锣，“反”是响声、锣耳，意为村中有锣鼓响声，铜锣可以把全村人召集到一起，这是黎族人权威与财富的象征。

3. 地名的旅游功能

地名的核心功能和文化功能是旅游功能的一部分，进一步衍生出形象标识功能和吸引功能。只有将核心功能和文化功能发挥好，地名才能作为一个地域的旅游形象标识，从而吸引旅游者。形象标识功能方面，一个地方的形象标识根植于地域文化的土壤，用质朴的本土语言来表达人们内心的美好[46]。旅游地名的形象标识功能是指，当旅游者接触到一个旅游地名时，能够初步了解当地所具有的旅游地位、地貌特征、风土人情等。什寒是琼中黎族特色民俗村，黎语中“什”是田，“寒”是冷。该村庄在海拔上千米处，被誉为“海南最冷的村庄”。因此，提到“什寒”地名，旅游者脑海中就浮现出“黎族特色”“高处不胜寒”等词语。吸引功能方面，地名经过历史的积淀，内涵愈加深厚，使旅游者产生旅游需求，从而衍生出地名的吸引功能。地名的吸引功能与形象标识功能发挥程度成正比，具有一定品牌效应的旅游地，其地名的吸引功能能够较好地发挥。

6.3.4 琼中民族语言地名旅游功能优化路径

1. 以命名规律搭建地名特征识别桥梁

（1）民族语言混合汉语的命名方式

琼中民族语言地名的类型有两种：一是民族语言音译地名；二是民族语言混合汉语地名。第一种地名结构为“通名 + 专名”，与汉语地名相反；第二种地名结构为“专名 + 通名”，与汉语地名相同。琼中民族语言地名中有部分黎汉混合地名，多表示方位。有以行政区为参考坐标的，如营东、营南，以分别位于营根镇的东面和南面得名；有以地理实体为参考坐标的，如南茂，地处于白马岭、南茂岭之南。在旅游地区中，对旅游者常接触的小地名采用民族语言混合汉语命名方式，更符合旅游者的构词逻辑，以便识别地名特征。

（2）建立民族语言地名文化类型地名群

文化特征明显的民族语言地名会影响周边地名的命名，形成文化类型鲜明的地名群。琼中民族语言地名文化类型多元且独具特色，针对这部分有特色而数量稀少的地名，在进行命名管理时可考虑建立地名群，使其文化特征由点及面地得到显现。一是地貌文化地名群。分别以“南”“罗”“牙”等字集群，其汉语含义分别为“水”“水源头”“河沟分支处”。以“南”字集群的地名有南美、草南、南流、南万、河南、南办、南久。二是农耕文化地名群。分别以“什”“埇”“朗”等字集群，其汉语含义分别为“田”“宽阔的农田”“开阔田洋”。以“什”字集群的地名有什通、什旦、什冲、什空、什响、什黑、什错、什龙、什暗、什况、什架巴。三是民间信仰地名群。以“罗”字集群，汉语含义为铜锣，是黎族权力的象征。集群的地名有罗反、罗天、罗运。四是军事文化地名群。以“营”字集群，其汉语含义为“军营”，集群的地名有营根、营盘。

2. 以地名文化增强旅游目的地的“拉力”

（1）地名解说系统与地名文化

地名解说系统包括旅游地图、各类牌示、导游讲解等，是发挥民族语言地名文化功能的重要载体。根据表达方式的不同，解说系统分为自导式解说和向导式解说，其中，旅游地图、各类牌示是自导式解说，导游讲解是向导式解说[47]。一是自导式解说系统与地名文化元素结合。自导式解说系统包括旅游地图、指路牌、景点解说牌、语言导览等，最直接的表达方式是牌示设施，在设计和解说上应体现教育和服务性。二是向导式解说系统与地名文化元素结合。向导式解说则融入了与当地人互动的成分，与自导式解说的不同之处在于这是一个双向沟通的过程，通过与旅游者互动，导游可以根据不同旅游者为其提供个性化信息服务，而个性化信息服务就可取材于民族语言地名中的民间传说、历史故事等。

（2）旅游区域规划与地名文化

目前琼中的旅游线路有以红色文化和黎锦之乡为主题的番文线；以田园风光、黎苗风情、缅怀先烈为主题的什寒线；以乘坡河为核心旅游资源和以岭头茶场为主题的乡村旅游线路。由此可见，琼中旅游业多元文化类型旅游产品多维多元，正在共同发展。在这种形势下，琼中民族语言地名中所体现的文化功能可以大大丰富旅游者的旅游体验。相关部门和机构可根据琼中民族语言地名中体现的历史记忆、教育和民族凝聚等文化功能对琼中进行功能分区规划，分为历史记忆区、军事教育区、民族凝聚区。历史记忆区由承载着商业文化、民风民俗等地域历史民间记忆的地名实体构成，军事教育区由承载着军事文化的地名实体构成，民族凝聚区由承载着农耕文化、民间信仰的地名实体构成，共同发力，打造琼中黎族特色文化功能区。

3. 以拓宽旅游通道加大客源地的“推力”

旅游通道不仅是实现旅游目的地和客源地之间空间移动的物质载体，也是一条信息传递的途径。民族语言地名文化打造好后，需要旅游通道将宣传信息传递到客源地，这是促进旅游者离开客源地来到琼中旅游的重要基础。

（1）拓宽线上地名文化宣传方式

除传统的电视、微博、微信等线上宣传方式外，在全民直播时代，地名文化的宣传也应紧跟时代步伐，可在抖音、淘宝、B站等平台中进行直播。直播过程中要注意与潜在旅游者的互动，如猜测地名的地理位置、地名渊源等，以地名文化将潜在旅游者发展为旅游者。此外，还可将地名文化以故事形式通过短视频拍摄出来，在短视频平台发布。结合自身资源特点，拓宽线上宣传方式，使旅游者在旅游前就感受到琼中民族文化的魅力。

（2）拓宽线下地名文化宣传方式

地名与人类生活息息相关，但是民族语言地名的文化内涵却不易被感知到。琼中民族语言地名的线下宣传，除原始的旅游读物、旅行社、旅游集散地的宣传方式外，可在琼中内和客源地建立民族语言地名文化体验馆，展出独具特色的民族语言地名及其含义。还可以在体验馆中加入现代化元素，如VR技术，将地名文化融入实景中，以真人体验式感知民族语言地名，拓宽民族文化视野，吸引潜在旅游者进行实地体验。

6.3.5 小结

琼中民族语言地名有口语和书面语两种形式，书面语多由口语音译而来，因此表现出了与汉语地名语法、语义上的明显差别。语法上汉语地名表现为“专名＋通名”，民族语言地名表现为“通名＋专名”。琼中的民族语言地名中，黎语地名占比较大，展现出了民族语言地名丰富的语义，但音译的书面语形式难以通过地名本身感知其背后内涵。通过梳理琼中地名志资料，将琼中民族语言地名文化类型分为地貌文化、商业文化、物产资源、民风民俗、民间信仰、农耕文化、军事文化，其中以地貌文化类型中的水文类、资源类、农耕类数量最多，体现了琼中优越的生态环境。人文类地名文化类型多样，突出了琼中民族语言地名的历史积淀。在对琼中民族语言地名命名规律、功能研究的基础上，以旅游系统为导向，提出琼中民族语言地名旅游功能优化路径，为发展民族经济、铸牢中华民族共同体意识作出贡献。

参考文献：

[1]余凤龙，阚耀平．江苏省优秀旅游城市形象口号的评价与设计分析［J］．南通大学学报（社会科学版），2012，28（5）：16–21.

[2]王荣，何彤慧．地名旅游资源特征及其开发利用初探：以桂林市为例［J］．桂林师范高等专科学校学报，2009，23（4）：72–75.

[3]郭清霞，陈文．武汉地名文化资源旅游价值的发掘利用［J］．湖北大学学报（哲学社会科学版），2006（5）：583–586.

[4]吴水田，杨钰怡，蔡杭静，等．广州海珠地名旅游资源研究［J］．合作经济与科技，2020（23）：49–51.

[5]马如彪，郑小雪，娄思元．各省旅游宣传口号的初步研究［J］．楚雄师范学院学报，2013，28（12）：34–41.

[6]曹李梅，曲颖．旅游口号设计框架构建及其偏离分析：基于衰减器作用视角［J］．人文地理，2018，33（5）：143–151.

[7]毕剑．河南旅游主题口号的设计分析［J］．资源开发与市场，2010，26（9）：859–861.

[8]张艳娥．我国百强旅行社品牌宣传口号设计研究：基于网络知名度分析［J］．江苏商论，2018（5）：13–16+24.

[9]张群，彭栋梁．城市旅游形象的定位及口号设计实证研究：以湘潭市为例［J］．旅游论坛，2011，4（3）：80–85.

[10]曹李梅，曲颖．旅游口号的内源性–外源性设计模式构建：基于扎根理论的探索性研究［J］．地域研究与开发，2019，38（2）：97–101+111.

[11]徐尤龙，田里，唐夕汐，等．两种旅游口号评价方法比较研究：以云南 16 个地州口号为例［J］．旅游论坛，2014，7（6）：79–83.

[12]董皓．旅游目的地品牌推广口号的语言学构成分析：以省域及重点旅游城市为例［J］．人文地理，2013，28（2）：148–153.

[13]贾垚焱，胡静，许贤棠，等．旅游口号创意模式的共时差异和历时演变研究［J］．华中师范大学学报（自然科学版），2016，50（6）：955.

[14]曹李梅，曲颖．旅游口号设计的核心模式与尺度差异：基于对我国1133条优秀旅游目的地口号的内容分析[J]．管理现代化，2018，38（2）：63.

[15]肖敏，李山，徐秋静，等．旅游口号创意模式的尺度差异研究[J]．旅游学刊，2011，26（3）：53.

[16]王荣，刘影，许意如．旅游地名研究理论体系建构研究[J]．干旱区资源与环境，2021，35（8）：167–174.

[17]付长良，范晨芳，吴坚，等．地名规划概论[M]．北京：中国社会出版社，2011：73–77.

[18]张伟芳．常州地名的语词与文化内涵[J]．湖北函授大学学报，2014（10）：176–177.

[19]凌善金．旅游地形象定位的新方法[J]．旅游科学，2012，26（3）：1–9.

[20]王华，崔俊影，经芳．语言学[M]．延吉：延边大学出版社，2018：136.

[21]余广川．从句法、语义、语用三个平面的结合看"主谓谓语句"的本质[J]．西南民族学院学报(哲学社会科学版)，2001，22（3）：169–173.

[22]陈忠，范晓．句法、语义、语用之间的互参互动关系[J]．山东师大学报(人文社会科学版)，2001，46（3）：71–73，77.

[23]陆俭明．现代汉语[M]．北京：北京师范大学出版社，2012（5）：153–154.

[24]林丹丹．曲阜市户外公益性标语的语言文化分析[D]．曲阜：曲阜师范大学，2016.

[25]KELLER K L. Strategic Brand Management：Building，Measuring，and Managing Brand Equity[M]. Upper Saddle River，NJ：Prentice–Hall，2003：204.

[26]陈玉莲．旅游凝视下主客双方在旅游地形象建构中的作用研究[J]．对外经贸，2020（8）：92–96.

[27]李燕琴，吴必虎．旅游形象口号的作用机理与创意模式初探[J]．旅游学刊，2004（1）：82–86.

[28]杨永红．三个平面理论研究内容及理论应用综述[J]．现代语文(语言研究)，2017（1）：17–18.

[29]王飞华．关于汉语语法三个平面理论的思考[J]．四川师范大学学报（社会科学版)，2003，30（2）：112–118.

[30]胡裕树，范晓．试论语法研究的三个平面[J]．新疆师范大学学报（哲学社会科学版)，1985（2）.

[31]常晓伟.语法研究三个平面理论述评[J].今日湖北(下旬刊)，2011(1)：75.

[32]邢欣.试谈语用成分的句法分析[J].新疆师范大学学报(哲学社会科学版)，1993(4)：50–55.

[33]马洪海.现代汉语教程[M].上海：上海交通大学出版社，2017：245–246.

[34]毛润民，殷常发.什么是现代汉语句法结构和句法成分[J].内蒙古师范大学学报(哲学社会科学版)，2006(S1).

[35]周建设，罗茵，陈炳哲.句法主语的主题表现力研究[J].语言文字应用，2018(1)：61–70.

[36]徐公，杨志峰.词与短语[M].太原：北岳文艺出版社，2014.

[37]王跃平.现代汉语宾语成分的预设探析[J].江苏师范大学学报(哲学社会科学版)，2013，39(4)：64–70.

[38]樊青杰.两类限定性定语的语义类型及顺序研究[J].世界汉语教学，2008(2)：64–71.

[39]刘佳.佤汉双语教育实施效果的人类学研究[D].昆明：云南大学，2016.

[40]唐磊.汉语地名的语言文化研究[D].武汉：华中师范大学，2017.

[41]花露，张洁玉.地名文化的旅游价值及开发浅析[J].商业经济,2009(21)：99–101.

[42]戴红亮.西双版纳傣语地名研究[D].北京：中央民族大学，2004.

[43]曹东勃，宋锐.农耕文化：乡村振兴的伦理本源[J].西北农林科技大学学报(社会科学版)，2020，20(3)：144–153.

[44]韩海龙，窦立毅.南通地名中的盐文化信息及旅游功能分析[J].福建茶叶，2020，42(3)：131–132.

[45]罗崇逵.民间地名的命名特点与功能研究[D].吉首：吉首大学，2014.

[46]加瑜.地域特色文化元素在旅游标志设计中的运用探析[J].美术教育研究，2013(13)：80–82.

[47]吴必虎，金华荏，张丽.旅游解说系统的规划和管理[J].旅游学刊，1999(1)：44–46.

第7章　旅游地名价值研究

7.1　地名旅游资源特征及其开发利用初探

地名在生产和生活中通过对地理环境的认识与甄别而形成，是社会发展到一定阶段的产物，地名方便了人们的交流与交往，是旅游活动产生的前提[1]。在旅游业中，地名贯穿了整个旅游活动，旅游中的“吃、住、行、游、购、娱”，都离不开地名穿针引线的作用[2]。旅游者在有意识或无意识中接触地名，地名无形中也对旅游产生影响。

地名的形成具有规律性。通名反映了当地的基本属性，旅游者通过地名通名可捕捉到旅游资源的基本属性，如独秀峰为山峰、漓江是河流、榕湖为湖泊，游客一看便知，在方便选择目的地的同时，也便于安排旅游活动。因此，地名在旅游活动中发挥着较强的导向作用，科学合理的地名对旅游具有引导和促进作用。

反之，不恰当的地名则对旅游活动产生阻碍作用。1987 年，国务院撤销徽州地区，设立地级黄山市，将原黄山市改为黄山区，黄山市政府驻地屯溪，距离黄山景区 79 千米。由于地名的误导，许多旅游者先到黄山市，再转车行驶 120 千米到达黄山区，才能踏上旅程到达黄山景区。旅游者都希望以最少的成本获得最大的审美感受，而这个过程提高了成本，降低了旅游的满意度，因此引发游客投诉甚至告状[3]。

7.1.1　地名是无形的旅游资源

1. 地名的资源属性

首先，地名具有实用价值。地名的实用性源自人们观念上对某一区域形成的定式思维，地理环境的差异与历史文化的差异，使每个区域形成了不同的地域文化。地名是地域文化指向性的符号，例如，龙井茶指向的是龙井这一地区茶叶的原料和炒制技艺及所形成的文化。市场经济中，地名可以产生利润，世界贸易组织的《与贸易有关的知识产权协议》规定对地理标志予以保护。我国也形成了众多以原产地命名的产品，如景德镇陶瓷、中宁枸杞、金华火腿、天津麻花等，拥有此类商品在商业竞争中更具优势。在旅游业中，一些旅游目的地在原有资源的基础上，通过对地名的开发和利用提升了旅游知名度，吸引了旅游者，九寨沟、香格里拉等就是成功案例。中甸县原来是云南省一个知名度并不高的县，更名为香格里拉后，吸引了大量旅游者，体现了地名在旅游业中的实用性。

其次，地名具有稀缺性。地名的稀缺性源于地名是一个区域地物的专属名称，形成之后对于一定区域是唯一的。我国地名管理的政区属性确定了地名是唯一的，《地名管理条例》规定县、市以上名称，一个县、市内的乡、镇名称，一个城镇内的街道名称，一个乡内的村庄名称，不应重名，并避免同音。地名的稀缺性还表现在相近区域对地名的争夺，一段时间以来，在湖南新晃和贵州赫章、六枝特区等地，一场关于“夜郎”地名的“争夺战”引起了国内众多新闻媒体的关注[4]；诸葛亮的躬耕地——南阳当年在襄樊与南阳之间的争论、湖北省内的“赤壁”之争等，都体现了地名之于旅游业的稀缺性。

地名是一种资源，合理利用可带来经济和社会效益，促进旅游业发展。新的资源观认为，资源指的是一切可被人类开发和利用的物质、能量和信息的总称，它广泛存在于自然界和人类社会中，是一种自然存在物或能给人类带来财富的物质。因此，地名无疑是一种社会经济资源，也是该地的专有资源。

2. 地名的旅游资源特征

我国地域广阔，历史文化悠久，形成了独特的、类型繁多的地域文化，或具有独特的自然资源，或具有深厚的历史文化资源，能反映区域资源特征的地名无疑是该地的名片，我国一些地方在更名之后游客量的增加表明了地名也是吸引旅游者的重要因素。地名之所以作为旅游资源，主要体现在以下几个方面。

（1）地名具有景观表征意义

首先，旅游资源地名是在旅游资源的基础上产生的，其形成与当地的自然景观、资源物产等关系密切，因而成为当地的地域景观符号，也成为其旅游资源的一部分。旅游者通过地名对旅游资源进行定性，未见其物而先闻其名，现代旅游中散客旅游发展迅速，旅游者的选择灵活多样，科学合理的地名可对旅游资源进行定位，也方便旅游者。其次，地名是很好的旅游吸引物，在吸引旅游者方面发挥了或大或小的作用。

（2）地名凝聚了当地的历史文化

地名形成以后，一些地名呈现出很强的稳定性，当所指示的地理实体发生了变化后，地名还一直沿用；一些地名则由于历史事件或地理环境本身发生的变化而改变。不管变化与否，地名都是历史的产物，见证了历史的变化，凝聚了当地的历史文化。地名真实地记录了人类文化的发展、民族的变迁与融合、自然环境的变化，含有丰富的历史、地理、语言、经济、民族、社会等要素，是一种特殊的文化现象，是记录人类历史的活化石[5]。周尚意通过地名，对元明时期的老北京城进行了复原，正是利用了地名的这一特点。

（3）地名增加了旅游审美感

旅游活动中，地名活跃了旅游者的思维，或怀古、或想象，如桂林市就有大量的自然景观地名，惟妙惟肖，给旅游增加了无限乐趣。赵振宇将地名的审美作用总结为深化审美感知、启发审美联想、强化旅游审美想象[6]三个方面。

（4）地名增加了文化亲和性

地名可以吸引旅游者，具有审美意义，它是一种旅游资源，这是毋庸置疑的。地名，尤其是古地名，如北京、西安的地名彰显了古都的风采，通过地名感受到城市深厚的历史文化底蕴。作为文化遗产的地名，具有彰显城市特色，提升城市可识别度的作用，同时也为城市精神文明建设营造一种文化空间，有利于城市文化的传承[7]。对旅游地的地名进行分析，挖掘其中的内涵，加以开发利用，可以丰富旅游的内涵，扩大旅游竞争力。

7.1.2 地名资源开发利用中的几个关系

地名资源的旅游开发主要是以地名为对象，从地名的形成、变化规律、文化内涵及规划管理等方面发掘、改善和提高旅游资源吸引力的活动，以形塑、提高旅游目的地的形象。

1. 地名的形成、变化规律与旅游开发

首先，地名的形成是对当地地理环境的反映，与当地政治、历史、文化、民族、宗教、语言等都有密切关系，简言之，地名是地域文化的一个缩影。其次，地名的变化反映了地理环境或社会环境的变化，通过对地名的形成规律及变化规律的总结可以为旅游地名的命名提供依据，以保证旅游地名的科学性并体现地域特色，旅游各个环节可以从中挖掘一些能为之所用的东西。古地名在历史上形成并被使用过，包括沿用下来的和消失的地名，凝聚了区域的历史文化，是地名文化开发的宝库，应在保持地名连续性的基础上，适当地恢复和重新启用一些历史文化价值深厚的古地名。特别是还在使用的老地名，保留下来或经过雅化的老地名自有其存在的理由[8]。对于现今的地名，也要做好规范工作，服务于旅游业。

2. 地名文化与旅游开发

地名文化属于文化旅游资源，但又不同于一般的文化资源。地名文化开发的形式有限，现在较多的是对地名文化进行挖掘，大多仅仅应用于地名的命名及更名上，因此地名文化的开发形式还有待进一步扩展，展示方式也有待改进。实际上，地名文化应用的范围可以更加宽泛，涉及旅游中的食、住、行、游、购、娱各个环节。如在公路建设中，对这些地名进行挖掘与利用，不仅可最大限度地反映地方文化，增强当地居民的自豪感，促进地方特色的保持与建设，有利于保护乡土文化，而且对于增加游客兴致，提高旅游吸引力也大有益处[9]。

3. 地名管理与旅游

地名管理工作统一于民政部门，具体工作包括地名的命名更名、地名标志的设置、数字地名以及电子地图的绘制等，是一项综合性的工作。旅游目的地的地名旅游开发以及地名的日常管理都要通过地名管理部门予以落实。地名管理工作的成果关系到旅游活动开展，地名资源的开发与地名管理工作的改进二者应该相辅相成。

7.1.3　桂林市地名旅游资源开发利用途径

桂林市旅游业发展比较早，旅游资源开发已趋于成熟，如何延长旅游资源的生命周期是一个迫切需要关注的问题。地名能应用于旅游的各个环节，地名旅游资源的开发是对旅游资源内涵的扩展和升华，不仅给地名与旅游的研究成果提供了理论上的支持，也能给老牌旅游城市带来了新的发展机遇。

1. 城镇规划中的地名旅游资源利用

城市规划是一个综合性的工作，由许多专题规划组成，地名规划为其中的一部分。地名是一个地方的名片，展示了本地的自然和人文资源，关乎旅游地的形象与定位，有什么样的地名就有什么样的旅游。近年来，在许多城市中，特别是在城市新开发的地区存在着以其他城市名来命名本市街道的现象，这种命名方式反映不出地域文化，在实践中不宜推广。城市地名规划应该从自然资源和人文资源特点出发，探讨具有地域特色的地名系统，反映出区域的时空特性，让人耳目一新。桂林作为自然资源和历史文化资源丰富的城市，在地名上得到了充分体现，如市辖的秀峰区、象山区、七星区、叠彩区、雁山区 5 个区，皆以辖区内的山（峰）命名，方便人们区别及记忆，也为旅游者提供了方便；通往景区有芦笛路、七星路、穿山路、叠彩路、榕湖北路、杉湖北路等，起到引导旅游者的作用，为无声的向导；解放路、中山路体现的是革命文化；点状地名中除各个景点外，还有体现古代手工业文化的瓦窑以及体现驿站文化的三里店、五里店、七里店等，桂林除了优美的自然山水，还有文化底蕴深厚的地名。

2. 餐饮美食中的地名旅游资源利用

民以食为天，游客在休闲观光的同时希望品尝当地的特色美食，旅游城市正是一个汇集地方美食的地方，地名在旅游餐饮业中的开发及利用可使地方性元素加入饮食文化，体现地域特色。

一是在菜名上的开发。中国地域宽广，历史悠久，形成众多具有地域特色的地方菜系，大而言之有八大菜系，八大菜系之外也存在无数地方美食，这些美食产生于一定地域，自形成就与地名密不可分，如北京烤鸭、宣威火腿等，若脱离了地名，这些美食也就失去了地域价值。桂林亦如此。由于地理环境和饮食习惯的差异，形成了许多具有地域特色的饮食，展示了桂林的文化。如因桂林漓江形成的系列菜名有漓江鱼、漓江螺、漓江虾等；在下辖的 10 个县及荔浦市中，各地都有特色饮食，如全州禾花鱼、恭城油茶、荔浦芋头等，最具代表意义的是桂林米粉，有的在古代为宫廷贡品，这些都是以地名为基础而命名的特色饮食。

二是餐饮服务设施命名与地名资源。游客不仅品尝味道，饮食质量也很重要。就餐的环境同样重要，一些餐饮业在包间的命名上也突破了以数字命名的方式，起名或美愿，或吉祥，给就餐增添了乐趣和喜庆。地名在餐饮服务设施中也有利用的空间，桂林有“漓江人”“桂林人”等比较有地方特色的餐馆，如果“漓江人”采用漓江系列地名命名包间：水落村、草坪、冠岩、杨堤、苹果山、兴坪、天水寨；“桂林人”则可以采取七星、象山、伏波、叠彩、漓江等地名来命名包间，游客在品尝美食的同时似乎置身山水之间，一定别有一番情趣。

3. 纪念品设计中的地名旅游资源利用

旅游纪念品是集中体现地域文化的商品，在旅游纪念品中如何开发地名资源，增加旅游纪念品的价值，是一个值得探讨的问题。经过多年开发，桂林旅游纪念品形成了比较齐全的种类，桂林三宝、纪念衫、工艺品等，但其中不少纪念品还缺少名称，或名称过于简单。首先，旅游纪念品在名称上加上地名元素，地名可以是政区名，也可以是山、水、湖等地名，加之可体现出浓郁的地方特色，提高商品的意境，使纪念品更具纪念价值。其次，树立原产地意识，为比较有特色的旅游纪念品注册商标，不仅是保护地理标志，也给旅游纪念品增加了文化内涵。

4. 景点、景区设计中的地名旅游资源利用

景点作为旅游的直接载体，一个恰当的地名不仅在旅游中可以起到指示的作用，而且可以强化旅游景点形象，使旅游者易于记忆。景点地名在整体上反映了景区的整体情况，景区地名较之一般的地名更形象易记，具有艺术性，应直接体现景区的特性。新开发景区在地名上应该立足当地已有的地名，结合地方特色产品，从本地地名文化中汲取有用的东西，突出地方特色、资源特色，在此基础上形成的地名具有不可复制性，可成为一种品牌。反之，景区不经过调查论证随意命名、更名是一种不科学的行为，将产生不良效果。

桂林自然景观和历史文化景区较多，其中自然旅游资源多以象形描述为主，如象鼻山、叠彩山、骆驼峰、穿山等，漓江之上的景点也是如此，地名

恰如其分，给自然景观增加了意境。世外桃源景区是依据陶渊明所描述的地理环境而选址开发的，这一景区的地名在其中起到了画龙点睛的作用，是景区的灵魂。

5. 古景复原、开发中的地名旅游资源利用

古人留意到各地各季节的景色，在地名的基础上命名了各种景观，常见的有八景、十景等。清代桂林画家朱树德在《桂林八景题记》中记载了桂林八景：桂岭晴岚、訾洲烟雨、东渡春澜、西峰夕照、尧山冬雪、舜洞熏风、青碧上方、栖霞真境；在关中地区有关中八景：华岳仙掌、骊山晚照、灞柳风雪、曲江流饮、雁塔晨钟、咸阳古渡、草堂烟雾、太白积雪；著名的西湖则有十景：苏堤春晓、曲院风荷、平湖秋月、断桥残雪、花港观鱼、柳浪闻莺、雷峰夕照、双峰插云、南屏晚钟、三潭印月。这些景观名称的一个明显特点就是以地名为基础，经过文人修饰增添了景观意境，得到了广泛流传，闻名于世。由于历史、地理等因素的变化，一些景观因存在的条件消失而消失了，如“尧山冬雪”由于气候条件变化，现在尧山下雪并不常见，是地理因素；“东渡春澜”由于交通条件的改善而拆除了浮桥，景观消失，是历史因素。这些客观的原因，使得曾经备受青睐的古景逐渐淡出人们的视野，然而，这些古景是重要的旅游资源，相关部门应在原有地名基础上加强对古景的保护、开发以及宣传，这是树立旅游地形象的重要手段。

7.1.4 小结

如前所述，地名贯穿了旅游的全过程，旅游系统之下存在一个旅游地名系统，构成了从旅游客源地到旅游目的地再回到客源地的整个过程，景区内地名由景点地名、旅游交通地名及地名标志构成。地名可以吸引旅游者，在旅游活动中起到导向作用，增加旅游审美，旅游地名系统建设可以促进旅游业的发展。旅游地名系统由片状地名、线状地名、点状地名构成，在地名系统建设上应主要把握三个方面的要求：一是地名的命名要科学、尊重历史。国内一些地方为扩大旅游吸引力纷纷在地名上做文章，以区域内的名胜为名，如黄山市、九寨沟县等，其中有成功的，也有带来一些问题的。改名要进行充分论证，从旅游地名系统上说，一定要保证片状地名的正确导向作用，并且体现出资源的特色。二是旅游地名系统应该从散客旅游角度进行设计，即

点、线、面的组合和衔接应该成为一个体系，做到以人为本。三是地名相关的设施建设要到位，做到美观、实用，景区中的地名标志、指路牌，有条件的可以做电子触摸屏道路系统等，景区外的指路牌要有足够的数量，充分发挥地名系统的导向作用。

7.2　桂林市景区景点地名资源开发现状研究

地名作为重要的社会公共信息，在人们日常生产生活、社会治理、经济发展、文化传承、国防建设和外交等方面发挥着重要作用。同时作为一种地理实体符号，地名承载着一个地区的自然地理、历史文化和社会发展等多方面的信息，是一种具有深刻内涵的文化印记，与旅游活动息息相关[10–11]。目前国内的地名研究主要聚焦于地名文化、地名管理等方面，以景区地名资源为主的研究甚少。有学者认为，地名作为地域独特的一种文化现象，在文化旅游开发中有着举足轻重的地位，对理解文化现象、了解文化特征、体会文化活动、感悟文化内涵有重要作用，具有激发旅游兴趣、标示旅游特色、增强旅游体验的功能，是旅游活动产生的前提[12–13]，旅游六要素都离不开地名穿针引线的作用[2]。地名文化包括地理实体和地名语词两个方面，地名文化的开发能丰富当地旅游资源，提升旅游品位[14–15]，合理利用地名可带来经济效益和社会效益，促进旅游业发展[10]。

桂林市是一座以旅游业为主要支柱的城市，自然与文化资源丰厚，其地名随着时间的流逝饱含人文记忆，充满桂林的地域文化特色。结合景区的地理位置、知名度、典型性和调研的可行性，本书选取了桂林市区的独秀峰·王城景区、两江四湖·象山景区、七星景区、西山景区、刘三姐大观园等旅游景区和东西巷、正阳步行街等著名旅游景点作为本节地名资源开发现状的研究对象，在城镇建设、餐饮美食、旅游纪念品及景区内景点设计等方面对桂林市景区地名资源开发现状进行分析，并提出相应的对策。

7.2.1　桂林市景区景点地名文化价值解读

桂林市景区景点众多，其地名体现着桂林的自然风光特性和人文精神内涵，是桂林地域文化特色的集中体现。景区景点地名具有旅游导向、符号象征、地域氛围营造等多元旅游功能，是旅游中值得深入挖掘和利用的资源。

1. 文化传承功能

地名是社会历史发展的产物，反映不同历史时期的历史事件、人物的时代特征，体现着各个历史时期的时代精神，可从一些历史地名中找到人类社会与自然演变历史的投影[16]。桂林市历史底蕴深厚的景区景点地名大多是古地名的沿用，其历经岁月的沉淀，蕴含着深厚的历史文化内涵，如七星山在嘉庆《临桂县志》中载："七峰巑岏，骞空摩天，状如弹丸。布散连络，总会其数，宛若天象，故土俗又号'七星山'。"因风景秀丽，七星山早在隋唐时期便已被开辟为风景游览区，并修建月牙楼、听月阁、栖霞寺、花桥、龙隐桥等建筑，古往今来给众多文人墨客提供墨香素材，赋予景区深厚的历史文化底蕴。以纪念为主题的景区景点地名大多反映纪念主题的相关事件、人物或传达一定的主题精神，如兴安县红军长征突破湘江纪念公园、刘三姐大观园中的莫府大宅、阿牛家、瑶族长鼓等景点。

2. 代表性符号功能

地名是地理实体的代表性语言符号，是地理实体故事展开的主题。景区景点地名不仅从功能上展示了地方的旅游资源，还从形象上宣传城市的自然美景和历史人文特色，部分代表性景点甚至可作为城徽或地方的名片，如北京故宫、湖南张家界等。桂林景区景点同样如此，如桂林城徽象鼻山已是世界闻名的景点之一，象鼻山与桂林相伴相生，不可分割。此外，漓江、靖江王府、两江四湖等景点也是桂林对外宣传时常用的地名，游客通过他人的口口相传或景区的宣传广告慕名而来。所以说景区景点的代表性符号作用不仅可以方便游客认识桂林、记录桂林，还可以在城市宣传时起到重要作用，为桂林的旅游事业发展作出贡献，带来社会效益和经济效益。

3. 旅游导向功能

导向功能是地名的基本功能，不仅表现在对地理位置的引导定位上，还表现在旅游目标的确定上，如象鼻山是山体旅游资源，靖江王府是历史文化资源等，游客可基于景区景点地名所彰显的资源类型对旅游目的地进行选择。景区景点地名与其他地名的主要区别表现在其特殊的旅游吸引功能上，在进行旅游活动之前，游客都要进行旅游目的地的选择，所以旅游景区的名称必须尽可能地把景区内最主要的旅游资源及景区所在位置表现出来，以吸引、引导游客，方便游客定位景点、明确方位、规划旅游线路等。

4. 增加旅游审美功能

地名可以深化审美感知、启发审美联想、强化旅游审美想象[6]。好的景区景点地名在体现景区景点主要旅游资源的同时还能画龙点睛，给旅游者增添审美感受。在旅游活动中，地名可以引导旅游者的思维，加强旅游审美，如地名象鼻山引导游客想象山的形状就如同大象在河边饮水。桂林自然景观类景区景点居多，其地名多以象形描述为主，如叠彩山、骆驼峰、穿山、九马画山等，恰如其分地为自然景观增添了意境，引领游客进入无限遐想。

7.2.2　桂林市景区景点地名资源利用现状

1. 城镇建设中的景区景点地名运用

城镇建设是一项综合性的工作，由许多专题规划组成，地名规划为其中的一部分。政区方面，桂林市辖的 6 个区多以辖区内的著名山峰命名，秀峰区得名于独秀峰，象山区得名于象鼻山，七星区得名于七星山，叠彩区得名于叠彩山，雁山区得名于辖区内的山岭组合起来好似展翅高飞的大雁。宅建方面，景区景点地名的运用更为明显，如七星区的望月公寓、栖霞酒店等建筑地名与七星景区内景点密切相关；附近的龙隐小区、辅星苑、朗星阁、星光公寓等与七星景区地名所蕴含的天象星宿有关；秀峰翠苑、秀峰庭院等与独秀峰有关；西山公寓位于西山公园附近；象山苑、桂林象山公寓等与象山公园相关；訾洲花园与訾洲公园相关；榕湖饭店、杉湖大酒店、伏波大酒店等建筑的命名均与两江四湖·象山景区有关；等等。这些建筑地名、小区地名的命名广泛采词于景区景点地名，较好地反映了地域的文化特色。道路命名方面，桂林市区的七星路、龙隐路、栖霞路、普陀路等道路名称与七星景区密切相关，西山路与西山景区相关，叠彩路、象山南路、龙珠路等道路与两江四湖·象山景区有关等。道路名称采用景区地名要素，一方面可以引导旅游者，起到明确的导向作用；另一方面增加了城市道路的文化内涵，提升旅游者对城市的审美感知。

2. 餐饮美食中的景区景点地名运用

中国美食文化源远流长，自形成之日起就烙上了地域的印记，并将地名融入菜名之中，如北京烤鸭、山东杂粮煎饼、重庆火锅等，若脱离了地名，这些美食也就失去了地域价值。桂林较有特色的美食有桂林米粉、阳朔啤酒鱼、漓江鱼、全州醋血鸭、恭城油茶等，地名与餐饮文化交相辉映，形成了地方美食品牌，彰显地方美食特色。可以看出，这些美食大多冠以区域地名，形成地域美食特色，而冠以景区景点地名的美食较少，大多是餐饮位置的冠名，如象山米粉、老东江米粉、王城醋血鸭等。冠以景点地名明确了位置，提升了地名的地域文化内涵，有利于推广与宣传。

3. 旅游纪念品中的景区景点地名运用

旅游活动中游客希望购买到具有地方特色的旅游纪念品，如故宫纪念币、西安旅游纪念马甲等。桂林旅游发展趋于成熟，同时推出了不同种类的纪念品，如桂林三宝、桂林文化纪念衫、桂林山水画等，其名称上大多冠有地名"桂林"，表明纪念品出处。如果说城市纪念品是对城市文化及城市风景的浓缩，那景区纪念品则表达的是景区的文化精神，表现的是景区的景观特色，命名上冠的是景区景点地名。桂林市的景区在旅游纪念品创意方面总体表现欠佳，景区内纪念品商店所出售的旅游纪念品大同小异，较有特色的景区纪念品寥寥无几，且大多纪念品没有专属名称，地名在其中的运用也较少，地名与纪念品并未实现创意融合，而是较为粗糙地将地名与产品类属结合起来，如漓江山水画、象山景区大象工艺品、木龙湖永福罗汉果等，很少体现景区的特色文化。

4. 景区景点的地名资源开发

旅游者的文化感知一部分来源于景区景点名称，但有些景区景点的名称是没有经过设计和思考的，甚至是随便命名的，不利于充分展现景区文化。如七星景区因普陀山与月牙山的七座山峰连起来像北斗七星而得名，这七座山峰以天枢、天璇、天玑、天权、玉衡、开阳、瑶光来命名，体现了星宿文化与山水文化的结合，但景区并未对北斗七星的文化进行诠释或深化。现在很多景区为扩大客源，倾向于往综合性景区发展，没有深度挖掘本景区的特色旅游资源，一味地跟随潮流开发各种娱乐设施，从而使很多景区的景点慢慢趋同，失去了自身特色。

7.2.3 桂林市景区景点地名资源利用存在的问题

1. 地名保护与开发意识不强

景区景点地名与各产业的融合一方面有利于提升知名度，扩大影响力，带动地方经济发展；另一方面有利于营造良好的旅游城市氛围，提升城市的旅游质感和游客的旅游体验。从调查情况来看，对于地名资源仅停留在浅层认知上，并未认识到地名是一种文化资源。目前桂林市景区景点地名与建筑业、交通运输业、住宿业等联系密切，是桂林旅游城市特色的一部分，但与餐饮业、生产制造业等的融合还不够深入。

2. 地名资源开发力度不足

在运用范围上，桂林市地名资源的运用大多是知名景区景点地名，小众景区景点地名的开发利用程度不高。在运用形式上，桂林市作为老牌旅游城市，在行政区、道路、社区、建筑等地名的命名上较明显地采用了景区景点的地名语词内容，营造了较好的旅游城市形象。在美食创意、旅游纪念品开发上，景区景点地名资源的开发运用甚少。因此，在创意经济的时代背景下，桂林市的旅游产品创新有待提高。地名是地理实体的代名词，四川文创乐山宝塔雪糕是以乐山宝塔实体为原型创作的雪糕样式，采用其样式来源地名的语词要素命名。同样，桂林在旅游创意产品上可以选取景区景点地名的语词要素和地理实体景观文化等要素，摸索出系列地名资源利用经验与模式，丰富旅游产品种类与内容，促进旅游业高质量发展。

3. 地名管理专业人才不足

地名管理工作归属于民政部门，其负责辖区地名管理，包括景区地名的管理。在实际工作中，地名管理部门的工作范围比较宽泛，对于景区景点地名资源的规范利用监管尚不全面，出现了一些景点地名重复、不规范等现象，不利于国际旅游城市氛围的营造。从地名管理人员专业素质来看，景区景点地名管理人员大多不具备地名专业知识背景，对地名管理工作认识不高、了解不深。因此，提升景区的品质与文化氛围，不仅要在地名规划与管理方面下功夫，还需要具备地名规划与管理综合素质的人才。

7.2.4 桂林市景区景点地名资源开发对策

1. 重视地名旅游资源的开发及利用

地名文化的保护及利用虽然日渐得到政府及相关管理者的重视，但尚未将地名旅游资源的开发及利用提升到一定高度，旅游景区亦是如此。桂林的旅游业发展较早，在文旅融合背景下，旅游发展可转向文化的深入挖掘和利用。政府层面上，应把对景区景点地名旅游资源的开发利用作为文化氛围与内涵呈现的重点，规范桂林市景区地名管理，排查不科学的景区及景点地名，对景区的地名资源进行规划整合，努力将桂林市景区地名特色打造成桂林市旅游的一大亮点。景区层面上，应结合地名资源特色和市场需求，遵循地名规划原则，配合有关部门的要求，挖掘地名的历史文化内涵。企业层面上，要认识到地名相当于地域文化的商标，不仅是位置标志，更代表着地域特色文化，因此，要大力挖掘地名所隐藏的资源价值，并进行合理利用，从而提升旅游产品的丰度和创意。

2. 加强地名文化的保护与传承

一方面，重视优秀传统地名的保护，景区管理人员应慎重对待景区名称的命名或更改，政府有关部门也应重视景区名称的命名或更改的申请，出台相关规定保护景区地名文化，弘扬优秀地名文化；另一方面，地名文化应该在继承中创新，在创新中发展，景区景点地名规划需在本土地名文化中提取要素，将新地名与古地名有机衔接，不断扩充原有地名文化体系。对地名资源开发利用时，应秉承“深入挖掘，传承文化”的理念，挖掘地名故事，提取优良地名要素，融合其他旅游资源，实现地名资源的创造性转化和创新性发展，如与七星公园隔江相望的“桂林望月庭院客栈”与公园内的“揽月亭、伴月亭”相衬，有效借景点之名提升客栈的文化韵味，形成具有历史文化内涵的形象。此外，地名文化的传承应与地名文化宣传工作相结合，在宣传过程中普及景区景点地名文化知识，培养大众对地名文化保护与传承的意识，增强大众对地名文化的认同，夯实地名文化保护的群众基础。

3. 内外协调，系统推进地名资源开发

地名在一定程度上是品牌形象的语言符号，是旅游品牌向外推介的凭证。景区景点地名资源的开发可多方面、多资源进行协调，综合提升区域的旅游品位。景区景点地名与其他名称融合时需注重专名语词要素的提取和通名的规范化，遵循城市管理的秩序与规则。

景区景点地名资源的开发利用是系统性工作。城镇建设、交通规划、纪念品设计、美食名称构思以及景区景点的地名策划都应形成层级分明、脉络清晰的地名系统，需遵循地名的管理规则，尊重地名本身的文化内涵，符合社会习惯，形成系统、稳定、可控的景区景点地名资源开发框架，促进各部门工作有机衔接。

4. 提升人员专业素质，加强景区地名管理工作

景区景点地名规划与管理工作不仅是景区内的工作，还涉及城建、交通、旅游、住建等社会许多管理部门，管理工作难度较大。要推进桂林市景区地名的规划管理工作，创新性开发景区景点地名资源，培养高素质的专业人才队伍是关键。一是要积极引进和培养具备地名相关知识、技能的复合型人才，提高人才队伍的专业素质。二是要建立科学完善的人员管理制度，提高工作人员的积极性，为地名管理的顺利开展提供智力支持。

参考文献：

[1]尹钧科．略论地名在旅游中的作用和价值［J］. 测绘科学动态，1993（3）：21.

[2]文朋陵，晓畅．旅游地名的功能分析［J］. 中国地名，1999（4）：14-15.

[3]许宗元．旅游地市行政地名命名的思考［J］. 旅游科学，2002（2）：23-24.

[4]景应忠．“夜郎古国”属于谁［N］. 中国民族报，2003-09-30.

[5]郭清霞，陈文．武汉地名文化资源旅游价值的发掘利用［J］. 湖北大学学报（哲学社会科学版），2006（5）：585.

[6]赵振宇．地名与旅游［J］. 商场现代化，2007（29）：203.

[7]王长松．地名非物质文化遗产特征［J］. 中国地名，2007（12）：77.

[8]胡阿祥．老地名是古都的历史文化遗产与现代旅游资源：以“南京十佳老地名”为例的分析［J］. 上海城市管理职业技术学院学报，2006（2）：10-13.

［9］陈学平，詹勇，章征春．论旅游公路建设中地名文化资源的挖掘利用［J］．交通标准化，2008（10）：132.

［10］王荣，何彤慧，吴宏岐．地名文化景观与地名资源开发、管理研究：基于宁夏和岭南地区地名的讨论［M］．北京：中国社会出版社，2016.

［11］王荣，刘影，许意如．旅游地名研究理论体系建构研究［J］．干旱区资源与环境，2021，35（8）：167–174.

［12］王艳辉，袁书琪，黄阿琼．福州“三坊七巷”地名资源的旅游价值及开发探讨［J］．资源开发与市场，2009.

［13］韩海龙，窦立毅．南通地名中的盐文化信息及旅游功能分析［J］．福建茶叶，2020，42（3）：131–132.

［14］刘保全，李炳尧，宋久成，等．地名文化遗产概论［M］．北京：中国社会出版社，2011：32–37.

［15］李琛．西安地名文化的旅游价值及开发初探［J］．语文学刊，2015（24）：86–88.

［16］蓝春柳．南宁市城市地名特征与发展演化研究［D］．南宁：广西师范学院，2015.

第8章　旅游地名管理研究

8.1　旅游景区地名管理现状与提升路径研究

近年来，地名管理受到国家和社会的广泛关注与重视：2014年7月—2018年6月开展了第二次全国地名普查；《人民日报》中设置地名专栏发文指出，好的地名代表好的文化；央视《焦点访谈》提到地名要让人记住“乡愁”；2018年底，民政部、公安部等六部门发布的《关于进一步清理整治不规范地名的通知》中要求对居民区、大型建筑物和道路、街巷等地名中存在的“大、洋、怪、重”等不规范地名进行规范化、标准化处理。地名作为一个区域的名片，具有旅游资源价值、对外宣传价值、地理导向价值、文化符号价值等，游客通过地名可以了解当地的自然环境和人文风情。旅游景区地名是自然和人文资源的典型代表，有序的景区地名管理不仅可为旅游活动提供便利，也可以传承景区文化，展现景区文化底蕴，是景区管理中不可忽略的部分。

目前，学界对旅游景区地名管理的关注，主要集中在景区地名管理的重要性上。有学者提出，一般的地名管理是服务于社会，为人民提供便利的，而景区地名管理不仅可以为社会、游客提供方便，还承载着景区的文化内涵、便于游客记忆，能促进景区旅游业的发展[1]。若一个旅游景区或旅游项目的地名无法被清晰地认识，游客连最基本的地名都不会读或读错，又如何能对景区文化进行传播呢[2]？当前对于如何管理景区地名的研究鲜有涉及，本章选择资源丰富、历史悠久和管理较为成熟的桂林七星景区作为研究对象，引用地名学相关理论，通过实地调查和访谈法分析景区地名管理现状，发现景区地名管理存在的问题并提出有针对性的建议，以期为国内其他景区的地名管理提供启示，丰富旅游地名研究理论体系的研究内容[3]。

8.1.1 地名管理与景区地名管理

地名管理是指地名机构以地名为对象，以地名工作法规和技术规范为依据，运用行政手段和专业技术，对社会一切组织、个人管理和使用地名的行为进行组织、协调与引导的过程，以及为推进和实现地名标准化而开展的各项活动[4]。地名管理的相关研究包括地名公共管理、城市地名管理、地名资源管理、景区地名管理等方面。当下，我国地名管理工作总体上仍停留在命名、更名和推动地名规范化的水平上[5]。有学者归纳总结了地名管理的范围和内容，主要包括地名命名与更名、各类地名的标准化、地名资料更新与年报、统一地名译写、地名档案资料工作、信息系统管理和地名标志的建立与维护等[6]。结合上述分析，景区地名管理是以景区范围为管理界线，由景区管理处对景区地名进行命名与更名、景区地名标准化制定、地名译写标准化制定、地名标志建设与管理及地名档案管理等方面进行规范化的过程，从而进一步明确地名意义及内涵，实现景区地名资源合理利用和景区系统化管理，弘扬景区文化内涵，为游客提供便利化服务，促进景区可持续发展。

8.1.2 桂林七星景区地名概况

桂林七星景区位于广西壮族自治区桂林市七星区，占地面积 137.4 公顷，是桂林市面积最大、景致最多最集中的综合性景区，是桂林山水与文化的缩影。桂林七星景区原名桂林七星公园，于 2004 年更名为现名，管理机构为桂林市七星景区管理处。桂林七星景区中的“七星”代表的是景区内的 7 座山峰，即普陀山天枢、天璇、天玑、天权 4 座山峰与月牙山玉衡、开阳、瑶光 3 座山峰，7 个山尖几乎在一个水平线上，如同天上的北斗七星，因此得名“七星”。桂林七星景区内各景点地名根据命名依据可划分为如下 5 种类型。

一是根据动植物命名。桂林七星景区根据动物命名的主要有龙隐岩、白鹤洞。根据植物命名的有花桥、丹桂岩、香枫广场等，如花桥因桥畔繁花似锦，小桥掩映于“满溪流水半溪花”之中而得名；丹桂岩因种有丹桂树而得名，反映了桂林植物的地域特色。

二是根据形状特征命名。骆驼山、月牙山、辅星山、小广寒、天柱芙蓉等皆因形状而得名。骆驼山因看起来像一只蹲在地上的骆驼，又像一只古代的酒壶，因而得名骆驼山、壶山或酒壶山；月牙山则因山腰上的岩石如同一轮新月而得名。

三是地名派生。这种情况表现为一个地名派生出系列地名，形成地名群。如七星岩因景区内的七星山而得名；伴月亭、月牙楼因月牙山而得名；栖霞寺、栖霞亭因栖霞洞而得名；普陀岩、普陀精舍、普陀山门、普陀石林源于普陀山；龙隐岩与龙隐洞同源。

四是根据文化心态命名，如“华夏之光”广场的含义是华夏民族的文明光环，世纪宝鼎象征着国泰民安，乐水瀑布有“仁者乐山，智者乐水”之意，逍遥亭则是心态的写照。

五是根据主题命名。桂海碑林、七星景区攀岩场、七星欢乐园·镭神 CS 野战营、三将军墓、八百壮士墓、陈光烈士墓、生态园、杜鹃园、银杏林、桂林动物园等是根据项目的主题情况来命名的，反映了桂林旅游资源丰富，体现了桂林七星景区的综合性特点。

综上所述，桂林七星景区景点地名类型丰富，命名方式多样，体现了桂林独特的资源和环境特色。其中古地名承载了深厚的历史文化内涵，是景区的重要资源。新景点地名内容多样，在名称上可以进一步论证和完善。地名资源开发以及新景点地名的命名需从地名管理的角度来考察，以便得到有针对性的建议，促进景区地名的标准化、系统化和意义明确化。

8.1.3　景区地名管理现状分析

1. 景区地名管理体制

根据《地名管理条例》的规定，景区地名管理的主体应该和其他地名管理的主体一样，属于民政部门管理，但目前对于绝大多数景区来说，地名管理工作落实还比较困难。除了地标性的地名外，景区内的其他地名一般由景区进行管理。桂林七星景区由桂林市旅游发展总公司管理，景区的管理机构为桂林市七星景区管理处，其内部小景点的地名主要由景区管理处进行命名和更名。一些项目景点如攀岩场、镭神 CS 野战营等是外包给其他公司运营的，命名的主体则是相关公司，管理仍由景区负责。通过实地调查和对景区管理人员的访谈，了解到桂林七星景区尚未建立相应的地名管理制度，如“乐水瀑布”是在其建设完成之后，为了让景区内管理人员对该景点有一个统一的称呼而命名的，事先并未有相应的命名研究与管理。

2. 景区地名标准化

景区地名标准化主要是指相应地名命名与更名要走标准程序，地名书写、拼音和外文译写要符合标准。“桂林七星景区”这一地名在命名和更名时通过了相应程序，于2004年由“桂林七星公园”更名而来，经过民政部门审核，景区相关证书如景区经营许可证、景区标牌等上面的名称也进行了相应修改，更名履行了法定批准程序。从读音和书写来看符合正字正音，地名含义健康，不重名，符合地名标准化的相关要求。部分重要小景点名称如“桂海碑林”“七星洞天”“龙隐灵迹”等是在广泛征求社会各界意见后审定、正式发布使用的。也有部分景点地名如“乐水瀑布”则没有按照地名标准化程序进行命名，而是景区内部为了方便管理而命名的。

3. 地名标志管理状况

地名标志是指展示地名的实体标识，是展现地名文化的重要媒介，桂林七星景区内的地名标志有景区徽标、指示牌等。景区徽标方面，桂林七星景区的徽标是由7个卡通人像围成的圈，分别代表7座山，寓意7座山如天上的北斗七星，并在徽标中出现“桂林七星景区”的地名标识，便于游客辨识和景区管理。景区指示牌方面，景区内指示牌有30余个，按照景区地名标志的造型可以分为标牌式、匾额式、建筑式、碑碣式和解说牌。标牌式的表现形式有柱式指示牌、竖式指示牌、距离提示牌、温馨提示牌等，此类标牌上一般都含有地名与方向的提示，多数标牌还有地名的英韩等外文译文。此外，解说牌也属于标牌类型，其是对某景点或某人物的介绍，由木质、石质、塑料等材料制成，字体为正楷、行楷，如骆驼山的解说牌是由木质材料围成框，框内含有景点地名及其解说。匾额式主要是景区内的亭台楼阁，多用木质油漆匾，牌上字体为正楷、行楷，字体颜色和匾的颜色不同，如月牙楼、小广寒、栖霞亭、玄武阁、摘星亭、博望亭、襟江阁、纪忠亭等。建筑式是采用建筑手法，运用石质、木质、钢质等材料，建造人物、动物或其他相关模型，模型旁有该地名的名称、读音、含义、来由等情况说明。碑碣式主要是在自然实体或古迹位置用石质碑碣造型，刻有地名名称、读音、含义、相关概况等，如三将军墓、八百壮士墓等。

8.1.4　景区地名管理中存在的问题

景区地名管理要遵循地名管理基本规律，履行地名管理的基本职责，同时还要与景区旅游属性结合起来，即地名管理要服务于旅游、服务于游客，充分体现景区的文化内涵和主题。桂林七星景区在地名管理方面作了很多有益的尝试，如对地名标志牌进行了多种风格的设计，为游客提供了便利，增加了旅游审美感知。同时，通过调查和访谈，也发现一些景区地名管理的普遍性问题，如不及时整改，一定程度上影响地名价值的发挥。

1. 对景区地名管理重要性认识不足

发挥地名资源的价值需从景区地名管理的各个环节着手，但在实际管理中对于这一重要性认识尚有不足。如在地名标志牌日常管理方面，存在方向距离牌严重缺乏、标志牌老化和景区徽标褪色严重的情况。在地名翻译方面，绝大部分景区的地名翻译自景区成立便沿用至今，翻译中的问题一般在游客指出错误的情况下才进行更改和完善。在制度建设方面，尚未建立地名管理制度，也未制订地名规划，景点命名和更名缺少制度保障。

2. 地名文化传承脱离景区文化

景区地名管理要与地名文化传承相结合[5]，传统地名容易记忆，在历史演变中沉淀下来，具有稳定性，能体现景区的历史地域文化特征。部分新的景点命名简单、直接，且缺乏考察和专家论证，缺少文化内涵，与景区整体文化脱节。

3. 旅游功能不够完善

目前，景区的地名管理能满足基本的旅游活动需求，但审美感知与文化内涵等方面还需进一步加强，需提升景区地名的展示美感，强化服务功能、传承功能、记忆功能和教育功能。

8.1.5　景区地名管理的提升路径

景区地名不仅是景区实体的称号，更代表了景区的特色、风格与文化内涵，高质量的景区地名管理可以提升景区的品质，强化景区风格特色，促进旅游业的发展。针对当前问题，应通过程序和制度保障，探索以地名标志为抓手，以文化为引领的景区地名管理提升路径，完善景区管理制度。

（1）建立景区与民政部门地名协同管理机制。确立民政部门地名管理的主体地位，强化民政部门景区地名管理的指导力度，两者协同管理，从而可以避免景区内部为了盈利或提高景区地名的商业价值而滥用景区地名，导致地名文化丢失现象的发生[7]。设立景区地名管理部门或景区地名管理小组，理顺景区地名管理体制[8]，建立地名管理的相关规章制度，以便于景区在进行大小景点地名标志设置和管理、地名标准化、地名命名与变更方面有法可循，使景区地名管理规范化、合理化。

（2）严格执行地名标准化程序，使地名管理科学化。重视景区的地名标准化工作，特别是小景点地名的命名和变更应严格遵循地名标准化相关条例和程序，做到地名汉字书写规范，外文翻译、书写准确，要注意避免一名多意、重名或一地多名等现象。地名的翻译更应注重传承和保护景区地名文化价值，注重表达地名所传达的意境与内涵。

（3）规范命名与更名，发挥景区地名的传承、教育和示范作用。新增景点的命名要符合《地名管理条例》中地名命名与变更的要求，结合景区地名的历史演变、山水文化、岩洞文化，以便合理利用桂林七星景区地名的文化特色，避免传统地名文化、景区山水特色文化被湮没。在条件允许的情况下，景区景点地名的命名与更名可以请相关地名管理专家进行审核、论证，以考察其是否符合要求。

（4）将地名标志的设置和管理作为提升景区地名管理水平的切入点，形成风格多样、功能完善的地名标志体系。景区地名标志的设置非常重要，可用来传播地域文化，也是地名标准化的前提和依据，需定期对地名标志进行维修、更新和增设，加强其指示、警示、解说和美化功能。在材料选择上应多元化，与景区的特色相融合，发挥地名标志美化景区的作用，提高景区的文化品位。

（5）地名管理要立足兼容并包的文化。桂林七星景区地名是景区历史的“活化石”，承担着交往功能，它深厚的文化底蕴还为许多领域的研究和开拓提供了钥匙[9]。在地名管理上，应深入挖掘景区地名文化，将山水文化、建筑文化、寺庙文化、红色文化、碑刻文化等体现出来。强化地名文化传承、保护意识，将景区地名文化与景区文化活动相结合，创造性转化与发展地名文化，合理开发利用景区优质旅游资源，推动景区旅游业高质量发展，为桂林七星景区赢得更好的社会效益和经济效益。

8.2 赋权视角下社区参与地名文化遗产保护与开发机制研究

地名文化是伴随着中国传统文化的形成发展而形成发展起来的，既是中华传统文化的组成部分，也是现代文化的组成部分[10]。地名与社区有着天然的不可分割性，社区在整个非遗保护过程中不仅应当最大限度地参与，而且应当在其中发挥主要作用[11]。但目前社区在地名文化遗产保护与开发中参与度较低，学术界尚未厘清社区参与的必要及具体参与机制，也缺乏相应的理论探讨。因此，基于赋权视角，采用欣赏式探寻法，分析影响社区参与地名文化遗产的因素、揭示社区参与的诉求、探索社区参与地名文化遗产保护与开发的机制，一方面可为地名文化遗产的保护与开发工作提供新的切入口和方向；另一方面可为社区参与地名文化遗产保护与开发提供理论支撑。

8.2.1 文献回顾与理论

地名积淀、蕴藏着丰富的历史、地理、人文信息，构成了一个独特的识别、命名和用于交往的文化[12]。地名文化包括语词文化和实体文化两个层面[10]。有关地名文化的研究，多集中于地名文化景观分析[13-15]和地名文化解读[16-19]两大方向。随着联合国教科文组织提出地名属于非物质文化遗产，适用于《保护非物质文化遗产公约》，加上国家对地名文化遗产的高度重视，地名文化遗产方面的相关研究由地名学向文化遗产保护拓展及延伸[20]。有学者开始提出建立地名文化遗产数据库，建立地名文化遗产重点保护名录制度，将地名文化遗产保护工作纳入国家文化建设重点工程与法治建设范畴，以提高制度建设实效[21]。也有学者针对地名文化的价值建议将地名的历史性、文化性、知名度、合规性等细化、量化，建立评价指标体系[22]。而针对各地的地名文化保护策略[23-24]、利用方式[25-26]、保护与开发原则[27-28]等研究也不断涌现。地名作为非物质文化遗产的组成部分，其保护与开发亦应当同样遵循非物质文化遗产保护与开发的要义。《保护非物质文化遗产公约》及其各类衍生文件均十分强调在整个“非遗”保护过程中社区参与及事先知情同意的重要性[11]。“社区”已成为贯穿“非遗”保护全过程的关键词，社区参与乃至社区主导已成为联合国教科文组织“非遗”保护工作最重要的一项原则[29]。而现有研究多从政府宏观把控，或从地名管理的角度入手，探索地名文化保护与开发的原则、方式，鲜有学者对地名文化保护与开发—社区关系间的研究展开讨论，仅有部分学者提出地名文化保护与开发应重视本地居民认同感[30]，发动公众参与地名保护[31]，但并未涉及具体的参与机制，同时也缺乏相应的理论视角。其实，在社区建设中，参与式发展的核心是赋权[32]，赋权理论为社区参与地名文化保护与开发提供了较科学的研究理路。

赋权理论也被国内学者们译为增权或增能理论，最初由美国学者所罗门提出[33]，近年来被广泛用于社区治理的研究中，被认为已经成为社会工作领域对困难群体帮扶的重要价值理念和工作模式[34]。赋权理论主张从人、人际、政治三个层次增强个人、团体或社区的权力和能力[35]，倡导通过个人和集体的权益赋予，实现集体目标、改变现状。社区参与是地名文化遗产保护与开发的重要一环，社区居民需要在参与过程中获得现实权益，但目前社区在参与地名管理、保护与开发中处于弱权，甚至无权状态。因此，本书基于赋权视角，探索社区参与地名文化保护与开发的影响因素、过程、方式，即参与机制，从居民对地名和地名文化的认知、态度与行为选择入手，分析其相互关系与作用，并在社区参与地名文化保护与开发机制基础上，进一步提出促进社区参与的对策。

8.2.2 研究设计

1. 研究区概况

桂林市地处湘桂走廊南端，风景秀丽，素有“桂林山水甲天下”之盛名，典型的喀斯特地貌使得山清、水秀、洞奇、石美成为桂林的真实写照。桂林市是一座历史文化名城，也是广西区内较早得到开发的城市之一。秦代开凿灵渠之后，岭南与中原地区加强了经济、文化的联系，西汉时期在桂林设立了始安县，唐宋年间中原文人、官员的迁徙促进了桂林地区的开发，明清时期桂林逐渐发展为广西的文化和政治中心。1982 年，桂林被列为中国首批历史文化名城，是享誉世界的旅游城市。悠久的历史，深厚的文化底蕴，奇山秀水的自然美学使得桂林的地名用词多样、文化内涵丰富。汉代以前的文献对当前桂林的地名记载极少，汉代在桂林设立始安县之后，桂林的地名逐渐增多[36]，随着现代化进程的推进和城镇化进程的加快，桂林又新增了大批地名。然而，需要注意的是，城市建设使桂林大量老地名及其地名文化遗产面临被破坏，同时，新生地名也存在一定的命名问题。

2. 研究设计框架

欣赏式探寻是由库珀里德[37]提出的一种实现组织变革的方法，是一种基于积极心理学的参与式研究方法，它以欣赏的眼光来看待事物，探讨未来可发展的愿景[38]，主要包括“发现”“梦想”“设计”“实现”4 个阶段[39]。这一研究方法现已被用于社会学领域，选取感兴趣的、有潜力改变现状的访谈对象，以积极态度去解决现有问题，探寻合理、可实现性高的问题解决方式[40]。基于欣赏式探寻方法，遵循“认知 – 态度 – 行为”理论设计研究框架（见图 8–1），主要分 4 个阶段论述。

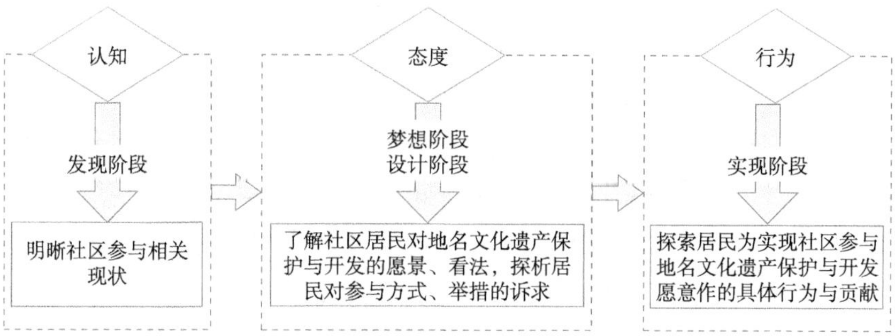

图 8–1　社区参与地名遗产保护与开发研究设计框架

第一个阶段为发现阶段，了解被访者对地名、地名文化等的认知情况以及参与地名命名、更名、地名文化保护与开发的经历。主要问题有：“是否知道什么是地名、地名文化”“是否了解和参与过地名命名、更名、保护与开发”“是否了解有哪些渠道可以参与”等。

第二个阶段为梦想阶段，在“发现”的信息基础上，对掌握的信息进行总结并进一步探索，激励社区居民作态度积极的陈述。主要问题有：“是否愿意参与地名文化的保护与开发”“您认为对地名文化资源进行保护与开发的前景如何”，以及“您对桂林地名文化的保护与开发有何想法”等，鼓励访谈对象尽可能详尽地描述其愿景。

第三个阶段为设计阶段，鼓励居民阐明达到未来愿景的实现方式、举措等想法。主要问题有：“您认为可以如何进行桂林地名文化的保护与开发”“您认为政府对于桂林地名文化的保护与开发，可以增加哪些举措以促进社区参与”等。

第四个阶段为实现阶段，将前面所有阶段的问题都连接在一起，询问他们如何将前面的想法与计划以及自身知识与技能应用于实际领域。主要问题有：“如果要进行地名文化的保护与开发，您认为自己可以做哪些力所能及的事情。”

3. 资料收集

采用欣赏式探寻方法，通过随机抽样，对桂林市七星区的社区居民进行两个阶段的半结构式访谈，获取一手数据。首先，于 2021 年 5 月 19 日（1 天）在桂林七星区进行预调研，通过预调研对访谈提纲进行适量的增减、优化，以提高访谈的质量。通过预调研，发现大部分受访者对地名文化了解有限，因此正式调研时对所有访谈对象增加了关于地名文化的简单解释，以便被访者能够对地名文化有一定程度的了解。其次，于 2021 年 6 月 21 日至 26 日、7 月 3 日至 8 日先后两次前往桂林七星区进行一对一的正式访谈，访谈者为本研究团队成员，访谈对象为社区居民，除本地居民外还包括长期居住在桂林市的外地人。访谈问题根据欣赏式探寻的发现、梦想、设计和实现 4 个步骤进行，访谈过程中根据被访者的不同情况灵活提问。访谈时间为 10～30 分钟，访谈全程在被访者同意的情况下进行录音记录，访谈信息达到理论饱和[41]。通过实地调研，最终得到 20 个人的访谈样本，访谈样本的性别、年龄大致分布均衡（见表 8–1）。访谈结束后，为保证访谈内容的真实性，对访谈录音进行逐字整理，得到文本分析数据。

表 8–1 访谈样本基本情况

编号	性别	年龄	职业	备注
S–1	女	39 岁	个体经营者	外地人，长期居住在附近
S–2	男	47 岁	宿舍管理员	本地人，长期居住在附近

续表

编号	性别	年龄	职业	备注
S-3	男	58 岁	摊贩	外地人，长期居住在附近
S-4	男	50 多岁	摊贩	外地人，长期居住在附近
S-5	男	30 多岁	—	外地人，长期居住在附近
S-6	女	37 岁	会计	外地人，长期居住在附近
S-7	男	50 多岁	行政职员	外地人，长期居住在附近
S-8	男	40 多岁	—	本地人，长期居住在附近
S-9	男	30 多岁	—	外地人，长期居住在附近
S-10	男	40 多岁	医生	本地人，年轻时曾在上海等地工作，现长期居住在附近
S-11	男	60 多岁	退休	本地人，长期居住在附近
S-12	男	54 岁	—	本地人，长期居住在附近
S-13	男	37 岁	行政职员	外地人，长期居住在附近
S-14	男	50 多岁	个体经营者	本地人，长期居住在附近
S-15	男	30 多岁	—	本地人，从小在附近长大，曾外出工作，现长期居住在附近
S-16	女	25 岁	学生	外地人，长期居住在附近
S-17	女	25 岁	学生	本地人，长期居住在附近
S-18	女	32 岁	物业	外地人，长期居住在附近
S-19	女	26 岁	学生	本地人，长期居住在附近
S-20	女	40 多岁	—	本地人，长期居住在附近

注：“编号”中 S 代表“社区居民”。

8.2.3　研究结果分析

1. 社区参与地名文化遗产保护与开发的情况

（1）社区居民对地名文化的认识有限，社区参与度低

社区居民对地名有一定的认识，但缺乏对地名文化的了解。对于地名使用最频繁的地方居民而言，他们对地名均有初步的了解：“地名啊，就是一个地方的名字，就像人的名字一样。”（S-2）“地名就是一个地方的名字。”（S-9）而论及地名文化，几乎没有人完全了解地名文化是什么。有部分居民表现出

了对桂林部分地名来源的了解："像门口这条建干路，就是以前有所建设干部学校，才叫这个的嘛。"（S–10）"那个盐街啊，以前就是在这里运盐，慢慢形成的嘛。"（S–11）

地名文化保护与开发的社区参与度偏低。在社区参与地名文化保护与开发方面，居民们均表示没有参与过任何地名的命名、更名、保护等相关工作，平常也很少主动去关注此类事情："我们老百姓没有参与过，我们在这边养家糊口，也参与不到那种事。"（S–3）当让受访者回忆是否有听说地名命名、更名之类的事件时，他们往往能够想起大城市的更名："像之前韩国首尔那种大地方改名字，还是知道一点，但是小地方就不知道了。"（S–1）"更名，就像那个龙脊镇，之前叫和平乡，然后改为了龙脊镇嘛。"（S–17）较大地区的地名命名、更名能被大家了解，是缘于其影响力更大、宣传度更高。

（2）社区参与意愿："被耽误"的阻碍与归属感的促进

不愿"被耽误"影响着参与意愿。访谈者在向居民们简单说明地名文化是什么及具有的意义后，所有居民均表示愿意参与地名文化的保护与开发。但他们参与的前提是不耽误他们的时间，或者是不能耗费过多的精力。一言以蔽之，居民们不希望参与地名保护与开发对自身的生活和工作造成影响："如果政府搞投票，我也没有很多时间，如果现场过来投票，那我可以来，不耽误我的时间就可以，要花钱、出力什么的，我就不太愿意。"（S–3）

对所在社区的归属感促进了社区参与意愿。对社区的熟悉度，一定程度上影响着人们对所在社区的归属感、认同感。对于地名尤其如此，地名作为各实体的指代，对地名越了解越愿意参与地名管理，越能提升对当地的归属感和认同感。如有居民表示："希望政府征集我们的意愿，这样我们更有参与感，会感觉属于这个地方。"（S–1）此外，因对所在地方的熟悉而产生的归属感，反过来也会促进居民参与地名管理的意愿："老百姓参与进来也挺好的，没有人比我们生活在这里的人更了解这些路（道路地名），特别是那种老桂林人。"（S–6）"可以参与啊，我在桂林待过一段时间，也是有感情的嘛，还是乐意参与的。"（S–9）这些访谈与前人研究相符，即社区归属感愈强，居民对社区参与意愿愈强，并且参与社区事务越多，就越有助于提升城市居民的社区归属感[42]。

（3）社区参与地名文化保护与开发缺乏主动性

居民对于实际参与地名文化保护和开发的主动性较低。一方面，他们认为这件事更多是由政府负责，自己的参与是被动接受。“那都是上面的事情，没有参与过，一般政府事务，老百姓是很少参与的。”（S-8）居民对参与政府事务或决策存在一段“自我固化”的距离，他们基于既定生活轨道，认为自己作为老百姓与政府并无决策上的交集。此外，居民认为除“我”以外的“他人”都没有参与，那么如果“我”参与的话，可能会被视为异类：“我可能不会主动去……不会主动到处去找这种事情参与，那样别人会以为我是疯子。”（S-1）人具有社会性，社会环境影响着个人行为的选择，当社区整体处于消极的参与状态时，那么必然影响着个人的参与意愿，从而降低了参与的积极性。

另一方面，社区意见并未得到充分重视。虽然所有居民均表示有意愿参与，但他们都不同程度地认为他们的意见有时难以得到重视。因此，部分居民认为即便他们提出了意见，也不会被采纳，从而降低了参与的主动性。

2. 赋权视角下社区参与地名文化保护与开发的困境

（1）学识制约：地名文化了解程度有限

首先，自身学历的限制。在调研期间，未能成功访谈的居民均表示自己的学历低、文化水平不高，并以这些理由拒绝参与访谈。即便是成功接受访谈的居民，也有近一半的人提到过自己的文化水平不高。对这些居民来说，自身有限的文化水平使自己产生了参与文化类事务的自我否定和不自信心理，较低的文化水平很大程度上阻碍了居民们的参与意愿。其次，对地名文化了解的有限性。接受访谈的居民对地名文化都了解甚少，因此很难意识到地名文化的重要性和文化价值，从而缺乏参与意识。

（2）制度制约：社区参与意愿和参与制度不完善的矛盾性

从访谈结果分析可知，即便存在诸多因素的影响，社区居民仍具有一定的参与意愿，但社区参与意愿和参与制度不完善的矛盾制约了社区参与。主要表现为：一是缺乏参与的法律保障。从地名文化保护与开发的相关法律法规来看，并没有相应的社区参与的法律权益保障。二是缺少适宜的参与机制。现有的地名管理机构没有与社区组织形成有效衔接，导致社区参与地名管理存在机制空白。三是缺乏了解相关信息的有效途径。从访谈结果来看，尽管大部分居民愿意参与地名文化的保护与开发，但相关制度尚未形成。政府宣传不到位使得居民无法获取有效的参与信息，同时社区参与渠道狭窄、相关权益难以得到保障。简言之，社区参与制度的不完善是社区缺乏参与的直接原因。

（3）社区参与环境制约：社区整体参与氛围较低

社区参与氛围制约是阻碍居民参与地名文化保护与开发的又一重要原因。根据访谈资料，居民所在社区均没有参与地名文化保护与开发的经历，大家也没有积极主动参与的意愿，整体的低参与氛围影响着个体的参与选择，居民担心自己主动参与时，会遭到他人的嘲讽。此外，以年龄划分的不同人群对参与意愿的见解和事实相悖：年轻人认为老年人对当地更加了解，也更爱“管闲事”，他们会更愿意参与，而老年人则认为自己年事已高，只想好好地安度晚年，不太想参与其他的事情。这样相悖的想法，导致居民整体的参与意愿低下。

3. 社区参与地名文化保护与开发的诉求与理性

（1）权益诉求：实现自身的知情权、参与权

通过访谈发现，有关社区参与的权益诉求大致可分为三大方面。

一是地名命名的参与权。社区居民作为地名使用最频繁的主体，他们更希望能够参与所在地的地名命名，以体现自己的主人翁地位，并希望在这种公共事务中有所贡献，这种参与不是走过场，而是希望政府能够真正采纳群众意见。

二是地名文化的知情权。居民希望政府能多途径、多方式地宣传地名文化的相关知识和相关的参与机会。“要投票的话，就是到各个社区大力宣传，不然你也不知道（政府征名），也没有用。”（S–8）参与地名保护与开发的前提是民众需要对地名文化的重要性有一定的了解和认识，这是他们参与保护的基础，只有真正地让居民了解其所在地方地名文化的意义，才能更好地提升社区参与意识。“保护地名文化，我觉得肯定是要让当地人了解地名的缘由，都不知道为什么叫这个名字，你保护的话，可能就只是保护在名册里，大家都不知道为什么保护它。大力宣传以后，大家才明白它为什么被保护起来，才了解这个地名这么有意义、有价值。”（S–16）

三是地名文化保护与居民的联系性。居民认为，由于地名与自身的联系

较为紧密，如果将来建设地名博物馆，希望博物馆能够采纳一些与自身联系十分密切的地名，这样一来，居民对当地的归属感更强，也更愿意参与地名文化保护。“如果要建一个博物馆，这个博物馆要直观的、动态的，要跟我们产生联系，因为大家在这个地方生活，这样让我们感觉更加强烈一点。”（S–1）

（2）参与方式诉求：“线上 + 线下”的多渠道参与

随着网络的发展，在具体参与方式方面，居民更倾向于通过线上的方式进行参与，借助自媒体平台，通过公众号发送推文，或者采用投票链接进行线上征求意见。“现在网络那么发达，直接通过我们经常使用的微信或一些网站进行参与就可以了。”（S–12）

宣传方面，居民认为除了微信，还可以通过抖音、快手等社交软件发布相关的宣传信息或通知：“要加大宣传，可以使用我们经常用的抖音、微信等，手机短信也可以。”（S–15）除了线上的方式，一些传统的宣传方法居民也比较认可：“宣传啊，可以登报纸、发公告或者周边社区发通知。”（S–7）总体而言，居民更提倡宣传和参与方式的多样性。

（3）地名命名诉求：留住桂林的文化底蕴

对于未来地名命名，居民认为地名命名应寓意美好、具有桂林本地特色，或简单好记能方便大众使用：“具有桂林特色的名字，就挺好的。”（S–4）也有居民认为，地名命名应有先后层次：“先符合桂林的地域文化，再有美好的寓意，最后一个就是要方便民众使用。”（S–13）总体而言，几乎所有被访者都认为地名命名应该保留一些桂林的本土特色和文化底蕴，这样的命名趋势更为他们所认可。

（4）保护与开发诉求：教育功能为主，经济效益为辅

地名文化的保护与开发往往是相互的、互补的，保护的同时即是开发，开发也是在宣传地名文化层面上的一种保护。这种具有文化性质的事物，居民更希望对其的保护与开发是有教育意义的，而不是纯粹经济价值的开发：“对地名文化进行开发与保护的时候，我觉得还是要有一些教育价值更好，让大家更深入了解它，后面可以开发一些它的经济价值。”（S–1）因此，通过建设博物馆、文化长廊、展览馆等具有展出、讲解性的方式是居民所认可的：“搞地名文化长廊挺好的，很多人会去看。”（S–5）“专门做成一个地名博物馆还是文化长廊什么的，我觉得完全可以啊，你看‘桂林米粉’都能做成一个历史展览，那地名肯定也可以啊，我觉得地名故事肯定比米粉故事

更多、更有趣。”（S–16）

（5）理性的参与诉求

尽管居民有许多关于参与地名文化保护与开发的未来畅想和诉求，但他们的诉求保持着一定的理性。一方面，居民关注他们在地名使用上的利益合理性：“它（酒店客房）如果使用这个名称命名的话，那它房间里的布置就应该跟它有关系，要不然与它完全不配套。比如你把这个命名为桃花江，旁边再写一句诗，配着它的那个名字也还可以，或者是加个二维码，让人了解一下它的历史背景什么的也还可以。如果单纯摆个名字在那里，不能让人了解地名文化的话，我觉得没什么意思。太牵强了，完全没有关系”（S–16）。另一方面，地名使用的合法性也是人们关注的重点：“像宾馆、饭店之类的地方，如包厢取名韶山、衡山有没有版权问题。韶山是一个很神圣的地方，你当作包厢名来使用是否妥当？”（S–7）

在参与流程上，居民更偏向于政府部门能够通过社区居民委员会、居委会等已有的相关组织机构，按照传统的层级顺序自上而下地参与地名管理。虽然居民有参与的诉求，但是这种想法是以政府的宏观调控为限度的。“一般就是网络投票，政府先选出几个地名，然后通过民众投票确定最终的地名。”（S–13）在地名命名方面，有些居民认为政府应作为总抓手，按照相关管理条例，合理听取居民意见，而不是任由居民各抒己见。“因为每个人的想法都不一样，政府还是作一个宏观的把控，不可能每个人都提一个名字，这样也不现实。”（S–13）

8.2.4 机制构建：赋权视角下社区参与地名文化保护与开发

根据居民访谈结果的分析，结合社区参与现状、影响因素和居民诉求情况，依照“认知 – 态度 – 行为”的逻辑，基于赋权视角从政治、个体和群体三个层次构建社区参与地名文化遗产保护与开发机制（见图 8–2）。其中，政治赋权是社区参与的权力支撑与保障，心理赋权是社区参与的认知基础，社会赋权为社区营造良好的参与氛围，经济赋权是增强社区参与的内在动力。

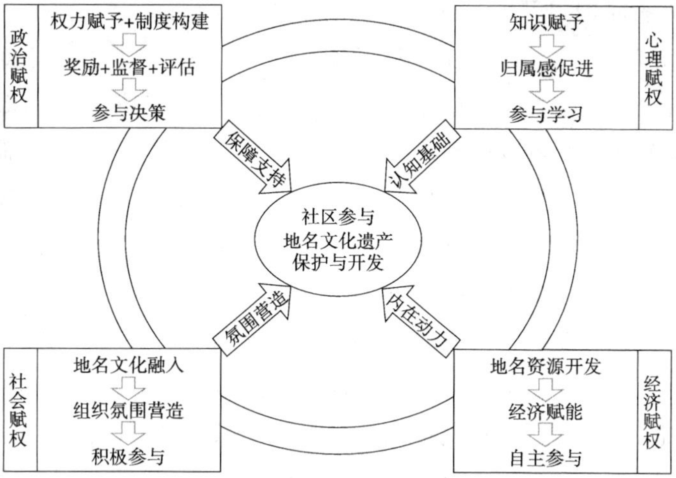

图 8-2　社区参与地名文化遗产保护与开发机制

1. 政治赋权：保障居民参与权益

政治上的赋权是实现社区参与最本质的要求，只有拥有参与权的制度保障才能从根本上促进居民参与意愿的提升，政府应采取积极行动来约束自身，保障公民政治参与的权利[43]。首先，通过法律法规明确社区居民的地名文化知情权、参与权、决策权等，为居民赋予合法的社区参与权利。其次，构建公正透明的社区参与制度，保障社区参与在具体参与内容、方式、流程等方面的权利，同时，在地名文化开发方面，制定相应的地名使用政策，划定地名使用的边界。再次，建立社区参与激励方案，尽管有居民表示参与地名文化的保护与开发出于自愿，不在乎能否获得一定的奖励，但适当的物质奖励仍然是激励绝大部分居民主动积极参与的重要方式，如在进行老地名调查时，给予提供相关信息的居民以物质奖励等。最后，建立监督评估机制，社区参与权利的实现除了法律和制度上的保障，还需要进行监督评估，方能保证整体机制的实现，可授权社区相关组织如居民委员会、业主委员会等，对社区参与制度进行监督评估。

2. 心理赋权：强化居民认知

（1）知识赋权

地名与文化共存、共生，是文化的载体[44]，对地名的保护与开发，就是对地名文化的保护与开发。地名作为居民频繁使用的“工具”，人们却很少对其产生相应的关注，地名文化对于居民而言则更为陌生。加之对地名文化知识的了解途径和相关文化宣传有限，因此也难以对其进行更为深入的了解。对地名文化有更清晰的认知是社区参与地名文化保护与开发的前提，故政府更应加强对居民地名文化知识的赋权，通过提升居民对地名文化遗产的保护意识，引导社区参与地名文化学习。同时，通过知识赋权也可以提升居民自身的参与能力，增强参与自信。一方面，给居民提供多种地名知识了解渠道，具体来说：一是开设地名文化宣讲下小区活动，积极到社区中进行授课宣传；二是依托传统的宣传媒介和新时代的社交媒体等，发布文化内涵丰富的地名文章或推文；三是提供便捷的地名文化相关知识查询渠道，如结合微信二维码，实现实时扫码查询；四是通过打造地名博物馆、地名文化长廊等实体宣传物。另一方面，可将地名文化教育纳入学生的社会实践环节，引起居民的重视，加强下一代对地名文化的认知。

（2）增加居民归属感

从调研结果来看，对所在社区具有归属感会促进居民参与地名文化保护与开发的意愿，同时在参与过程中亦会促进归属感的提升。因此，可以通过深化居民与地方的情感联系，增强居民的地方认同来加深居民的归属感，从而促进社区参与。一是加强包括硬件设施建设、人文关怀、卫生安保等方面的社区建设，提高居民生活满意度；二是加强社区文化建设，举办小区联欢会、邻里友谊会等促进居民交往的活动，建立社区共同记忆，联结共同情感；三是注意地名文化开发与保护和社区居民的情感联系，如打造地名博物馆时，可征集大部分人共有的地名记忆，利用虚拟现实等技术将其展示出来。

3. 社会赋权：提升社区参与氛围

社会赋权聚焦于社区内部的平衡和协调发展[45]，可通过基础设施建设、组建社区组织、培育居民自组织等方式实现。通过社区赋权，凝聚社区力量、营造良好的社区参与氛围，引导居民加入社区组织。一是将地名文化的宣传工作与基础设施建设结合，如在道路标牌等地名标识处附上简单的地名说明，或在公交站点选取周边内涵丰富的地名，将其命名渊源、文化内涵以扫码可查询的方式展示出来。二是组建社区组织。通过组建社区地名研讨小组等社区组织对接相应的地名办公室，起到承接作用，小组成员由社区居民以自愿参加、投票选举等形式选出。三是培育居民自组织。居民自组织是社区成员自主参与，最后解决社区公共事务的组织[46]，是居民实质参与的外在表现，培育居民自组织是向居民赋权的重要方式[47]。简单来说，就是通过心理赋权、政治赋权等促进并保障居民参与地名文化保护与开发，形成良性的社区参与氛围，从而提高社区居民参与的自主性和积极性。

4. 经济赋权：增强社区参与热情

经济赋权，即在地名文化保护与开发中，为参与进来的社区居民实现经济上的利益。地名贯穿旅游的全过程，是无形的旅游资源[48]，因此，可以通过对地名进行旅游开发，提高区域整体经济，间接赋予居民更多的经济效益，激励居民积极参与地名文化遗产的旅游开发。一是可将地名文化作为旅游资源进行深度挖掘，根据地名相关的趣闻逸事、神话传说，打造吸引力强的旅游景区景点；二是借助地名文化资源，设计旅游线路，如将湘江战役涉及的地名点连接起来，设计红色旅游专题线路；三是将地名文化赋予旅游纪念品中，通过创新旅游纪念品设计，在纪念品中加入当地地名文化元素，打造出极具地方特色的旅游纪念品。

8.2.5　小结

近年来，地名文化遗产保护与开发的相关研究一直受到诸多学者的关注，在地名管理、非物质文化遗产管理等层面形成了较为丰富的研究成果，但关于社区参与地名文化遗产保护与开发的相关研究始终存在一定的局限，缺乏一定的研究视角。从赋权视角，基于欣赏式探寻研究框架，以桂林为例，对社区居民参与的现状、面临的问题以及对未来参与的诉求进行合理分析，构建了社区参与地名文化遗产保护与开发的可行机制。这些既丰富了相关理论研究，为社区参与提供了理论支持，也为促进社区参与地名文化遗产保护与开发制度提出了有效的途径。

参考文献：

[1] 牛新生．关于旅游景点名称翻译的文化反思：兼论旅游景点翻译的规范化研究［J］. 中国翻译，2013，34（3）：99-104.

[2] 刘思敏．“读毫有奖”引发的联想［N］. 中国旅游报，2016-02-26.

［3］王荣，刘影，许意如．旅游地名研究理论体系建构研究［J］．干旱区资源与环境，2021，35（8）：167–174.

［4］李炳尧，刘保全．地名管理学概论［M］．北京：中国社会出版社，2008：13.

［5］石超艺．上海市地名文化保护与地名管理研究［D］．上海：华东师范大学，2007.

［6］中国地名研究会．地名管理研究文集［M］．石家庄：河北科学技术出版社，1992：7.

［7］李波，王荣．盐池县地名资源管理规划与开发初探［J］．中国地名，2012（3）：17.

［8］刘太刚，刘开君．关于健全地名管理制度的几点建议［J］．中国民政，2016（18）：44–45.

［9］温红清．地名文化遗产保护［J］．中国地名，2009（2）：72.

［10］刘保全，李炳尧，宋久成，等．地名文化遗产概论［M］．北京：中国社会出版社，2011：32.

［11］杨利慧．以社区为中心：联合国教科文组织非遗保护政策中社区的地位及其界定［J］．西北民族研究，2016（4）：63–73+114.

［12］蔡凤林．日本地名文化的特点［J］．日本问题研究，2016，30（1）：26–35.

［13］陈晨，修春亮，陈伟，等．基于 GIS 的北京地名文化景观空间分布特征及其成因［J］．地理科学，2014，34（4）：420–429.

［14］陈优良，连伟海，卞焕．客家地名文化景观的空间分布特征及成因［J］．测绘科学，2019，44（3）：70–77.

［15］王涛，李君，陈长瑶，等．高原湖泊平坝区乡村“涉水”地名文化景观分析：以环滇池地区为例［J］．经济地理，2020，40（12）：231–239.

［16］王翌铭，龚克．广西传统古村地名文化探析［J］．广西民族研究，2019（5）：112–122.

［17］王跟国．灵丘方言地名文化信息解读［J］．山西档案，2014（2）：38–40.

［18］汤洪，何晛云．由屈辞古地名的文献阐释看中国古地名文化［J］．社会科学研究，2015（1）：193–198.

［19］吉乎林．青海蒙古语地名文化表征解析［J］．青海社会科学，2017（3）：151–155.

［20］张晨杰．地名文化遗产保护研究探析：以上海老城厢道路街巷为例［J］．城市发展研究，2017，24（11）：20–24.

[21]南剑飞.地名文化遗产保护工作回顾、经验及启示[J].中国地名，2017（8）：20–23.

[22]石超艺.城市化进程中地名文化价值的量化分析：以上海市乡镇级地名为例[J].城市问题，2010（1）：27–31.

[23]唐林.成都地名文化遗产传承与保护对策[J].文化学刊，2016（6）：42–45.

[24]张福文，宁常郁，蓝春柳.我国地名文化遗产保护制度研究[J].中国地名，2017（8）：16–19.

[25]杨宏烈.广州“十三行”地名文化的考究与利用[J].热带地理，2013，33（6）：737–747.

[26]苏妍，刘璇.内蒙古地区地名文化的教育价值与应用[J].民族教育研究，2021，32（2）：172–176.

[27]张跃西.地名文化遗产的保护与开发：浙江为例[J].浙江树人大学学报（人文社会科学版），2017，17（2）：37–40.

[28]桑付鱼.关于茅台地名文化保护与开发原则及措施的思考[J].中国地名，2020（1）：54+57.

[29]安德明.以社区参与为基础构建人类命运共同体：社区在非物质文化遗产保护中的重要地位[J].西北民族研究，2018（2）：5–11.

[30]谢倩.城市营销视角下的历史名人故里之争的思考[J].知识经济，2012（12）：72–73+81.

[31]郭戌颖.武汉城市地名保护与利用研究[D].武汉：湖北大学，2015.

[32]潘泽泉.参与与赋权：基于草根行动与权力基础的社区发展[J].理论与改革，2009（4）：69–72.

[33]SOLOMON B B. Black Empowerment：Social Work in Oppressed Communities. New York：Columbia University Press，1976：431.

[34]王磊，周沛.泰国残疾人赋权模式及启示：兼论我国现代残疾人社会福利模式构建[J].甘肃社会科学，2015（1）：20–24.

[35]王斌，刘伟.媒介与社区赋权：语境、路径和挑战[J].国际新闻界，2015，37（10）：79–91.

[36]许意如，王荣.桂林古地名文化演变初探[J].中国地名，2019（2）：10–14.

[37]NYAUPANE G P，POUDEL S.Application of appreciative inquiry in tourism research in rural communities[J].Tourism Management，2012，33（4）：978–987.

[38]王英，孙业红，苏莹莹，等.基于社区参与的农业文化遗产旅游解说资源研究：以浙江青田稻鱼共生系统为例[J].旅游学刊，2020，35（5）：75-86.

[39]BURNS E，TRIANDAFILIDIS Z，SCHMIED V.Designing a model of breastfeeding support in Australia：An appreciative inquiry approach[J]. Hwalth & Social Care in the Community，2020，28（5）：1723-1733.

[40]LAMBDIN-PATTAVINA CA，DESIDERIO K，GILMORE R，MANOHAR B.Using appreciative inquiry to explore and enhance perceptions of empowerment for those experiencing homelessness：A pilot study[J]. Work-A Journal of Prevention Assessment & Rehabilitation，2020，65（2）：271-283.

[41]李晓凤，余双好.质性方法研究[M].武汉：武汉大学出版社，2006：119-174.

[42]巢小丽.居民社区归属感对其社区参与行为的影响：基于Z省N市的实证分析[J].广东行政学院学报，2013，25（3）：23-27.

[43]靳继东，潘洪阳.贫困与赋权：基于公民身份的贫困治理制度机理探析[J].吉林大学社会科学学报，2012，52（2）：67-72.

[44]牛汝辰.中国地名文化[M].北京：中国华侨出版社，1993：4.

[45]滑海，王纪坤，苏百灵.从社区参与到社区增权：以北京市社区图书馆为例[J].图书馆工作与研究，2014（4）：13-16.

[46]陈伟东.社区自治：自组织网络与制度设置[M].北京：中国社会科学出版社，2004：160.

[47]谭祖雪，张江龙.赋权与增能：推进城市社区参与的重要路径——以成都市社区建设为例[J].西南民族大学学报（人文社会科学版），2014，35（6）：57-61.

[48]王荣，何彤慧.地名旅游资源特征及其开发利用初探：以桂林市为例[J].桂林师范高等专科学校学报，2009，23（4）：72-75.

综合应用篇

第9章　全域旅游视域下的旅游地名价值体系与开发研究

地名产生于社会经济生活中，其最基本的功能是指位与引导，同时承载着自然环境、社会、经济、文化等各方面的信息，是地域文化的符号。地名文化遗产是社会与历史发展的产物，是民族文化的载体，体现了特定区域民族的生产、生活、移民及其环境特色[1]。新的资源观认为，资源是为一切可被人类开发、利用的物质能量和信息的总称[2]，地名文化遗产作为一种文化资源，具有较高的学术价值及应用价值。地名文化资源为游客提供多重视角去认知并了解地方特色，增加旅游的趣味性与吸引性，对于地区旅游形象的塑造及传统文化的传承具有重要意义。

恭城瑶族自治县位于广西壮族自治区桂林市东南部，北邻三湘，南望粤梧，全县总面积2139平方千米。境内以山地、丘陵为主，总体呈现“八山一水一分田”的格局，有都庞岭、花山和海洋山三大主要山脉。恭城始于隋大业十四年（618）所置茶城县[3]，至今已有1400多年的历史，现辖6镇3乡117个行政村。主要民族为瑶族、汉族、壮族，其中瑶族人口约占总人口数的60%，此外，还有苗、彝、黎、侗等26个少数民族，主要语言为汉语、瑶语和壮语。

恭城作为国家全域旅游示范区，同时也是少数民族旅游名县，在深入分析其旅游地名语词的基础上，从民族文化入手深度挖掘其旅游文化价值，对区域地名文化资源进行合理的开发与利用，充分突出区域特点、民族特色，既为恭城的旅游发展提供新思路，促进恭城民族文化旅游形象的树立，也为民族地区经济发展开辟了新方向。

9.1　恭城瑶族自治县旅游地名语词系统

地名与旅游活动息息相关，旅游活动中的食、住、行、游、购、娱都离不开地名的穿针引线[4]。按照地名结构从通名、专名和地名结群方面对恭城地名进行具体分析。

9.1.1　通名情况

结合旅游地名的特点，恭城的地名通名可以分为餐饮、住宿设施、旅游交通、旅游购物设施、景区景点五大类。

餐饮类通名命名常见的有“饭店”“农家乐”“餐馆”“楼”等，较符合餐饮店特点；住宿类通名有“酒店”“宾馆”“旅馆”“客栈”“楼”“居”“墅”“阁”“院子”“苑”“山庄”“农庄”等，类型丰富多样，以“楼”为通名在餐饮类和住宿类地名中都较为常见；旅游交通类通名中，车站通名有“汽车总站”“站”等，公路通名有“高速公路”“省道”等，旅游专属交通通名有“专线”“步道”等；旅游购物类通名以“土特产店”为主，还有一个反映瑶药养生文化的“养生馆”；旅游景区景点类地名通名主要有“桥”“山”“区”“园”“殿”“广场”“庙”“亭”等，除泗安、矮寨、武庙、邓扒景区外，其他景区皆有以“桥”命名的景点。另外，A 级旅游区多以“景区”作为通名，其他景区通名多以“村”命名。

9.1.2　专名情况

对恭城旅游地名专名用字进行分析，基于恭城地域文化内涵可将其分为如下类型。一是以当地知名度较高的自然地理实体为采词元素，衍生出如银殿山土特产等餐饮、旅游商品的名称。二是以人名为命名依据，这类旅游地名可分为两种：一种是以店主姓名命名的餐饮及住宿设施，如毅伦饭店、阿勇山庄等；另一种是景区内以历史人物命名的景点地名，如二姐庙、欧阳祠堂、武庠公故居等。三是以行政区或归属地名称命名，这类地名具有较强导向性，多数存在于旅游交通设施与景区地名中，如恭城汽车总站、常家古村等。四是以当地特色旅游资源命名，如白鹭栖息区、野生紫荆花景观区、海棠瑶药养生馆等。五是因地理位置得名，例如滨江公园、滨江广场、望江亭等，一定程度上增强了旅游地名的指向性。六是以用地功能为名，如农耕文化体验区、垂钓区、烧烤区、休闲步道等。七是以美好寓意命名，如福满楼、平安客栈等。

9.1.3 地名结群状况

旅游地名结群由地名群、地名景观及派生地名等构成[5]。地名群主要是围绕一个或一类旅游资源而形成的系列地名。恭城地名景观主要存在三个风貌群，分别是以古建民居文化为基础的风貌群、以瑶家特色文化为基础的风貌群、以油茶文化为基础的风貌群。

古建民居文化方面，恭城古村落星罗棋布，素有“山水精华在桂林，古建精华在恭城”之美誉，在旅游地名上也有所体现。三庙两馆景区是恭城古建文化旅游的精华，还有水滨古村、焦山古村、石头古村等 14 个保存完好的古村落。恭城景点地名命名中也充分吸收和利用了古建民居类旅游资源的特点，产生了朱家老宅、王氏老宅、王氏宗祠、欧阳祠堂、苏氏故居、武庠公故居等一系列地名，古建文化景观地名构成恭城旅游地名的显著特征。

瑶家特色文化方面，恭城瑶族自治县的地名表现出鲜明的瑶族特色，经统计发现，以“瑶”字命名的旅游地名有 28 个，如瑶山人家、瑶家铺子土特产店、瑶医馆等。

油茶文化方面，恭城油茶是国家地理标志产品，反映了区域的自然与人文特色，是优秀的潜在旅游资源。恭城也有很多以“油茶”命名的旅游地名，如油茶小镇、油茶体验区、油茶文化长廊、恭城油茶体验馆等，这些地名构成了恭城油茶文化景观。

9.2 旅游地名文化价值系统

9.2.1 旅游地名主体价值

地名文化的稳定性和延续性促使其在传播过程中具有较强的扩展及渗透作用，恰当的命名可以凸显地域历史文化与自然环境。当旅游者“未见其景，先闻其名”时，可根据旅游地名信息联想到旅游目的地的特色与个性[4]。旅游地名文化可为旅游者提供多维视角，加深对旅游地文化的了解和认知，因此旅游地名作为旅游目的地的形象标识，在旅游者群体中的形象塑造和宣传推广方面有着重要的作用和意义。

恭城拥有深厚且独特的瑶族文化旅游资源。在实地访谈中发现，旅游者对恭城的瑶族博物馆、瑶族文化村、瑶药博览园等旅游景点充满好奇与向往，这些地名可以让游客直观感受到恭城悠久的历史文化及瑶族特色。恭城的集市通常被称为“圩”或“街”，故瑶圩集市、瑶圩民族特色街等景点采用“圩”字命名，则是向旅游者直接展示了当地特有的民俗习惯，让旅游者留下深刻记忆。通过火龙果种植基地、向日葵种植基地、龙虎生态鱼庄、万亩月柿园等地名，旅游者可以看出恭城拥有丰富的农业资源和良好的生态环境。古榕树、螺蛳山、马头山、虎头岭、龙虎河等地名表现了恭城自然风光的秀丽多姿，极大地唤起了旅游者的兴趣。因此，旅游地名作为恭城瑶族特色文化的象征，可以唤起旅游者对异质文化的好奇与向往，帮助旅游者了解当地独有的历史文化、民族习俗及地域风情，具有较高的使用价值。

9.2.2　旅游地名客体价值

1. 旅游景点、景区

旅游景区景点地名可以直接形象地表现出景点或景区特点，合适的景区景点地名在旅游中不仅可以起到具体的定位作用，也可以强化其旅游形象，方便记忆和展开联想[6]。恭城旅游景区景点可以分为历史文化类和自然风光类。历史文化类有文庙、武庙、社王庙、周渭祠、风雨桥、平安桥等，其中，平安桥自 1968 年建成以来，历经 50 多年风雨屹立不倒，人们常说“平安桥上走一走，可以活到九十九”，给旅游者带来平安吉祥寓意，成为游客打卡的热门景点之一；自然风光类有平江河、晾网山、龙头岭等，主要从象形角度进行描述，如晾网山因从高处看，整座山如同一顶巨大的斗笠，又如同一张正在晾晒的渔网而得名。类似的命名方式恰如其分地表现了恭城地方景观特色，在增强景观艺术性的同时为旅游者的美好体验奠定基调，加强了旅游者对景观的感知与认同。

2. 旅游商品

旅游商品在一定程度上集中体现了地域特色文化和自然资源，对于地方旅游形象的树立具有促进作用，将响亮的地名运用于品牌或商标中有利于提升旅游商品的知名度和美誉度。目前恭城旅游商品主要以食品类为主，如恭城月柿、红岩蜂蜜、茶江源甜酒、平安桥红瓜子等，地方特色食品与旅游地名有机结合，充分体现了旅游商品的地域特色，提高旅游者体验感和纪念价值。其中，平安桥瓜子、茶江源甜酒等旅游商品已注册商标，不仅体现了原产地的版权保护意识，也提升了旅游商品的文化内涵，增强旅游者的购买欲望及消费信任。

9.2.3 旅游地名介体价值

1. 旅游餐饮

食作为旅游六要素的首位，是旅游活动中不可或缺的环节，恭城餐饮中的地名介体价值主要体现在以下两个方面。

一是将地名融入菜名。在与当地旅游餐饮管理人员的访谈中得知，菜品中的瑶家香芋煲、燕子山竹筒酒、恭城油茶、金沙茶树菇等比较受旅游者的欢迎，在菜名中加入地名，容易吸引旅游者眼球，满足旅游者尝鲜心理。因此将地名作为地方性因素融入饮食文化，既可以增强美食的地方文化价值，又能让旅游者在品尝当地特色美食的同时体验当地文化。

二是将地名运用于餐饮服务设施。恭城特色餐馆有金燕子生态食府、凤凰山斑鱼馆、瑶王寨油茶馆、银殿大酒楼、瑶山人家等，这些餐馆命名的共同特点就是以当地地理资源特色为依据，根据周边特殊地物进行命名，既能增添了旅游者就餐的趣味性，又增加了旅游者的记忆点。星级农家乐有邓扒平安客栈农家乐、石坪瑶寨风情园农家乐、黄竹岗农家乐等，主要以所在地地名为依据进行命名，在旅游者进行就餐选择中为旅游者带来亲切体验和指位性服务。

2. 旅游住宿

通过携程、美团、去哪儿等网站对恭城酒店进行调查，发现恭城瑶家精品酒店、恭城城西便捷酒店、恭城新茶江便捷酒店、恭城平安客栈、恭城红岩中秋楼客栈、恭城红岩景区平江楼等酒店的受欢迎程度较高，其结合自身独特的地理优势进行命名，有效吸引了旅游者。在实地走访中发现，部分酒店在房间门牌号设置上进行了创新，摆脱常规的数字命名方式，如红岩景区平江楼客栈的房间命名与景区特色相结合，一是选择景区特色景点进行命名，如马头山、瞭望台、滚水坝、风雨桥等；二是与景区特色地物，如柿子相结合，以柿果香、柿叶绿等进行命名，展示地域民俗文化，具有较好的宣传效果。将旅游地名运用于酒店或民宿规划中，既可为旅游者提供有效信息，帮助其了解酒店或民宿的地理位置及服务特色，又有利于酒店或民宿自身形象的塑造与推广。

3. 旅游交通

目前恭城旅游以红岩景区、三庙两馆景区、杨溪景区、龙虎关景区、北洞源景区、社山景区、黄岭景区、矮寨景区、瑶族文化村 9 个景区为主要建设对象。因此，恭城旅游从游客角度出发，以连接重点旅游景区地名为基本思路，结合地方资源优势，分别设计多条精品旅游交通线路。如恭城文化体验一日游、恭城北线民俗文化精品线路、恭城研学之旅、汽车旅游营地等，为旅游者提供多种旅游选择。其中，恭城文化体验一日游的线路：恭城高铁站（或汽车站）—文庙—武庙—周渭祠—恭城特色油茶宴—湖南会馆—恭城旅游集散中心，将旅游地名作为站点进行串联，为旅游者提供更加便捷的旅游体验。

景区内部交通方面，社山景区、北洞源景区、龙虎关景区等景区分别用地名作为站点名，在景区内设置旅游公交专线，为旅游者出行提供明确指导，大大缩短了旅游者的交通时间。此外，恭城旅游集散中心以当地特产——柿子为依据，命名为“柿都古镇”，景区内交通道路以“竹林幽径”“登山步道”“滨江休闲步道”等名称进行命名，既为景区景点增添了文化性与艺术性，又极大地提高了旅游者的游玩兴趣。因此，选择恰当的方式将地名运用于旅游交通中，既可以很好地为旅游者提供导向作用，帮助旅游者准确定位，为其游玩提供方便，又可为旅游者的旅途过程增加审美乐趣。

9.3 恭城瑶族自治县旅游地名管理现状

9.3.1 旅游地名标志

恭城旅游地名标志主要可分为地名牌、导向牌和说明牌，地名牌标注所在位置，导向牌提供导向功能，说明牌则为地名进行解说。恭城旅游地名标志数量多，覆盖范围广，制作标志的材料丰富，除了常见的木质标志牌，还有石头材质的地名牌。

县内的交叉路口均设有 A 级景区导向牌，未获评 A 级的景区景点并未设置导向牌。在实地调查的 12 个景区景点中，大部分地名标志具备准确的指位性和导向性，也有部分景点仍存在导向不明的情况，如黄岭景区内的天鹅塘、天鹅亭、垂钓区、餐饮区等景点和区域只有导向牌，没有地名牌，游客难以分辨其导向的具体位置。在地名标志的设计方面，县内景区各地名标志上均设有瑶族服饰元素的贴纸，以蓝色为底色，用黄色、红色和白色勾勒出瑶族传统服饰纹样，民族特色浓郁，很好地体现了当地特色的瑶族文化。

9.3.2 旅游地名解说

恭城旅游地名具备民族和地域特色，对旅游地名进行解说有利于增进游客对恭城和瑶族文化的了解。恭城旅游地名解说的主要内容包括地名所指代的地理实体的历史背景、形成原因、功能、相关人物事迹等，解说内容比较丰富，但地名由来和演变等方面的内容涉及较少。实地调查的景区中，只有社山、杨溪、晾网山等几个旅游地名的解说中涉及了名称的由来，其他景区很少甚至没有地名文化属性信息的相关解说。旅游景区的解说形式以文字为主，少数景区设有电子讲解装置和设备，解说形式清晰明了。部分旅游地名的解说存在缺陷，如费村的炮楼在当地属于比较有特色和历史意义的建筑，景区却未设置解说。杨溪景区部分地名解说内容存在错别字，如“大夫第”中的“第”字，多处错写为“弟”；“人才辈出”写成了“人才倍出”等。

9.3.3　旅游地名规划

总体来看，恭城各景区在旅游地名方面的规划较少。相对来说，酒店、饭店和民宿等私营机构对地名的规划较多，少数饭店、民宿的名称结合了恭城景区景点，如银殿大酒楼、恭城红岩山庄、凤凰山羊肉馆等。除私营机构的命名运用了地名，部分商家在装潢方面也融合了特色地名。在平江楼进行实地访谈得知，老板将民宿命名为“平江楼”是因为此处临近平江；客房名称的命名方面，为了打造民宿特色，运用了其所在景区的景点和物产名称，如瞭望台、风雨桥、马头山、柿果香等，这种命名方式不同于以往的数字命名，将当地景点、特产与民宿联系在一起，令游客耳目一新又印象深刻。

9.3.4　旅游地名翻译

旅游地名翻译的主要类型是景点和服务类地名。根据星级旅游景区地名翻译的规范，4A 级及以上景区的全景牌或全景导游牌必须使用中文、英文和另外一种及以上外语进行翻译，恭城两个 4A 级景区旅游地名翻译的语言种类均为英语和韩语。县内各景区的旅游地名翻译范围做到了全覆盖，翻译内容总体上较为准确，遵循了一定的地名翻译原则，但也有部分旅游地名翻译存在一定的问题。

一是旅游地名翻译不当，绝大部分旅游地名具有特殊的含义和文化内涵，在翻译时，简单的直译往往会破坏地名中蕴含的信息。如瑶族“炮楼”的主要特点是居高瞭望，便于观察，扼守重要交通线，其主要是用于抵御战乱和防匪防盗，争取时间传递信息，保护家园。“炮楼”在景区内的英文翻译为 Gun Turret，但 Turret 一词是指在大塔顶上、建筑物或墙壁（通常是城堡）一角的小塔，从特点和功能的角度，“炮楼”翻译为 Blockhouse（为防御敌人，用作观察点的掩体）更为恰当。翻译不当还表现为用词的使用习惯不同，导致翻译后表达的实际含义与原本的含义有出入。实地调查的 12 个恭城景区内“卫生间”的翻译均为 Restrooms，此处“卫生间”按照中文和实际功能所表达的意思是厕所、洗手间，而 Restroom 一词虽然也有厕所的含义，但英文中日常使用时多表意为公共场所的盥洗室和浴室，所以“卫生间”的英文翻译为 Toilet 更为恰当。翻译不当会使游客对地名产生误解，无法体现原地名的文化内涵或功能。

二是恭城景区内地名翻译存在不一致的情况。如地名牌和导向牌的翻译不统一，如杨溪景区中，“古樟树”的交通导向牌翻译为 Ancient Camphor Tree，而其地名牌为 Cinnamomum Camphora。又如同一地名翻译不一致，如同样是“红岩景区”，景区内部分地名标志上翻译为 Hongyan Scenic Area，另一部分地名标志却翻译为 Hongyan Village Scenic Area。同一地名翻译不统一，一来不易识别地名所指代的具体位置，二来容易使游客混淆。

三是景区内部存在地名翻译拼写不符合规范或书写有误的问题。如拼写不符合规范，像社山景区的“平安桥”，拼写为 Pingan Bridge，根据《中国地名汉语拼音字母拼写规则》要求，地名中凡是以 a、o、e 开头的非第一音节，在 a、o、e 前必须用隔音符号“'”隔开，所以此处正确拼写应为 Ping' an Bridge；又如拼写有误，像“瑶医馆”的翻译为 Yao Med cal Center，这是明显的英文书写错误。出现拼写问题，说明恭城景区的地名标志管理不到位，在地名标志的设置工作上不够严谨。

9.4 全域旅游视角下恭城瑶族自治县旅游地名开发对策

根据实地调研中发现恭城旅游地名存在的问题，结合恭城聚落地名所反映的地名文化，主要从以下几个方面提出地名文化旅游开发的对策，以期对恭城地名文化和旅游事业的发展有所启示。

9.4.1 建立恭城旅游地名系统

建立恭城旅游地名系统，主要指在结合恭城地名命名规律、文化特点和旅游产品特点的基础上，从点、线、面 3 个层面进行综合设计，构建旅游地名体系。

首先，从旅游景区、旅游景点、旅游餐饮、旅游酒店、旅游集散中心等地名的命名来建立旅游地名系统。如恭城现有的旅游地名因“茶江”而派生出了恭城新茶江便捷酒店、恭城茶江湾宾馆等系列地名，因“油茶”派生出油茶小镇、油茶文化长廊、恭城油茶体验馆等地名。其次，从旅游线路、旅游交通和景区内线性地名的命名中建立旅游地名系统。恭城交通专名多以行政区名称命名。景区内交通地名较少，且多以其功能或地理位置命名，如休闲步道、竹林幽径等。注重对交通地名的规划，形成统一的风格，如可将“茶”“瑶”“柿”等元素融入交通地名的专名，形成地名结群，突出反映恭城的地名文化。最后是政区地名、片状地名的规划，这些地名的命名可延续点线类旅游地名系统，同样可选择“茶”“瑶”“柿”等作为旅游地名的专名用字，这样的地名命名既符合规范又突出了恭城的地方文化，具有较强的地域特色，彰显了恭城瑶族人民多姿多彩的民族风情。

9.4.2　打造与恭城地名文化有关的地理标志产品

地理标志是为了保护地方特色产品的一种通行做法，通常以“地名 + 产品”的方式来命名，突出地域性和品牌价值。目前，恭城地理标志产品有恭城月柿、恭城娃娃鱼和恭城竹鼠三种。此外，恭城还有很多具有当地特色的优质农产品，如茶叶、厘竹、红瓜子和槟榔芋等。

以“茶”“油茶”命名的恭城地名反映了恭城人民的油茶养生文化，恭城盛产茶叶，且以北洞源村的毛茶为佳。在旅游开发过程中，可以“恭城茶叶”或“北洞源茶叶”为名申请农产品地理标志产品。这样既宣传了恭城的茶文化，又打开了茶叶的销路。恭城还有很多以“竹”“芋头”“瓜子”命名的地名，其中以“竹”命名的地名多达 49 个，在植物类地名中居首位，说明竹子在恭城人民生活中占有重要位置。恭城厘竹节稀荫平，材质厚，坚韧耐用，出口数量、质量均位于广西壮族自治区前列，可以“恭城厘竹”为名申请农产品地理标志，将地名文化和农业较好地结合起来，实现文化产业和农业的产业融合。

9.4.3　全社会助力地名文化旅游开发

全域旅游背景下的地名文化旅游开发，要求旅游从业人员和当地普通民众都积极参与旅游，充分发挥地名文化在旅游开发中的价值。

1. 加强旅游从业人员地名文化知识的培训和管理

在全域旅游背景下的旅游开发过程中，加强旅游从业人员对恭城地名文化知识的培训、地名管理知识的学习、重要命名规律的了解。因旅游从业人员是当地地名文化的重要传播者和直接翻译者，只有他们充分理解恭城的地名文化，才能将恭城的地名知识传播给游客，使游客领会到恭城的地名文化内涵。因此，旅游管理部门应加强对旅游从业人员地名知识的培训，包括景区名字、景区所在的乡镇地名、恭城地名和桂林地名等，地名知识包括地名由来、命名规律、文化内涵、地名故事等。

2. 充分发挥当地居民在地名管理中的监督作用

地名管理工作具有持续性，依托当地居民对地名的了解程度，发挥其监督作用。对于地名方面违法乱纪现象，居民可向有关部门举报。在地名命名和更名过程中，可通过民意调查的形式征求广大民众的意见，一个新地名能否长久地传承下去，很大程度上取决于是否顺应民心，所以地名命名和更名中的民意反馈至关重要。

9.4.4 全过程优化地名文化旅游体验

全过程指从游客选择目的地开始，到进入目的地，再到离开目的地，这整个过程都离不开地名。全过程优化地名文化旅游体验，主要从旅行前、旅行中和旅行后三个方面展开。

1. 做好地名文化的宣传和营销工作

让游客了解恭城地名文化，提升恭城地名文化对游客决策的影响力是至关重要的。可通过多种渠道宣传恭城地名文化，加强与专业旅游门户网站的合作，提升恭城地名知名度，针对不同类型游客采取不同方式、渠道进行营销，要以顾客需求为导向，注重游客的感知、体验和心理，让游客提前感受到目的地文化的魅力。

2. 旅行中强化地名审美功能

在旅游活动中，地名除了发挥基本的导向、知识功能外，对旅游审美也有一定的烘托作用，可丰富旅游体验[7]。在旅游地名利用中可增加地名文化信息解说内容，如社山景区、平安桥和晾网山等地名文化信息解说较为丰富，具有较好的故事性和趣味性。

3. 建立地名文化体验反馈机制

游客在旅游过程中体验到恭城地名文化后，会有一些地名文化体验的建议和想法，建立地名文化体验反馈机制可优化地名管理、规划，增强游客黏性，提高游客满意度。一方面，可将游客的建议和想法作为进一步完善地名工作的重点，避免因顾客的不满形成负面口碑；另一方面，通过游客的实时建议对恭城地名文化相关工作进行监督，形成持续的发展动力和依托。从具体操作来说，可针对游客和旅游目的地开发恭城地名文化问卷，让游客通过问卷对地名文化体验进行评分，从而实现对恭城地名文化相关工作的实时监督。

9.4.5　全部门保障旅游地名管理工作

地名管理工作涉及交通、城建、质检、工商、公安等部门，只有全部门做好沟通与协作，才能保障地名管理工作的顺利开展。首先，可以建立由民政部门牵头、各管理部门配合的地名管理工作机制。其次，民政部门应该规范地名管理，加大监督力度，建立景区地名管理相关规章制度，促进景区地名管理规范化、合理化，可以从地名标志的设置管理、地名解说、地名规划和地名翻译等方面优化地名管理工作。

旅游地名标志方面，及时对不符合实际情况的、指位不准确的标志进行改正和更新。旅游地名解说方面，对于有恭城特色的、有故事的地名，增加地名由来和演变等方面内容的解说。可适当增加电子讲解装置和设备，丰富旅游景区地名解说形式。旅游地名规划方面，相关部门应提高地名规划意识，做到旅游规划和地名规划并行，在对景区景点地名进行命名与更名时，尽量沿用聚落地名用字习惯，突出恭城地名文化特色。旅游地名翻译方面，成立景区专业地名翻译部门或小组。规范旅游地名翻译工作，做到地名汉字书写规范，外文书写、翻译准确，避免出现旅游地名翻译不当、拼写不符合规范和书写有误等情况的发生。

9.4.6　全方位做好地名文化宣传活动

结合恭城实际情况，全方位做好地名文化宣传活动，主要从旅游六要素中的食、住、购三方面实现地名文化的融合运用和宣传推广。

一是将恭城地名与饮食文化相融合。食即美食，解决游客吃的问题。目前开发较为成熟的特色美食主要有恭城油茶和恭城月柿，地名文化特色鲜明。除此之外，燕子山竹筒酒、莲花粉等当地美食，也融入地名元素，分别以地名燕子山、莲花镇命名。在此基础上，可进一步优化、丰富恭城地名与饮食文化融合模式，重点开发和宣传有当地特色的美食。

二是做好住宿类地名规划工作。总体来看，恭城住宿类地名缺少规划，只有少数饭店和民宿的名字对恭城地名进行了运用。建议相关部门在今后的旅游规划中应充分重视住宿类地名规划工作，如根据恭城聚落地名所突出反映的地名文化，打造“茶系列”“瑶系列”“柿系列”住宿类地名，更好呈现恭城的瑶族民族文化和地域特色。

三是开发与恭城地名有关的文创产品。恭城地名所承载的民族文化信息、地域特色，极具趣味性、审美性和故事性，开发与恭城地名有关的文创产品，可增加恭城的旅游收入，对其整体旅游形象的塑造有重要作用。如将一些有故事的、有趣的地名印刻在T恤上，将恭城风景优美的某座山或某条河流绘制在手机壳上等，丰富恭城旅游文创产品中的地名运用形式。

参考文献：

[1] 刘保全，李炳尧，宋久成，等. 地名文化遗产概论[M]. 北京：中国社会出版社，2011：77–79.

[2] 卢雅楠，张伟夫. 浅谈地名档案的资源属性和特征[J]. 中国地名，2017(1)：24–25.

[3]《恭城瑶族自治县概况》编写组. 恭城瑶族自治县概况[M]. 北京：民族出版社，2009.

[4] 韦艳绿，王荣. 地名在旅游口号中的嵌入及应用模式研究[J]. 旅游论坛，2023，16(1)：53–60.

[5] 王荣，刘影，许意如. 旅游地名研究理论体系建构研究[J]. 干旱区资源与环境，2021，35(8)：167–174.

[6] 许意如，韦艳绿，郑文俊，等. 景观地理实体命名“三词”模式探索：以桂林传统山水景名为例[J]. 干旱区资源与环境，2023，37(8)：178–186.

[7] 韦艳绿，王荣，朱华秀. 桂林市景区景点地名资源开发现状研究[J]. 西部旅游，2021(17)：26–29.

第10章　民族村寨地名文化氛围与游客行为意向关系研究

优秀的地名文化是一个地区文化遗产和历史底蕴的重要组成部分。少数民族村寨拥有独特的地名文化，记录着当地历史、传统和习俗，保护这些地名文化可以帮助人们更好地了解和欣赏地方民族特色，也有助于促进文化交流和旅游业发展，更有助于增强中华民族大团结。地名是一个地区的身份象征，它们对于当地居民来说有着重要意义。首先，保护与开发民族村寨地名文化可以提升当地居民的社区认同感。其次，民族村寨地名文化记录了不同民族在同一地区的生活和历史，保护民族村寨地名文化对于促进文化多样性及维护民族团结意义重大。最后，民族村寨地名文化可为旅游业提供更多文化资源，促进当地经济发展，给当地民众带来经济收益。然而，随着现代化的发展，许多民族村寨地名的独特性正在消失，给地方文化保护和传承带来巨大挑战，因此保护民族村寨地名文化对继承中华优秀传统文化，铸牢中华民族共同体意识具有重要意义。

挖掘民族村寨地名文化，发挥其异质性，进行合理的地名管理与地名规划，营造独具特色的地名文化氛围，促进民族村寨文化旅游发展，符合乡村振兴战略要求。民族村寨地名文化的开发利用可以增强当地居民与外地游客对当地民族文化、历史、审美的体验感，增强游客对民族文化、民族心理等层面的认知，促进民族村寨地名文化与旅游融合发展。民族村寨地名中蕴含着丰富的民族文化内涵，且一个地名代表着一个地方的形象，是最容易影响人第一印象的元素之一。然而在旅游开发过程中，将地名文化作为核心文化资源的地方不多。基于此，在倡导文化自觉与文化自信的新时代背景下，为助推文旅融合发展潮流以及更好地保护民族传统优秀地名文化，将地名文化氛围的研究与旅游相关学科领域相结合，重点研究民族村寨景区内地名文化氛围，提出民族村寨地名文化氛围营造策略，十分重要。本章以广西壮族自治区柳州市程阳八寨景区为案例地，引入 SOR 理论进行研究，其中，地名文化氛围为外界环境刺激，游客感知价值为机体的反应，游客行为意向为行为的反应，据此构建理论研究模型（见图 10–1）。

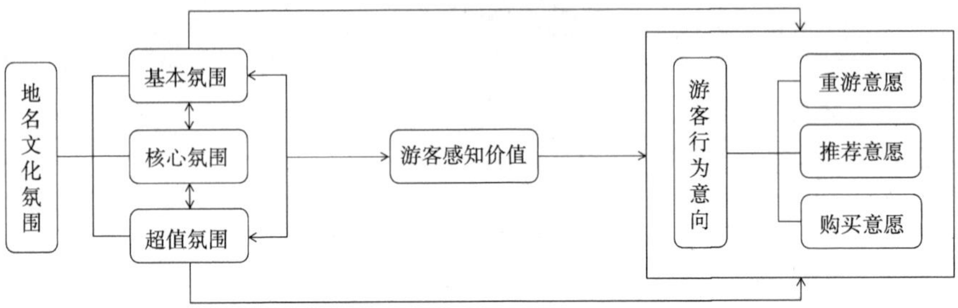

图 10–1　民族村寨地名文化 SOR 理论研究模型

10.1　研究假设

1. 地名文化氛围与游客感知价值的关系假设

文化资源可为游客提供旅游地独特的文化背景和历史信息，增强游客的文化认同和感知体验[1]，民族村寨地名文化是旅游地文化资源的重要组成部分，可营造出浓厚的地名文化氛围。基于文献梳理，结合研究案例地情况，这里将民族村寨地名文化氛围划分为基本氛围、核心氛围和超值氛围。学界对文化氛围与感知价值之间的关系探讨由来已久，旅游地良好的文化氛围可以激发其品牌价值和教育价值，已经成为共识。此外，文化氛围可以增强游客的情感参与[2]，使游客更容易产生情感共鸣和认同感[3]，旅游地地名营造的文化氛围，可以影响游客对旅游地的感知和评价；良好的文化氛围可以显著提高游客的旅游满意度[4]，尤其是在游客文化认知和情感参与方面产生更大影响；地名文化氛围是旅游地文化氛围的重要组成部分，当游客在一个具有浓厚地名文化氛围的旅游目的地旅游时，他们可能会感受到一种独特的情感体验，这种体验可以增强游客对目的地的认同感和忠诚度。这些观点，都被学者们所认同。基于以往相关研究，结合民族村寨地名文化氛围的研究情境，本书提出了民族村寨地名文化氛围与游客感知价值的关系假设：

H1：民族村寨地名文化基本氛围对游客感知价值存在显著影响；

H2：民族村寨地名文化核心氛围对游客感知价值存在显著影响；

H3：民族村寨地名文化超值氛围对游客感知价值存在显著影响。

2. 地名文化氛围与游客行为意向的关系假设

近年来，文化氛围与游客行为意向相互关系的研究越来越受到重视，并取得一定成果。首先，有研究表明，文化氛围对游客行为意向有积极影响，王珂通过构建迷笛音乐节氛围感知模型，发现在旅游地营造节庆氛围对游客行为意向有着正向影响，氛围营造可提升游客的满意度、推荐及重游意愿[5]。另外，韩笑在研究博物馆文化氛围感知中发现，博物馆文化氛围感知对游客行为意向有积极影响，其中物质文化氛围对游客行为意向影响最大[6]。其次，一些研究发现游客的行为意向还受到其他因素的影响，如旅游设施、交通便利性[7]、旅游体验[8]等，而这些因素是营造旅游地文化氛围的重要构成部分。基于已有的旅游地地名文化相关研究，可知地名文化具有独特的历史文化价值和旅游文化价值[9]，能够激发游客兴趣和好奇心，促进游客的参观和消费。民族村寨内部的地名所营造的文化氛围，应与游客行为意向之间存在密切关系。据此，提出以下假设：

H4：民族村寨地名文化基本氛围对游客行为意向存在显著影响；

H5：民族村寨地名文化核心氛围对游客行为意向存在显著影响；

H6：民族村寨地名文化超值氛围对游客行为意向存在显著影响。

3. 游客感知价值与游客行为意向的关系假设

游客对地名文化元素有深入的感知和认知，可能会对该旅游地产生更高的满意度和忠诚度，从而更有可能在未来再次前往该旅游地游览，或向他人推荐该景区。有学者证实，景区的游客感知价值与游客行为意向间存在正向关系[10]，当游客感知旅游目的地的价值越高时，他们的行为意向也会越强烈。这种正向关系基于游客感知价值和行为意向之间的联系，据此，可以提出如下假设：

H7：游客感知价值对游客行为意向有显著影响。

10.2 基于德尔菲法的地名文化氛围指标体系构建

基于对现有地名文化氛围相关研究的梳理，提出了地名文化氛围与游客行为意向关系的理论依据和关系假设。这里，尝试运用德尔菲法对民族村寨地名文化氛围的指标体系进行构建和测度，旨在构建一套科学的、可操作的地名文化氛围测评指标体系，以促进该领域研究的精准性和客观性，为民族村寨景区地名文化与游客行为意向之间的关系机制、机理研究提供支撑。

10.2.1 地名文化氛围指标研究设计方案

民族村寨地名文化氛围测量指标的研究设计方案遵循了 6W 原则，即从概念及其测量指标的内容、分析单位、资料或数据的收集和分析方法、收集资料或数据的数量、收集资料或数据的时间以及收集资料或数据的地点 6 个方面提出了构建指标体系的具体要求（见表 10–1），明确梳理地名文化氛围测量指标的思路。该研究方法体现了科学的研究规范，有利于提高研究的科学性和可信度。

表 10–1 民族村寨地名文化氛围测量指标的研究方案

6W	研究问题	回答问题
What	民族村寨地名文化氛围的定义是什么	民族村寨内部可被游客感知的与地名相关的要素集合
	测量指标是什么	民族村寨地名文化氛围指标
	测量指标与设计内容的关系	营造民族村寨地名文化氛围的重要因素
Who	研究分析的单位是什么	桂林理工大学旅游与风景园林学院
How	如何收集初级资料	文献梳理、专家访谈
	如何专家咨询	采用德尔菲法，发放专家问卷
How many	要咨询多少专家	邀请 20 位专家，最终有效不低于 10 位
When	何时发放专家问卷，何时结束	在发放游客问卷前完成专家问卷收集，专家问卷数量达标时结束
Where	收集资料的地点	教师办公室及线上

10.2.2 德尔菲法研究程序

目前，地名文化氛围相关研究较少，而学者对于文化氛围的测量评价指标不一，为使民族村寨地名文化氛围的测量评价指标更加权威公正，建立一个科学的民族村寨地名文化氛围测量指标体系十分重要。

1. 专家组的选择

作为提供观点和数据来源的专家组，其对德尔菲法研究的整个过程发挥着至关重要的作用。根据本次德尔菲研究的目的和任务，需收集地名文化和民族文化与旅游相关研究领域中杰出专家的观点和建议。通过多方面了解和咨询，拟定一份专家名单，这些专家都属于地名文化、民族文化与旅游领域的专家学者，并且持续关注过地名或民族文化相关研究。

在选择专家的过程中，应该认真考虑资深专家的建议，因为这些专家的丰富经验和知识可以为指标选定提供重要的参考依据。同时也要考虑到对于新技术和新领域有深入了解和独特见解的中青年专家的意见，并兼顾每位专家对民族村寨景区地名文化领域的关注度。将这三者结合起来，才能使本研究具有权威性、前瞻性和说服力。

因此，专家组遴选标准应满足以下 6 个条件中的 3 个及以上：①本科及以上学历；②致力于地名研究或实践工作 10 年以上；③致力于民族文化与旅游方面研究与实践 10 年以上；④关心地名研究并就职于与地名相关度较高的科研机构或者加入地名协会（如地名研究中心、地名学会）；⑤近三年发表地名相关的高质量文章两篇以上；⑥自愿参与并能持续参加问询直至专家咨询结束。最终，完整参与本研究的专家信息见表 10–2。

表 10–2 参与德尔菲法研究的 16 名专家资料情况

编号	性别	工作地点	工作单位性质	学历	职称	工作经验	研究领域
专家 1	男	广西桂林	高校	硕士研究生	教授	20 年以上	民族文化与旅游
专家 2	男	广西桂林	高校 / 地名学会	博士研究生	教授	10 ~ 20 年	地名文化 / 旅游地名
专家 3	男	江西南昌	科研机构	硕士研究生	副研究员	5 ~ 10 年	地名文化

续表

编号	性别	工作地点	工作单位性质	学历	职称	工作经验	研究领域
专家 4	女	湖南永州	高校	硕士研究生	助教	5 年内	地名文化 / 旅游地名
专家 5	女	广西桂林	高校	博士研究生	副教授	5 ~ 10 年	民族文化与旅游
专家 6	女	江西南昌	高校	硕士研究生	助教	5 ~ 10 年	旅游地名
专家 7	女	宁夏银川	高校	博士研究生	教授	20 年以上	地名文化
专家 8	男	甘肃兰州	高校 / 科研机构	硕士研究生	助理研究员	5 ~ 10 年	地名文化 / 文化地理
专家 9	女	甘肃兰州	科研机构	本科	助教	5 ~ 10 年	地名文化 / 旅游地名 / 文化地理 / 民族文化与旅游
专家 10	男	甘肃兰州	高校 / 科研机构	本科	助理工程师	5 年内	地名文化
专家 11	女	甘肃兰州	高校 / 科研机构	本科	助教	5 年内	地名文化
专家 12	女	湖北武汉	高校	硕士研究生	助教	5 ~ 10 年	民族文化与旅游
专家 13	男	重庆	高校	博士研究生	教授	20 年以上	地名用字 / 文字应用
专家 14	女	广西南宁	高校	博士研究生	副教授	20 年以上	民族文化与旅游
专家 15	男	北京	科研机构	硕士研究生	研究员	20 年以上	地名文化
专家 16	男	北京	政府部门	硕士研究生	研究员	20 年以上	地名文化

2. 专家学者意见问卷的编制与完善

实施德尔菲法的核心问题为："适用于对普通游客进行问卷发放的关于民族村寨地名文化氛围测量应包含哪些重要的一级指标和二级指标？"在确定初始专家问卷之前，对 4 名专家组核心成员进行了预访谈，针对核心问题，4 名专家组成员一致认为主观作答难度太大，建议采用客观题打分的形式进行选择或判断。根据预访谈结果，鉴于德尔菲法研究的特点和专家组的身份特征，决定将正式的专家问卷设计成半开放形式。

（1）第一轮专家咨询问卷

第一轮专家咨询问卷为半开放式，内容主要包括：①研究背景与目的的阐述，包括本研究的意义和填写说明。②民族村寨地名文化氛围测量指标，一级指标和二级指标构成的层次结构，其中二级指标是对一级指标的进一步展开。一级指标是对民族村寨地名文化氛围维度的划分，经过与专家组核心成员的商讨后确定。二级指标题项参考了前人地名文化氛围研究的测量题项，并从地名文化相关研究中提炼出对应的题项作为补充，每个题项均设置相应的重要性评分，并设修改意见栏，供专家对题项和维度的划分进行补充或修改。③专家基本情况，包括性别、年龄、所在单位、学历、职称及从业年限等。④专家自我评价，包括对民族村寨地名文化氛围的熟悉程度和判断依据。专家咨询结束后，整理、录入专家咨询问卷结果，并根据第一轮专家问卷筛选结果和专家建议，对民族村寨地名文化氛围测量指标进行删除、增设和修改，以形成第二轮专家咨询问卷。

（2）第二轮专家咨询问卷

第二轮专家咨询问卷同样沿用半开放式结构，内容主要包括：①反馈第一轮专家咨询结果；②第二轮民族村寨地名文化氛围测量指标的重要性评分和修改意见栏；③专家基本信息；④专家自我评价。第二轮专家咨询问卷收集截止后，对咨询结果进行整理和分析，同时结合第二轮专家问卷的筛选结果和专家建议，再次对民族村寨地名文化氛围测量指标进行修改，最终形成适用于游客问卷的民族村寨地名文化氛围测量指标。

10.2.3　德尔菲法实施过程

遵循德尔菲法的基本流程，进行了两轮调查以收集数据。整个实施时间从 2022 年 9 月 29 日开始，到 2022 年 10 月 30 日结束，持续时间为 1 个月。专家问卷的发放和回收全部采用线上形式进行。

按照德尔菲法的基本要求（见图 10–2），通过对地名相关研究的梳理以及与专家组核心成员的共同商讨，对指标含义进行定义并对指标题项进行维度划分，拟定专家咨询的基本提纲，采用指标重要性评分和半开放式问答题形式进行第一轮专家咨询，使用五级量表（1= 非常不同意，2= 不同意、3= 一般、4= 同意、5= 非常同意）进行评分。第一轮的数据收集是与专家进行为期两周的咨询，时间截止后在 48 小时内对所收集到的数据资料和文本资料进行整理并分析。随后，依据第一轮专家问卷结果拟定第二轮专家问卷调查表，启动第二轮专家咨询。第二轮专家咨询同样采用指标重要性评分和半开放式问答题的形式展开。第二轮数据回收时间为两周，时间截止后对回收数据进行统计分析，按照专家意见集中划分测量维度、遴选具体测量题项。

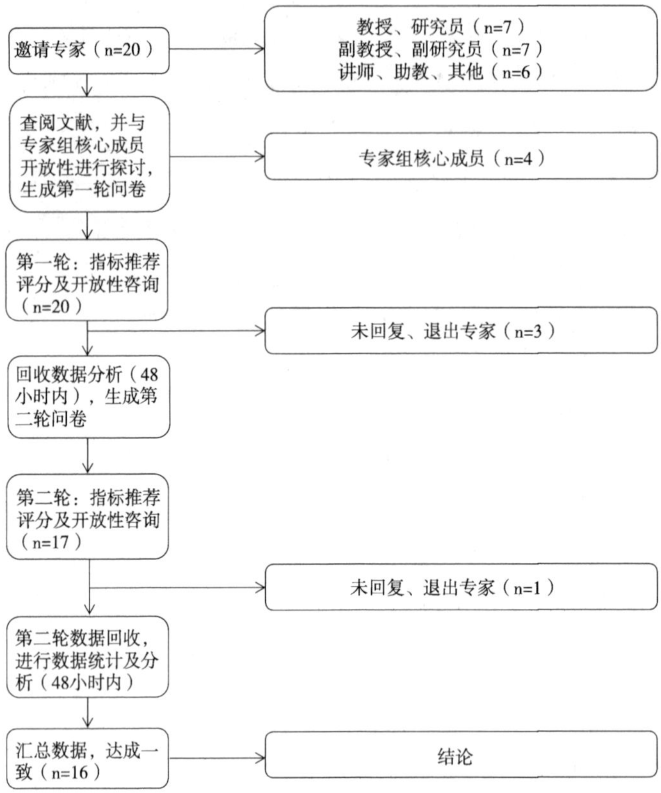

图 10-2　民族村寨地名文化氛围测量指标专家德尔菲法流程图

10.2.4　专家咨询结果分析

1. 专家基本情况

全程参与专家咨询的 16 位学者中，既包括经验丰富的资深专家，也包括对于新技术和新领域有深入了解和独特见解的中青年专家，且学者们在地名或民族旅游领域有一定的研究年限。全程参与此次德尔菲法研究的专家基本情况见表 10-3。从性别上看，参与专家咨询的男女性别比率均衡，构成比均为 50%；从学历上看，拥有硕士研究生学历的专家占比最高，为 50%，其次为博士研究生，占比 31.25%；从工作年限上看，20 年以上和 5～10 年的工作年限占比最高，均为 37.50%；从职称构成上看，高级职称占比最高，为 56.25%。

表 10-3　专家基本情况

调查项目	范围	人数	构成比
性别	男	8	50%
	女	8	50%
学历分布	博士研究生	5	31.25%
	硕士研究生	8	50%
	本科	3	18.75%
从事工作年限	5 年以内	3	18.75%
	5～10 年	6	37.50%
	10～20 年	1	6.25%
	20 年以上	6	37.50%
职称构成	高级	9	56.25%
	中级	1	6.25%
	初级	6	37.5%

2. 专家积极系数

用专家意见问卷调查表的回收率表示专家积极系数，回收率数值说明专家的配合程度。数值越大，说明专家越配合，得出的结论越可靠。两轮专家问卷咨询中（见表 10-4），第一轮共发放 20 份专家问卷，有 17 份成功收回，有效回收率为 85%；第二轮共发放 17 份问卷，有 16 份成功收回，有效回收率为 94.12%。两轮咨询分别有专家针对个别指标的修改、增加提出了建设性意见，且问卷回收率较高，表明专家对相关研究具有较强的关注度与支持度。

专家积极系数的计算公式：回收问卷专家人数 / 参加咨询专家人数。

表 10-4　调查问卷回收情况

调查轮次	发出问卷（份）	回收问卷（份）	问卷回收率（%）
第一轮	20	17	85.00
第二轮	17	16	94.12

3. 专家意见权威系数

运用专家自我评估的方法，考察咨询专家的权威水平。通常情况下，专家的权威程度由两个因素决定，即专家对于某一领域内的相关指标所具备的判断依据（Ca）以及专家对该领域内知识的熟练程度（Cs）。专家的权威系数（Cr）可通过将判断依据系数与熟悉程度系数进行算术平均值计算得出，即Cr =（Ca+Cs）/2。这一权威系数能够对专家的能力和可信度进行衡量，数值越高则表示该专家越值得信任。其中，判断依据（Ca）按照大、中、小不同影响程度，分别赋值，理论知识（0.3、0.2、0.15）；实践经验（0.45、0.35、0.25）；同行了解（0.2、0.15、0.1）；个人直觉（0.05、0.05、0.05），具体标准见表 10–5。熟悉程度（Cs）分为很熟悉、熟悉、一般、不熟悉、很不熟悉，分别赋值 1、0.8、0.6、0.4、0.2。

表 10–5　专家判断依据（Ca）量化

判断依据	对专家判断的影响程度（Ca）		
	影响小	影响中等	影响大
理论知识	0.15	0.2	0.3
实践经验	0.25	0.35	0.45
同行了解	0.1	0.15	0.2
个人直觉	0.05	0.05	0.05
合计	0.55	0.75	1

据统计，7 位专家的权威系数 Cr 值在 0.8～0.9，7 位专家的 Cr 值在 0.7～0.8，只有 2 位专家的 Cr 值低于 0.7。16 位专家权威程度均值大于 0.7，处于可接受范围之内。因此，参与本调查的专家团队的权威程度符合德尔菲法研究的要求。

4. 指标评分及客观题统计

根据本研究初步设定的指标体系，让专家对各级指标进行打分，采用 Excel 和 SPSS 软件进行数据的双录入、整理和分析。然后使用 Excel 简单计算专家的意见集中程度，包括平均数（$\bar{x}$）、标准差（S）、满分比（K）及变异系数（CV）等指标，使用 SPSS 25.0 软件计算专家的意见协调程度，用肯德尔和谐系数（Kendall's W）表示。

（1）专家意见集中程度

集中程度是指专家们对于多指标决策或评估中各个指标相对重要性的一致性程度，包括平均数（$\bar{x}$）、标准差（S）、满分比（K）及变异系数（CV）等指标。其中，满分比是指认为非常重要的专家人数占参加专家咨询总人数的比值，数值越大指标越重要；变异系数是指专家们对某项指标相对重要性的协调程度，用标准差与平均数相除而得，一般取 CV≤0.250，专家的协调程度越高则变异系数数值越小。各个指标的重要性赋值按照$\bar{x}$≥3.50、K>0.200、CV≤0.250 的原则进行筛选。

① 一级指标统计结果。经过两轮专家咨询，关于一级指标，专家们达成了较高程度的认可。具体而言，第一轮指标的重要性赋值平均数为4.235 ~ 4.588，变异系数为 0.139 ~ 0.244，满分比为 0.412 ~ 0.706，一级指标均满足指标筛选要求（见表 10–6）。第二轮指标的重要性赋值平均数为 4.438 ~ 4.875，变异系数为 0.070 ~ 0.142，满分比为 0.500 ~ 0.875，一级指标均满足指标筛选要求（见表 10–6）。

表 10–6　专家意见咨询一级指标统计结果

第一轮					第二轮				
编号	$\bar{x}$	S	CV	K	编号	$\bar{x}$	S	CV	K
A	4.235	1.033	0.244	0.588	A	4.438	0.629	0.142	0.500
B	4.588	0.795	0.173	0.706	B	4.875	0.342	0.070	0.875
C	4.353	0.606	0.139	0.412	C	4.688	0.479	0.102	0.688

② 二级指标统计结果。第一轮专家咨询中，专家们对大部分二级指标达成了较高程度的认可（见表 10–7），但是“AQ2 地名标识的类型”“AQ4 地名标识摆放位置”“AR3 景区售卖的代表性地名商品（如地理标志产品、工艺品）”“BU6 景区的地名管理制度和后勤保障制度”的变异系数大于 0.25，可知专家们对这 4 个指标相对重要性的协调程度较差，将此 4 个题项予以删除。

表 10-7　专家意见咨询二级指标统计结果

第一轮					第二轮				
编号	$\bar{x}$	S	CV	K	编号	$\bar{x}$	S	CV	K
AQ1	4.353	0.931	0.213	0.588	AQ1	4.625	0.500	0.108	0.625
AQ2	4.177	1.074	0.257	0.529	AQ3	4.438	0.727	0.164	0.563
AQ3	4.353	0.786	0.181	0.529	AQ5	4.313	0.793	0.184	0.500
AQ4	4.118	1.054	0.256	0.529	AQ6	4.563	0.814	0.178	0.750
AQ5	4.294	0.849	0.198	0.529	AQ7	3.563	1.153	0.324	0.313
AQ6	4.294	0.985	0.229	0.588	AR1	4.563	0.629	0.138	0.625
AQ7	4.294	0.985	0.229	0.588	AR2	4.500	0.730	0.162	0.625
AR1	4.471	0.800	0.180	0.647	BT1	4.500	0.816	0.181	0.688
AR2	4.588	0.712	0.155	0.706	BT2	4.688	0.479	0.102	0.688
AR3	4.059	1.029	0.254	0.471	BT3	3.625	0.806	0.222	0.188
BT1	4.529	0.717	0.158	0.647	BU1	4.688	0.602	0.128	0.750
BT2	4.647	0.606	0.130	0.706	BU2	4.625	0.619	0.134	0.688
BT3	4.412	0.870	0.197	0.588	BU3	4.063	0.443	0.109	0.125
BU1	4.647	0.606	0.130	0.706	BU4	4.813	0.403	0.084	0.813
BU2	4.588	0.870	0.190	0.765	BU5	4.625	0.619	0.134	0.688
BU3	4.235	0.903	0.213	0.471	BU6	4.563	0.512	0.112	0.563
BU4	4.824	0.393	0.081	0.824	BS1	4.563	0.512	0.112	0.563
BU5	4.706	0.470	0.100	0.706	BS2	4.813	0.403	0.084	0.813
BU6	3.824	1.015	0.265	0.294	CE1	4.438	0.814	0.183	0.625
BS1	4.706	0.470	0.100	0.706	CE2	4.625	0.619	0.134	0.688
BS2	4.765	0.437	0.091	0.765	CQ1	4.563	0.512	0.112	0.563
CE1	4.588	0.712	0.155	0.706	CQ2	4.625	0.619	0.134	0.688
CE2	4.471	0.717	0.160	0.588	CQ3	4.563	0.629	0.138	0.625
CQ1	4.706	0.470	0.100	0.706	CQ4	4.875	0.342	0.070	0.875
CQ2	4.706	0.588	0.125	0.765					
CQ3	4.353	0.786	0.181	0.529					

参考第一轮专家问卷数据的结果，删除数据不符的题项。另外，根据专家提出的开放性建议，修改和增设了一些题项的表述内容，形成第二轮专家

问卷。在第二轮专家问卷中，修改的题项包括 AQ3、BU1 和 BS2，增设的题项包括 BU6 和 CQ4。通过计算与分析第二轮专家问卷数据（见表 10–7），其中“BT3 景区内地名在游客旅游活动中的作用”“BU3 景区内咨询中心提供的地名文化咨询服务质量”这两项满分比小于 0.2，说明这两个题项重要程度不高，予以删除。

（2）专家意见协调程度

肯德尔和谐系数（Kendall's W）用于展示专家意见协调程度，分析评判专家的评判标准是否一致公平，其中协调系数（W）数值为 0～1，系数越高，说明专家的一致性越高。导入两轮问卷数据于 SPSS 25.0 软件并进行相应分析，得到两轮专家咨询问卷的协调系数（W）分别为 0.137 和 0.177，且 $p<0.01$（见表 10–8），说明参与调查的专家对每项指标的相关性评价较为一致，可以接受。

表 10–8　肯德尔和谐系数和显著性检验 p 值

调查轮次	协调系数（W）	卡方值（K）	自由度（df）	显著性（p）
第一轮	0.137	65.112	28	0.000
第二轮	0.177	73.656	26	0.000

（3）专家意见主观题分析

在第一轮问卷意见征求过程中，专家 7 给出了对一级指标划分及二级指标增加条目的建议。对一级指标的分类建议为：“可划分为实体地名文化氛围（物质地名）、虚体地名文化氛围（非物质地名）、兼容性地名文化氛围（过渡类地名）。”对二级指标的建议为：“应当有一个‘系列地名营造的景区整体体验与记忆’，毕竟单个地名只营造景点个性，综合在一起可以构建游客对景区资源与文化的认知。”据此建议，在第二轮专家问卷中增设题项“CQ4 系列地名营造的景区整体体验与记忆”。专家 13 给出的二级指标建议为：“适当增加景区地名的语源、得名由来、汉译用字等的测量指标。”据此建议，在第二轮专家问卷中增设题项“BU6 景区地名中的民族语地名汉译用字是否通俗易懂且规范”。专家 15 也给出了一些二级指标选取的建议：“二级指标当中需要体现民族文化、时代文化（历史）、地域文化（地理）、语言文化（书法）、科技文化。”专家 16 对本研究提出了评价式建议：“民族地名文化是中华优秀历史文化的重要组成部分和宝贵遗产。研究民族地名文化，讲好民族地名故事，揭开文化面纱，为推进民族文化自信、团结、进步和民族文化旅游、民族文化产业发展、国家乡村振兴战略有着重要的意义。”可以看出该专家对本研究的大力支持和所呈现指标的赞同度。结合专家主观题意见和综合前文的问卷评分数据，保留原本一级指标分类。根据专家们对二级指标的建议，修改和增加的指标见表 10–10 和表 10–11。

在第二轮问卷意见征求过程中，专家在主观题中提出的意见较少，只有以下两条建议。专家 4 认为：“BT3 景区内地名在游客旅游活动中的作用，感觉不具体，有点空泛，这里是指指位性，即向导作用。这个核心作用应该是知识作用、审美作用、调动情绪作用等。”专家 6 认为：“地名在旅游活动中的作用，这一说法并不具体，可举例简单说明。”参考这些专家的建议，在制作游客问卷时作了相应的语言描述调整。

10.2.5 指标筛选结果

1. 指标筛选过程

第一轮专家咨询意见中，所有一级指标的重要性赋值均满足指标筛选的标准，但是二级指标中的“AQ2 地名标识的类型”“AQ4 地名标识摆放位置”“AR3 景区售卖的代表性地名商品（如地理标志产品、工艺品）”“BU6 景区的地名管理制度和后勤保障制度”的变异系数大于 0.25，不符合指标筛选标准，予以删除。综合第一轮专家咨询意见，对指标进行适当的删除、修改和增加（见表 10–9 至表 10–11）。

表 10–9 第一轮专家意见咨询删除的二级指标

编号	指标内容	删除原因
AQ2	地名标识的类型	变异系数 >0.25
AQ4	地名标识摆放位置	变异系数 >0.25
AR3	景区售卖的代表性地名商品（如地理标志产品、工艺品）	变异系数 >0.25
BU6	景区的地名管理制度和后勤保障制度	变异系数 >0.25

表 10-10　第一轮专家意见咨询修改的二级指标

编号	原指标内容	修改后指标
AQ3	地名标识的数量	地名标识的数量充足度
BS2	景区内地名展现的民族形象与特色（如住宿、餐饮地名、地名标识）	景区内地名展现的民族形象与地域特色（如住宿、餐饮地名、地名标识）
BU1	地名标识文字解说内容的完整程度	地名标识文字解说内容的完整程度（是否包含地名语源、得名由来等重要内容）

表 10-11　第一轮专家意见咨询增加的二级指标

上级指标编号	上级指标内容	增加的指标内容
C	超值氛围	系列地名营造的景区整体体验与记忆
B	核心氛围	景区地名中的民族语地名汉译用字是否通俗易懂且规范

第二轮专家意见咨询中，删除指标有“BT3 景区内地名在游客旅游活动中的作用”“BU3 景区内咨询中心提供的地名文化咨询服务质量”（见表 10 12），无修改和增加指标。

表 10-12　第二轮专家意见咨询删除的指标

编号	指标内容	删除原因
BT3	景区内地名在游客旅游活动中的作用	满分比 <0.2
BU3	景区内咨询中心提供的地名文化咨询服务质量	满分比 <0.2

2. 指标筛选结果

第二轮专家意见咨询达成一致，初步形成具有专家共识的民族村寨地名文化氛围测量指标，包含 3 个一级指标，22 个二级指标，保留的题项用于制作游客问卷当中的地名文化氛围的测量项，详细见表 10-13。

表 10-13　民族村寨地名文化氛围指标筛选结果

维度	测量指标
基本氛围	AQ1 景区内对其地名历史文化遗址、文物资源保护开发与留存情况
	AQ3 地名标识的数量充足度
	AQ5 地名标识外形设计
	AQ6 地名标识指位功能
	AQ7 景区内提供的地名信息查询设备状况
	AR1 景区内提供的地名宣传信息（如宣传册、宣传片、官网网页、3D 智能导览）
	AR2 景区内的地名文化载体（如影视、乐曲、节庆活动）
核心氛围	BT1 景区内景点名称与其所描述的风景一致性
	BT2 景区地名展现形式是否丰富且有吸引力
	BU1 地名标识文字解说内容的完整程度（是否包含地名语源、得名由来等重要内容）
	BU2 景区内工作人员对地名文化的解说专业性
	BU4 景区对地名文化展示的内容质量
	BU5 景区地名文化的宣传效果
	BU6 景区地名中的民族语地名汉译用字是否通俗易懂且规范
	BS1 地名引起游客对于民族文化的关注
	BS2 景区内地名展现的民族形象与地域特色（如住宿、餐饮地名、地名标识）
超值氛围	CE1 游客相互之间探讨地名文化
	CE2 游客与当地居民、接待者之间探讨地名文化
	CQ1 景区地名的吸引力（包括旅游目的地、地名产品）
	CQ2 景区地名增强游客的旅游情感体验
	CQ3 景区地名具备的丰富教育性
	CQ4 系列地名营造的景区整体体验与记忆

10.3　研究区域概况与数据收集

基于分析和假设，民族村寨地名文化氛围会对游客行为意向产生影响，且根据德尔菲法结果进一步明晰了民族村寨地名文化氛围测量的指标和维度。接下来需要收集数据，进行科学合理的实证研究来检验模型和假设路径。通过阐述研究区域选择、问卷设计流程、数据收集等方面的情况，为后续得出民族村寨地名文化氛围对游客行为意向的影响结果提供数据支撑。

10.3.1　研究区域概况

1. 研究区域简介

位于柳州市三江侗族自治县林溪镇的程阳八寨景区，以其独特的侗族风情和秀美的自然风光而著名，被誉为“中国十大最美乡村”和“中国少数民族特色村寨”。景区以侗族文化为主题，是侗族社区型景区，景区内的村寨是侗族人的传统居住地，拥有独特的侗族文化和风俗习惯。程阳八寨景区的得名与姓氏有关，相传程姓和阳姓人家最早来此居住，故此地命名为“程阳”，且景区包含 8 个自然村寨，因此俗称“程阳八寨景区”。程阳八寨景区的 8 个自然村寨包括马鞍、平寨、岩寨、平坦、懂寨、大寨、平铺和吉昌，每个村寨都有着独特的地理环境和人文特色，其中马鞍、平寨、岩寨是核心景区且被列入“中国世界文化遗产预备名单”。

2. 研究区域地名文化氛围营造现状

（1）程阳八寨景区内部点状地名

程阳八寨景区点状地名的物质载体（具体项目见表 10–14）通常是指特定的建筑、景观或标志性的地点，例如博物馆、寺庙、观景台、纪念碑等，也包括承载着当地地名文化的节事活动和纪念品。这些地名点分布在景区的各个角落，可以是独立存在的，也可以是与其他地名点相互连接的。在地图上，这些点状地名通常用图标或符号来表示，方便游客寻找。

表 10–14　程阳八寨景区点状地名文化载体表现形式及代表项目

表现形式	代表项目
地名文化标识	景区名称、商铺名称、景物标牌、科普标牌
名胜古迹建筑	平寨鼓楼、岩寨鼓楼、程阳永济桥、马鞍鼓楼坪、马鞍戏台、万寿桥、合龙桥、月也歌堂、万寿桥、频安桥、岩寨萨坛、普济桥、平寨寨门、听耶亭、赖努亭、马鞍寨寨门、河边井、醉山泉、平寨懂井、思源亭、龙凤井、上下井、溪边寨门、东（懂）寨鼓楼、飞山庙、大寨寨门、大寨水井、大寨鼓楼、侗族银饰博物馆、侗族非遗生活馆、侗族油茶美食体验馆、侗族木构博物馆、侗绣非遗体验馆、月地瓦生态农业园、程阳八寨红色教育基地、大歌迎宾广场、同心桥、侗情湖、侗画博物馆、马鞍迎客广场、聚福鱼鳞桥

续表

表现形式	代表项目
节事活动	侗年·刨汤节、多耶节、芦笙节、月地瓦、南瓜·油茶节、闹鱼·新米节、八寨·祭福桥、侗族大歌节
纪念品	三江早春茶、三江重阳酒、侗画折叠书灯、非遗侗绣手提包、坐妹油茶、芦笙项链、鼓楼耳环、琵琶项链、风雨桥戒指、侗画抱枕、侗画双面化妆镜、侗族刺绣背包

点状地名信息呈现载体可划分为静态载体和动态载体，其中静态载体包括地名实体状况（资源保护情况、固定查询设备）、地名标识（包括地名标志牌、解说牌、指示牌的类型与数量等）和固定实体（包括名胜古迹、建筑、纪念品等）。动态载体包括节事活动和纪念品等形式，其中节事活动通常与特定的地理区域、文化背景和历史传承密切相关，因此节日活动常作为地名的重要组成部分，成为地名的载体。如每年开展的多耶节是程阳八寨景区侗家民俗和旅游文化相结合的文化品牌，主要以歌舞形式展示，该节日与侗族人的传统居住地密切相关，地名文化也成为其展示的重要内容。程阳八寨景区内具有代表性的地名文化标识、名胜古迹建筑、节事活动和纪念品等点状物质载体承载着地名文化，营造着程阳八寨景区地名文化氛围。

（2）程阳八寨景区内部线状地名

地名为线路组织的基础元素，景区内的地名线通常是指特定的路径或路线，例如步道、登山路线、观光车道等。程阳八寨景区内部有民俗风情路线、红色旅游路线和登高摄影路线（见表 10–15），这些地名线连接景区内的不同地点或景观，使游客能够顺畅地游览整个景区。在地图上，这些路线通常用实线或虚线表示，以便游客能够清晰地辨认。

表 10–15 程阳八寨景区推荐游览路线

路线名称	路线内容
民俗风情路线	大歌迎宾广场→侗画博物馆→程阳永济桥→合龙桥→侗族非遗生活馆→岩寨鼓楼→万寿桥→侗族木构博物馆→聚福鱼鳞桥→平寨鼓楼→月也歌堂
红色旅游路线	大歌迎宾广场→侗画博物馆→程阳八寨红色教育基地→程阳永济桥→马鞍沿河步道→马鞍迎客广场→马鞍鼓楼→合龙桥→侗绣非遗体验馆→岩寨鼓楼→万寿桥→侗族木构博物馆→聚福鱼鳞桥→平寨鼓楼→月也歌堂
登高摄影线路	大歌迎宾广场→侗画博物馆→上山步道→听耶亭→马鞍迎客广场→马鞍鼓楼→合龙桥→岩寨鼓楼→万寿桥→侗族木构博物馆→聚福鱼鳞桥→平寨鼓楼→月也歌堂

（3）程阳八寨景区内部面状地名

面状地名是指在地理空间上具有一定形状和范围的地名，其表现形式通常是在地图上呈现为面状图形，包括地貌类型、水系类型和各级各类行政区域。程阳八寨景区内部片状地名展示设施较少，只有少部分地名标识展示了景区内的片状地名。

程阳八寨景区内部最为直观的面状地名包括 8 个村寨的名称，这些面状地名主要受到地形和侗语的影响，见表 10–16。如吉昌，“吉”侗语为山坡之意，“昌”即昌盛的，因该村寨位于似枪尖的山坡上，因而得名。通过实地调研和游客访谈发现，程阳八寨景区内缺乏相关面状地名的讲解牌，尤其是地貌类型和水系类型的面状地名。

表 10–16　面状地名及其含义

面状地名	地名含义
马鞍	因寨子地形像个马鞍而得名
平寨	以土坪得名，“平”侗语为坪地之意，“寨”为寨子
岩寨	因寨子建在岩石坡上得名，“岩”指岩石坡，“寨”指寨子
平坦	以土坪得名，“平”侗语为坪地之意，“坦”侗语为部落居住过的地方。该寨子所在地很平，是过去“旦”部落居住过的地方
懂寨	因该寨子位于整个村的东部，“懂”与“东”近音，为东面之意，“寨”为寨子
大寨	因当时附近的几个寨子它最大，以村寨规模得名
平铺	“平铺”即指地势平坦，“平”指坪地，寨子驻地平坦，故以土坪得名
吉昌	“吉”侗语为山坡之意，“昌”即昌盛的，该寨子位于似枪尖的山坡上，故以地形、地貌得名

资料来源：中国 · 国家地名信息库，https://dmfw.mca.gov.cn/search.html。

10.3.2　问卷设计与题项描述

1. 问卷设计

采用问卷调查法作为主要数据收集方式，旨在收集民族村寨地名文化氛围、游客感知价值、游客行为意向以及游客基本信息。问卷内容分为 4 个部分，以全面而系统地获取相关数据，具体包括：民族村寨地名文化氛围部分、游客感知价值部分、游客行为意向部分及游客基本信息统计部分，另设置开放性题项征求游客对民族村寨景区地名文化氛围营造的建议。为方便数据统计和分析，游客问卷的设计采用 5 级里克特量表作为评价工具。里克特量表共包括 5 个级别，分别为“非常不同意”、“不同意”、“一般”、“同意”和“非常同意”，受访者可选择其中一个级别评价各项指标。为确保研究结果的准确性和可靠性，调研分为两次进行，以保证数据的充分性和客观性。在正式调研之前，进行一轮预调研，以确定各项指标是否符合研究条件。在预调研阶段，将对各项指标进行初步筛选和检测，剔除不符合研究要求的指标，以确保正式调研的数据质量和可靠性。经过预调研后，符合研究条件的指标被纳入正式调研范畴，进行深入研究。

最终形成的游客问卷包含 4 个部分，即民族村寨地名文化氛围、游客感知价值、游客行为意向以及游客基本信息的统计。其中，第一部分用于评估民族村寨地名文化对游客的影响程度；第二部分旨在了解游客对旅游地地名文化价值的认知程度；第三部分为评估游客对景区未来行为的预期；第四部分收集游客的基本信息，统计受访者的人口统计学特征。

2. 题项描述

（1）地名文化氛围测量指标及题项描述

基于德尔菲法，多位专家对民族村寨地名文化氛围测量指标进行了确定，结合专家意见，设计出了游客问卷量表。该量表包含民族村寨地名文化氛围的基本氛围、核心氛围和超值氛围 3 个维度，共计 22 个测试项（见表 10–17）。为方便数据分析，对测试项进行重新编码，并对每个题目进行简写，以便后续分析中可更加简洁明了地了解模型估计中对应变量具体含义。运用量表设计的方法，将民族村寨地名文化氛围量表转化为游客问卷量表，确保量表设计的科学性和可靠性。

表 10–17 游客问卷地名文化氛围测量题项

维度	题序	问卷题项描述	题项简写
基本氛围	A1	景区内对其地名历史文化遗址、文物资源的保护开发与留存的情况很好（如传统鼓楼等建筑）	遗址留存
	A2	景区内地名标识的数量足够，满足游览需要	标识数量
	A3	景区地名标识外形设计十分美观且整体协调	标识外观
	A4	景区的地名标识指位明确，位置醒目，便于寻找	指位情况

续表

维度	题序	问卷题项描述	题项简写
基本氛围	A5	景区内提供的地名信息查询设备使用方便	查询设备
	A6	景区内提供的地名宣传信息丰富（如宣传册、宣传片、官网网页、3D 智能导览）	宣传载体
	A7	景区内地名文化载体丰富且形式多样（如影视、乐曲、节庆等）	文化载体
核心氛围	A8	景区内景点名称与其所描述的风景是一致的	名景一致
	A9	景区地名展现形式对您来说丰富且有吸引力	展现形式
	A10	景区内地名标识文字解说内容十分完整（是否包含地名语源、得名由来等重要内容）	解说完整
	A11	景区内工作人员对地名文化的解说十分专业	解说专业度
	A12	景区对地名文化展示的内容质量非常高	内容质量
	A13	景区地名文化的宣传效果非常好	宣传效果
	A14	景区地名中的民族语地名汉译用字十分通俗易懂且规范	民族语汉译
	A15	地名引起您对于程阳八寨当地民族文化的关注与兴趣	地名关注点
	A16	景区内地名展示出了当地的民族形象与地域特色（如住宿、餐饮地名、地名标识）	民族现象
超值氛围	A17	游客与其他游客之间共同探讨了景区地名文化	游客互动
	A18	游客与当地居民、接待者之间一起探讨了地名文化	主客互动
	A19	景区地名对游客十分有吸引力（如旅游目的地、地名产品的名称）	地名吸引力
	A20	景区地名增强并丰富了游客的旅游情感体验	情感体验
	A21	景区的地名具有丰富的教育性	教育性
	A22	景区内的一系列地名营造了游客对于程阳八寨整体体验与记忆	整体记忆

（2）游客感知价值测量指标及题项描述

基于相关文献的梳理及案例地实际情况，将游客感知价值划分为品牌价值、教育价值、情感价值，具体包括以下题项，见表 10–18。

表 10–18　游客感知价值指标题项

题序	问卷题项描述	题项简写
B1	游客认为程阳八寨景区地名文化知名度高	知名度
B2	游客认为程阳八寨景区地名文化美誉度高	美誉度

续表

题序	问卷题项描述	题项简写
B3	游客认为了解程阳八寨景区地名文化使其学到相关知识	知识感知
B4	游客认为了解程阳八寨景区地名文化提高了其对地名的保护意识	保护感知
B5	游客认为对程阳八寨景区地名文化非常好奇	探索度
B6	游客认为了解程阳八寨景区地名文化会对这次的旅游体验加分	体验度

（3）游客行为意向测量指标及题项描述

游客行为意向包括重游意愿、推荐意愿、购买意愿，主要包括 6 道题项，见表 10–19。

表 10–19 游客行为意向指标题项

题序	问卷题项描述	题项简写
C1	游客将地名文化浓厚的民族村寨景区作为今后出游的首选	民族村寨重游意愿
C2	游客在费用上涨的情况下依旧会选择前往地名文化氛围浓厚的民族村寨景区旅游	费用上涨重游意愿
C3	游客会向家人、朋友及同事积极宣传程阳八寨景区地名文化	推荐地名文化意愿
C4	游客会向家人、朋友及同事积极推荐程阳八寨景区	推荐整个景区意愿
C5	游客愿意购买景区内售卖的具有代表性的地名文化纪念物	购买产品意愿
C6	游客愿意花钱参与景区内有关地名文化的播放影视、演奏乐曲、节日庆祝等活动	参与活动意愿

10.3.3 数据收集与前测问卷分析

1. 数据收集

数据收集共进行了两次游客问卷调查，先通过预调研检测各项指标，然后再展开正式调研。预调研时间为 2022 年 11 月 1 日—2 日，共收回 56 份问卷，其中 50 份为有效问卷，6 份为无效问卷，问卷有效率为 89.29%。测量预调研数据信度与效度后，于 2022 年 11 月 11 日—13 日前往程阳八寨景区开展正式问卷调研，共收到 460 份问卷，其中线下问卷 430 份，线上问卷 30 份。经过筛选，获取 426 份有效问卷和 34 份无效问卷，问卷有效率为 92.61%。

2. 前测问卷信度分析

使用 Cronbach's α 系数和总计相关性检验测量指标的内部一致性。从表 10–20 显示的结果可知，地名文化氛围量表整体信度为 0.962，其中，基本氛围维度的 Cronbach's α 值为 0.914，核心氛围维度的 Cronbach's α 值为 0.924，超值氛围维度的 Cronbach's α 值为 0.864；游客感知价值维度的 Cronbach's α 值为 0.902，游客行为意向维度的 Cronbach's α 值为 0.880，各个量表的 Cronbach's α 值均大于 0.8。此外，各题项修正后的项总计相关性（CITC 值）都大于 0.4，确保了对应题项在问卷结构中的准确度。结果显示，前测问卷数据组合信度良好，且各个题项在问卷结构中准确度良好，可保留所有题项。

表 10–20　问卷预调查信度分析汇总

维度（潜变量）	测项（题项）	修正后的项总计相关性（CITC 值）	删除项后的 α 系数	维度的 α 系数
基本氛围（7 项）	A1	0.761	0.960	0.914
	A2	0.719	0.960	
	A3	0.845	0.959	
	A4	0.741	0.960	
	A5	0.733	0.960	
	A6	0.614	0.961	
	A7	0.650	0.961	
核心氛围（9 项）	A8	0.655	0.961	0.924
	A9	0.874	0.958	
	A10	0.747	0.960	
	A11	0.769	0.960	
	A12	0.823	0.959	
	A13	0.772	0.959	
	A14	0.773	0.959	
	A15	0.665	0.961	
	A16	0.664	0.961	

续表

维度（潜变量）	测项（题项）	修正后的项总计相关性（CITC 值）	删除项后的 α 系数	维度的 α 系数
超值氛围（6 项）	A17	0.620	0.961	0.864
	A18	0.424	0.963	
	A19	0.657	0.961	
	A20	0.741	0.960	
	A21	0.814	0.959	
	A22	0.696	0.960	
地名文化氛围量表整体信度（22 项）	Cronbach's alpha=0.962			
游客感知价值	B1	0.786	0.878	0.902
	B2	0.801	0.876	
	B3	0.575	0.907	
	B4	0.813	0.873	
	B5	0.738	0.887	
	B6	0.717	0.887	
游客行为意向	C1	0.656	0.865	0.880
	C2	0.745	0.851	
	C3	0.718	0.856	
	C4	0.542	0.881	
	C5	0.717	0.855	
	C6	0.783	0.843	

3. 前测问卷探索性因子分析

探索性因子分析可以检测地名文化氛围这个量表中每道题项的解释程度是否达标。使用 SPSS 25.0 软件，经过探索性因子分析后，旋转出了 3 个公因子，地名文化氛围量表得到了区分。其中，地名文化氛围量表的 KMO 检验值为 0.868，显著性 P=0.000<0.001，达到显著（见表 10-21），表明量表存在共同因素，适用于作因子分析。各维度每一个题项的因子载荷均大于删除值 0.5，可保留所有题项。这 3 个维度的累计方差贡献率最大值为 69.271%，

说明上述变量因子具有高度的解释性，能够解释大部分测量指标的内容。综上数据表明，通过德尔菲法对地名文化氛围 3 个维度的划分可靠。

4. 前测问卷效度分析

（1）地名文化氛围效度分析

效度分析是用以检验问卷题项设计的准确度及潜变量确定的合理性的分析方法。根据表 10–21 中的数据可得，民族村寨地名文化氛围量表的 KMO 值为 0.868，且显著性 P=0.000，符合 KMO 值 >0.6、Sig.<0.05 的标准，因此地名文化氛围量表效度达标，且适合进行因子分析。

表 10–21　前测问卷地名文化氛围 KMO 测度和 Bartlett 球形检验结果

Kaiser Meyer–Olkin 抽样适应性参数		0.868
Bartlett 球形度检验	近似卡方分析	904.435
	自由度 df	231
	显著性 Sig.	0.000

（2）游客感知价值效度分析

根据表 10–22 中的数据可得，游客感知价值量表的 KMO 值为 0.820，且显著性 P=0.000，符合 KMO 值 >0.6、Sig.<0.05 的标准，因此游客感知价值量表效度达标，且适合进行因子分析。

表 10–22　前测问卷游客感知价值 KMO 测度和 Bartlett 球形检验结果

Kaiser Meyer–Olkin 抽样适应性参数		0.820
Bartlett 球形度检验	近似卡方分析	195.036
	自由度 df	15
	显著性 Sig.	0.000

（3）游客行为意向效度分析

根据表 10–23 中的数据可得，游客行为意向量表的 KMO 值为 0.809，且显著性 P=0.000，符合 KMO 值 >0.6、Sig.<0.05 的标准，因此游客行为意向量表效度达标，且适合进行因子分析。

表 10–23 前测问卷游客行为意向 KMO 测度和 Bartlett 球形检验结果

Kaiser Meyer–Olkin 抽样适应性参数		0.809
Bartlett 球形度检验	近似卡方分析	164.248
	自由度 df	15
	显著性 Sig.	0.000

10.4 正式调查数据分析

基于相应理论模型、研究假设、研究设计及实地调研，首先应通过整理调研数据，描述性统计了解受访者的基本情况和各题项的得分情况，并分析不同人群对民族村寨地名文化氛围感知的差异性，然后进行结构方程模型检验，检验前文所作假设是否成立并得出结论。

10.4.1 描述性统计分析

1. 基本信息描述

使用 SPSS 25.0 软件对 426 份有效样本进行描述性统计分析（见表 10–24）。

表 10–24 描述性统计分析

人口统计特征	百分比	人口统计特征	百分比	人口统计特征	百分比
性别		年龄		文化程度	
男	46.7%	18 岁以下	4.5%	初中及以下	5.9%
女	53.3%	19 ~ 24 岁	28.6%	高中（中专 / 技校）	16.4%
		25 ~ 34 岁	30.8%	大专	32.2%
		35 ~ 44 岁	19.0%	本科	38.0%
		45 ~ 60 岁	12.9%	研究生及以上	7.5%
		60 岁以上	4.2%		
游览程阳八寨景区的次数		游客的旅行经历		游客旅行的方式	
1 次	67.4%	经常	32.4%	与朋友 / 家人结伴旅行	61.0%
2 次	15.0%	偶尔	55.9%	跟团游	23.7%

续表

人口统计特征	百分比	人口统计特征	百分比	人口统计特征	百分比
3 次及以上	17.6%	没有	11.7%	独自旅行	7.3%
				其他	8.0%

分析表 10–24 中的数据可知，有效样本的人口统计学特征：性别方面，女性的比例略高于男性，女性占 53.3%，男性占 46.7%；年龄方面，以 25 ~ 34 岁的青年人居多，占比 30.8%；文化程度方面，以本科学历为主，占比 38.0%，此外，高中及以上学历者占比高达 94.1%，这表明受访者的文化水平较高；游览程阳八寨景区的次数方面，大多数游客都是第一次来游玩，占比 67.4%；游客的旅行经历方面，32.4% 的受访者表示经常去类似的民族村寨景区游览，55.9% 的受访者表示偶尔有类似的民族村寨景区旅游经历；游客旅行的方式方面，以与朋友 / 家人结伴旅行为主，占比 61.0%。

2. 各题项得分情况

在对各正式问卷基本信息进行统计分析的基础上，研究分析了正式调查问卷中民族村寨地名文化基本氛围、核心氛围、超值氛围、游客感知价值、游客行为意向 5 个潜变量中对应每个题项的得分，并对其进行均值和标准差分析。从表 10–25 中可知，游客对民族村寨地名文化氛围、游客感知价值、游客行为意向中的每一观测变量评价分值均在 3 分以上，各题项分值均呈现较好水平。

表 10–25　正式调查问卷各题项得分分析

维度	题号	N	极小值	极大值	均值	标准差
基本氛围	A1	426	1	5	4.12	0.812
	A2	426	1	5	3.97	0.805
	A3	426	1	5	4.02	0.836
	A4	426	1	5	3.94	0.834
	A5	426	1	5	3.74	0.892
	A6	426	1	5	3.76	0.895
	A7	426	1	5	3.92	0.817

续表

维度	题号	N	极小值	极大值	均值	标准差
核心氛围	A8	426	1	5	3.98	0.779
	A9	426	1	5	3.87	0.828
	A10	426	1	5	3.88	0.827
	A11	426	1	5	3.70	0.903
	A12	426	1	5	3.84	0.808
	A13	426	1	5	3.88	0.776
	A14	426	1	5	3.98	0.823
	A15	426	1	5	3.93	0.795
	A16	426	1	5	3.92	0.823
超值氛围	A17	426	1	5	3.79	0.839
	A18	426	1	5	3.73	0.856
	A19	426	1	5	3.89	0.833
	A20	426	1	5	3.92	0.822
	A21	426	1	5	3.88	0.823
	A22	426	1	5	4.00	0.809
游客感知价值	B1	426	1	5	3.89	0.762
	B2	426	1	5	3.95	0.803
	B3	426	1	5	4.00	0.761
	B4	426	1	5	3.93	0.774
	B5	426	1	5	3.91	0.835
	B6	426	1	5	4.01	0.787
游客行为意向	C1	426	1	5	3.87	0.798
	C2	426	1	5	3.82	0.798
	C3	426	1	5	3.96	0.784
	C4	426	1	5	3.94	0.812
	C5	426	1	5	3.84	0.803
	C6	426	1	5	3.87	0.872

10.4.2 问卷信度分析

为保证正式调查问卷的质量，使后续的结构方程模型检验与分析能够获得较为准确的结果，需要保证调查问卷的一致性程度，即对问卷进行信度检验。从表 10–26 显示的结果可知，地名文化氛围量表整体信度为 0.944，其中，基本氛围维度的 Cronbach's α 值为 0.856，核心氛围维度的 Cronbach's α 值为 0.895，超值氛围维度的 Cronbach's α 值为 0.858；游客感知价值维度的 Cronbach's α 值为 0.883；游客行为意向维度的 Cronbach's α 值为 0.875，各个量表性 Cronbach's α 值均大于 0.8。此外，在各个题项中，修正后的项总计相关性（CITC 值）都大于 0.4，确保对应题项在问卷结构中的准确度。以上结果显示，正式问卷数据组合信度良好，且可将所有题项保留。

表 10–26 问卷调查信度分析汇总

维度（潜变量）	测项（题项）	修正后的项总计相关性（CITC 值）	删除项后的 α 系数	维度的 α 系数
基本氛围（7 项）	A1	0.561	0.844	0.856
	A2	0.656	0.831	
	A3	0.716	0.822	
	A4	0.665	0.829	
	A5	0.603	0.838	
	A6	0.573	0.843	
	A7	0.572	0.842	
核心氛围（9 项）	A8	0.659	0.884	0.895
	A9	0.723	0.878	
	A10	0.686	0.881	
	A11	0.632	0.886	
	A12	0.691	0.881	
	A13	0.634	0.885	
	A14	0.624	0.886	
	A15	0.640	0.885	
	A16	0.624	0.886	

续表

维度（潜变量）	测项（题项）	修正后的项总计相关性（CITC 值）	删除项后的 α 系数	维度的 α 系数
超值氛围（6 项）	A17	0.591	0.845	0.858
	A18	0.619	0.840	
	A19	0.692	0.826	
	A20	0.681	0.828	
	A21	0.679	0.828	
	A22	0.623	0.838	
地名文化氛围量表整体信度（22 项）	Cronbach's alpha=0.944			
游客感知价值	B1	0.661	0.868	0.883
	B2	0.660	0.868	
	B3	0.694	0.863	
	B4	0.729	0.857	
	B5	0.722	0.858	
	B6	0.697	0.862	
游客行为意向	C1	0.718	0.847	0.875
	C2	0.644	0.859	
	C3	0.693	0.851	
	C4	0.674	0.854	
	C5	0.654	0.858	
	C6	0.687	0.852	

10.4.3 问卷效度分析

1. 内容效度

内容效度（content validity）是指测量工具中所包含的测量项目与所要测量的概念内容是否相符的程度。采用德尔菲法进行两轮专家问卷，最终确定测量民族村寨地名文化氛围合格量表。此外，选取的游客感知价值、游客行为意向等变量的测量量表均是国内外的成熟量表。同时，为了降低问卷题项表述或理解上的歧义，均经过了与专家组核心成员的审核、商讨和修订。因此，正式调查问卷内容的有效性得到保证。

2. 聚合效度

聚合效度是指将多个测量结果合并成一个总体，得分时所体现出的信度。它评估了在多个指标或测量工具被结合使用时，所得到的综合结果是否能够准确地反映出被测量对象的特征或概念。下面运用 Amos 23.0 软件重点分析民族村寨地名文化氛围、游客感知价值、游客行为意向测量量表的聚合效度和模型的拟合效果。

（1）聚合效度

与“试错与探索”特点的探索性因子分析不同，正式调研问卷采用验证性因子分析（CFA）来检验理论提出的因子结构假设，并验证基于理论构建的概念模型与收集来的数据是否匹配。运用 Amos 23.0 软件对民族村寨地名文化氛围、游客感知价值、游客行为意向进行聚合效度检验，通过图 10–3、图 10–4、图 10–5 展示各个量表的验证性因子分析模型结构。

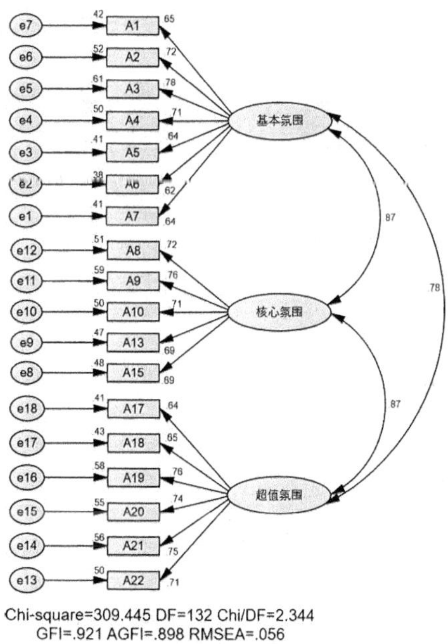

图 10–3　修正后地名文化氛围的验证性因子分析模型结构

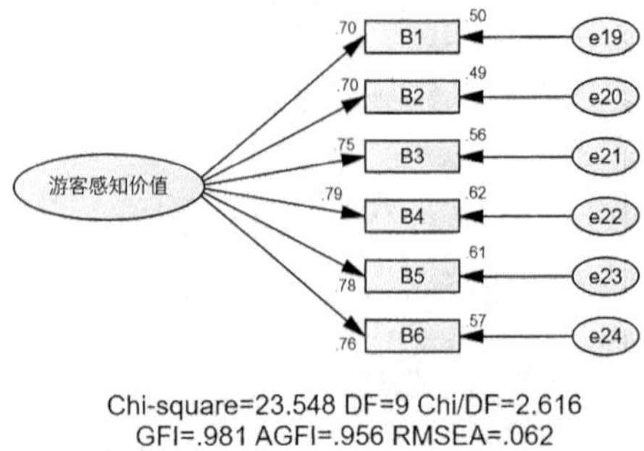

图 10-4 修正后游客感知价值的验证性因子分析模型结构

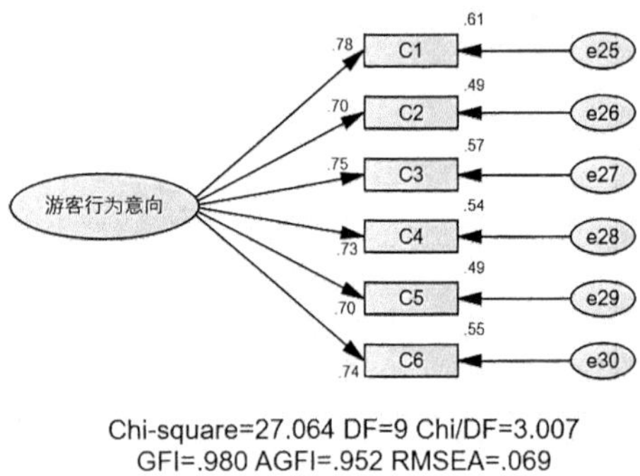

图 10-5 修正后游客行为意向的验证性因子分析模型结构

考虑到模型的拟合问题，通过与专家组核心成员讨论，对超过 7 个题项的潜变量核心氛围依据 Modification Indices 数值，在拟合评价指标符合条件的前提下，通过逐步删除误差项相互关系大的题项，得到修正后的模型结构（见图 10-4）。删除的题项分别包括 A11（解说专业度）、A12（内容质量）、A14（民族语汉译）、A16（民族形象）。经修正后，由图 10-3 可看出测量变量与潜变量的相关系数均达到标准。

基于验证性因子分析模型结构图，可计算每个变量的因子载荷，并进一步计算出相应的平均方差提取量（AVE）和组合信度（CR），从而得到地名文化氛围、游客感知价值和游客行为意向的相关参数。各题项详细的因子载荷、平均方差提取量和组合信度数据可见表 10-27。

聚合效度的分析需要综合考虑 3 个指标：第一个指标是标准化因子载荷必须大于 0.5；第二个指标是平均方差提取量大于 0.4 是可接受的标准；第三个指标是组合信度必须高于 0.7。AVE 和 CR 的计算公式如下所示。

表 10-27　各题项因子载荷、平均方差提取量和组合信度数据

维度	路径	Estimate	AVE	CR
基本氛围（7 项）	A1<--- 基本氛围	0.649	0.466	0.859
	A2<--- 基本氛围	0.721		
	A3<--- 基本氛围	0.781		
	A4<--- 基本氛围	0.709		
	A5<--- 基本氛围	0.643		
	A6<--- 基本氛围	0.620		
	A7<--- 基本氛围	0.643		
核心氛围（5 项）	A8<--- 核心氛围	0.717	0.494	0.854
	A9<--- 核心氛围	0.765		
	A10<--- 核心氛围	0.711		
	A13<--- 核心氛围	0.688		
	A15<--- 核心氛围	0.692		
超值氛围（6 项）	A17<--- 超值氛围	0.637	0.504	0.859
	A18<--- 超值氛围	0.653		
	A19<--- 超值氛围	0.761		
	A20<--- 超值氛围	0.743		
	A21<--- 超值氛围	0.748		
	A22<--- 超值氛围	0.710		
游客感知价值（6 项）	B1<--- 游客感知价值	0.704	0.558	0.883
	B2<--- 游客感知价值	0.750		
	B3<--- 游客感知价值	0.786		
	B4<--- 游客感知价值	0.781		
	B5<--- 游客感知价值	0.756		
	B6<--- 游客感知价值	0.702		
游客行为意向（6 项）	C1<--- 游客行为意向	0.780	0.540	0.875
	C2<--- 游客行为意向	0.697		
	C3<--- 游客行为意向	0.752		
	C4<--- 游客行为意向	0.732		
	C5<--- 游客行为意向	0.703		
	C6<--- 游客行为意向	0.741		

AVE 计算公式：$\$l_{AVE}\$=\frac{(\sum\lambda^2)}{N}$

其中，AVE 是平均方差提取量；λ表示观测变量的因子载荷。

CR 计算公式：$l_{CR}=\frac{(\sum\lambda)^2}{(\sum\lambda)^2+\sum\varepsilon}$

其中，CR 是组合信度；λ表示观测变量的因子载荷；ε表示指标变量的误差变异量。

从表 10–27 的数据可以看出，各潜变量的 AVE 值基本大于 0.5，只有基本氛围和核心氛围的 AVE 值分别为 0.466 和 0.494，处于可接受的范围；超值氛围的 AVE 值为 0.504，游客感知价值的 AVE 值为 0.558，游客行为意向的 AVE 值为 0.540。基本氛围的 CR 值为 0.859，核心氛围的 CR 值为 0.854，超值氛围的 CR 值为 0.859，游客感知价值的 CR 值为 0.883，游客行为意向的 CR 值为 0.875。综合来看，各潜变量的内部一致性和组合信度良好，说明量表具有良好的聚合效度。

（2）各变量模型的拟合效果

表 10–28 展示了地名文化氛围、游客感知价值和游客行为意向 3 个变量的模型拟合情况。通过对地名文化氛围测量量表的修正，各变量的 X^2/DF 大体上小于 3，只有游客行为意向的值为 3.007，在可接受范围之内。整体上来看，3 个量表的拟合度较好，可进行下一步分析。

表 10–28　各变量的拟合系数

变量	X^2	DF	X^2/DF	RMSEA	CFI	NFI	TLI
判断标准	/	/	小于 3 为优秀，小于 5 为可接受	小于 0.08	大于 0.9	大于 0.9	大于 0.9
地名文化氛围	309.445	132	2.344	0.056	0.951	0.918	0.943
游客感知价值	23.548	9	2.626	0.062	0.988	0.980	0.980
游客行为意向	27.064	9	3.007	0.069	0.984	0.976	0.973

3. 量表的净化

在对问卷数据进行验证性因子分析后，筛选出 30 个有效的测量变量（见表 10–29）。其中，基本氛围变量 7 项，核心氛围变量 5 项，超值氛围变量 6 项，游客感知价值变量 6 项，游客行为意向变量 6 项。构建的模型共有 5 个公因子，所保留下来的观测变量数量符合公因子数量 3 ~ 5 倍的标准。

表 10–29　效度检验筛选后保留的观测变量

变量	测量题项代码
基本氛围	A1（遗址留存）A2（标识数量）A3（标识外观）A4（指位情况）A5（查询设备）A6（宣传载体）A7（文化载体）
核心氛围	A8（名景一致）A9（展现形式）A10（解说完整）A13（宣传效果）A15（地名关注点）
超值氛围	A17（游客互动）A18（主客互动）A19（地名吸引力）A20（情感体验）A21（教育性）A22（整体记忆）
游客感知价值	B1（知名度）B2（美誉度）B3（知识感知）B4（保护感知）B5（探索度）B6（体验度）
游客行为意向	C1（民族村寨重游意愿）C2（费用上涨重游意愿）C3（推荐地名文化意愿）C4（推荐整个景区意愿）C5（购买产品意愿）C6（参与活动意愿）

10.4.4　差异性分析

样本中，人口统计上的差异可能会影响对民族村寨地名文化氛围的感知程度，因此运用 SPSS 25.0 软件，并使用单因素方差分析，从性别、年龄、文化程度、游客旅行方式等角度进行差异性分析。

1. 游客性别对地名文化氛围感知的差异性分析

按照性别对样本进行分类，并进行差异性分析后，得到表 10–30，性别的显著性 P 值为 0.291，大于通常使用的显著性水平 0.05。这表明，游客性别与民族村寨文化氛围感知之间的差异不是由性别本身引起的。

表 10–30　游客性别差异性分析

变量	性别	均值	标准差	F	P
地名文化氛围	男	3.8865	0.60588	1.116	0.291
	女	3.8995	0.52346		

2. 游客年龄对地名文化氛围感知的差异性分析

按照游客年龄层次对样本进行分类，并进行差异性分析后，得到表 10–31，年龄的显著性 P 值为 0.769，大于通常使用的显著性水平 0.05。这表明游客年龄对民族村寨地名文化氛围的感知不存在显著的差异。

表 10–31 游客年龄差异性分析

变量	年龄	均值	标准差	F	P
地名文化氛围	18 岁以下	4.0646	0.33721	0.510	0.769
	19 ~ 24 岁	3.8707	0.65216		
	25 ~ 34 岁	3.8744	0.49859		
	35 ~ 44 岁	3.8861	0.55578		
	45 ~ 60 岁	3.9140	0.59470		
	60 岁以上	3.9747	0.50980		

3. 游客文化程度对地名文化氛围感知的差异性分析

按照游客文化程度层次不同对样本进行分类，并进行差异性分析后，得到表 10–32，文化程度的显著性 P 值为 0.274，大于通常使用的显著性水平 0.05。这表明游客的文化程度对民族村寨地名文化氛围的感知不存在显著的差异。

表 10–32 游客文化程度差异性分析

变量	文化程度	均值	标准差	F	P
地名文化氛围	初中及以下	4.0291	0.45148	1.289	0.274
	高中（中专 / 技校）	3.9779	0.52313		
	大专	3.9071	0.48126		
	本科	3.8350	0.67005		
	研究生及以上	3.8395	0.42796		

4. 游客旅行方式对地名文化氛围感知的差异性分析

按照游客旅行方式不同对样本进行分类，并进行差异性分析后，得到表 10–33，旅行方式的显著性 P 值为 0.400，大于通常使用的显著性水平 0.05。这表明游客的旅行方式对民族村寨地名文化氛围的感知不存在显著的差异。

表 10–33 游客旅行方式差异性分析

变量	旅行方式	均值	标准差	F	P
地名文化氛围	与朋友 / 家人结伴旅行	3.8673	0.52922	0.984	0.400
	跟团游	3.9473	0.68105		
	独自旅行	4.0000	0.43265		
	其他	3.8356	0.53350		

10.4.5　结构方程模型与假设检验

1. 结构方程模型概述

结构方程模型（Structural Equation Modeling，SEM）是一种统计分析方法，它允许建立复杂的多变量关系模型，并通过数据来检验这些模型。结构方程模型将传统的多元回归分析和因子分析结合起来，能够同时检验因果关系和测量模型，多用回归模型表示。

2. 结构方程模型分析

（1）结构方程模型检验

依据数据处理结果和假设，使用 Amos 23.0 软件绘制结构方程模型，导入问卷数据并进行运算后，得到的模型如图 10–6 所示。需要说明的是，民族村寨地名文化的基本氛围、核心氛围和超值氛围之间由双箭头连线，表示自变量之间的自相关性。

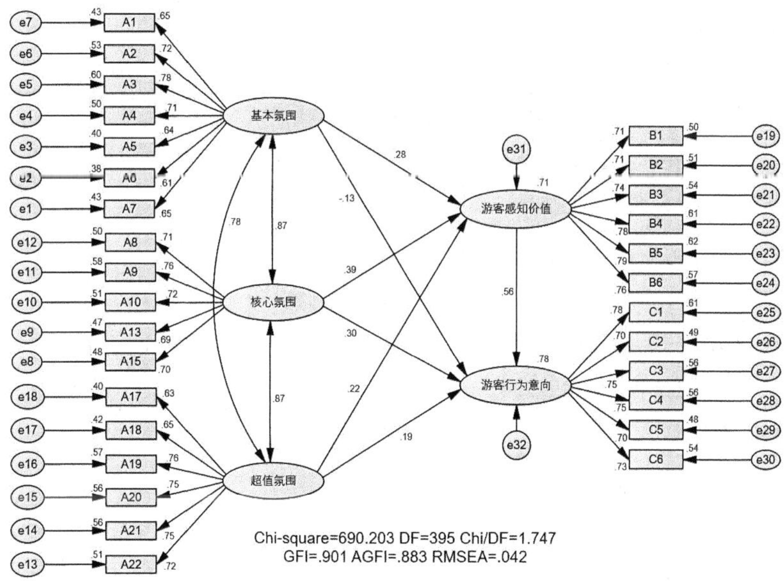

图 10–6　结构方程模型标准化路径

导入问卷数据后，进行运算。运算结果详见表 10–34，模型拟合系数结果显示，卡方与自由度比值为 1.747，小于理想上限 3；RMSEA 值为 0.042，大于理想上限 0.08；CFI 值为 0.957，NFI 值为 0.905，TLI 值为 0.952，各项指标大于 0.9。基于以上数据，说明所构建的模型拟合情况良好。

表 10-34 结构方程模型的拟合系数

变量	X^2	Df	X^2/df	RMSEA	CFI	NFI	TLI
判断标准	/	/	小于 3 为优秀，小于 5 为可接受	小于 0.08	大于 0.9	大于 0.9	大于 0.9
数值	690.203	395	1.747	0.042	0.957	0.905	0.952

（2）结构方程模型路径分析结果

根据一般标准，采用 C.R. 的绝对值 >2、P<0.05 来判断研究假设是否成立。结构方程模型的路径拟合结果在表 10-35 中呈现，研究所作的 7 条假设，只有假设“H4：民族村寨地名文化基本氛围对游客行为意向存在显著影响”不成立，其他 6 条假设皆成立。

表 10-35 结构方程模型拟合路径结果分析

假设路径	Estimate	S.E.	C.R.	P 值	是否成立
地名文化氛围与游客感知价值的关系					
H1：游客感知价值 <--- 基本氛围	0.285	0.100	2.868	0.004	是
H2：游客感知价值 <--- 核心氛围	0.390	0.140	2.710	0.007	是
H3：游客感知价值 <--- 超值氛围	0.216	0.093	2.158	0.031	是
地名文化氛围与游客行为意向的关系					
H4：游客行为意向 <--- 基本氛围	−0.127	0.112	−1.316	0.188	否
H5：游客行为意向 <--- 核心氛围	0.300	0.159	2.124	0.034	是
H6：游客行为意向 <--- 超值氛围	0.194	0.102	2.034	0.042	是
游客感知价值与游客行为意向的关系					
H7：游客行为意向 <--- 游客感知价值	0.557	0.097	6.646	***	是

注：*** 代表 p<0.001。

3. 中介效应检验

在运算最终的结构方程模型时，选择 Bootstrap 自助抽样方法来估计中介效应值和置信区间。使用 Bootstrap 自助抽样 5000 次，获取直接效应、中介效应和总效应检验结果，以检验民族村寨地名文化氛围对游客行为意向的作用，直观体现中介效应的影响，具体值可见表 10-36、表 10-37 和表 10-38。检验结果显示，游客感知价值在民族村寨地名文化氛围与游客行为意向之间存在完全中介效应，具有显著统计意义（$p<0.05$，95% 置信区间不包含 0）。

表 10-36　直接效应检验结果

影响路径	效应值	标准化路径系数	标准误	P 值	95% 置信区间	
					下限值	上限值
基本氛围→游客行为意向	-0.148	-0.127	0.112	0.188	-0.459	0.145
核心氛围→游客行为意向	0.338	0.300	0.159	0.034	0.038	0.716
超值氛围→游客行为意向	0.208	0.194	0.102	0.042	0.037	0.461
游客感知价值→游客行为意向	0.646	0.557	0.097	***	0.396	0.993

注：置信区间为校正偏差后（bias-corrected）的值，*** 表示 $p<0.001$。

表 10-37　中介效应检验结果

中介路径	标准化估计值	标准误	P 值	95% 置信区间	
				下限值	上限值
基本氛围→游客感知价值→游客行为意向	0.159	0.068	0.008	0.050	0.322
核心氛围→游客感知价值→游客行为意向	0.217	0.092	0.014	0.063	0.426
超值氛围→游客感知价值→游客行为意向	0.120	0.073	0.045	0.003	0.294

注：置信区间为校正偏差后（bias-corrected）的值。

表 10-38　总效应检验结果

影响路径	效应值	标准误	P 值	95% 置信区间	
				下限值	上限值
基本氛围→游客行为意向	0.032	0.131	0.778	-2.242	0.359
核心氛围→游客行为意向	0.518	0.182	0.007	0.156	0.888
超值氛围→游客行为意向	0.314	0.124	0.012	0.068	0.550

注：置信区间为校正偏差后（bias-corrected）的值。

10.5 小结、建议与展望

10.5.1 小结

基于已有研究，通过德尔菲法、专家意见咨询修正了民族村寨地名文化氛围量表，并运用 SOR 理论框架，提出了民族村寨地名文化氛围、游客感知价值、游客行为意向的概念模型和相关路径假设。采用问卷调查法获取原始数据，运用 SPSS 25.0 软件和 Amos 23.0 软件对数据进行处理、分析与验证，得出以下结论。

第一，基本确定了民族村寨地名文化氛围的定义、测量指标及维度。在旅游领域文化氛围和地名相关的已有研究的基础上，针对民族村寨地名文化氛围这一研究的特殊性，对民族村寨地名文化氛围的定义进行了梳理和阐述，拓展了文化氛围和民族村寨旅游的研究范畴。基于前人研究中的景区文化氛围量表和地名研究相关文献，通过征求地名文化和民族旅游研究领域专家的意见，经过两轮专家问卷，修改、删除并增加题项，进行指标的确定，最终确定了 22 个民族村寨地名文化氛围的测量题项，并将其划分为基本氛围、核心氛围和超值氛围 3 个维度。采用德尔菲法得到的民族村寨地名文化氛围测量题项，制定游客问卷并进行实地调研，获取一手数据后进行实证研究。

第二，游客性别、年龄、文化程度、游览方式等方面的不同对民族村寨地名文化氛围的感知并没有明显差异。人们对地名文化氛围的感知受到多种因素的影响，其中包括社会文化背景、个人经验、认知偏好等。然而，研究结果显示，不同人群对地名文化氛围的感知没有明显差异，这可能是因为地名与个体生活息息相关，即使文化程度、年龄不同，也对地名文化感知与理解差异不大。此外，游客是来程阳八寨景区进行短时间的游玩，流动性较高，不同背景和经验的游客在这里生活和工作的时间相对较短，可能没有时间或机会深入了解该地的地名文化，因此，他们对文化氛围的感知差异可能较小。调研中发现，景区的现代化建设过程中汉族与少数民族文化逐渐融合，不同文化间的差异逐渐缩小。民族语言地名感知差异不大，游客对当地民族文化不了解，因此不同人群的地名文化感知差异可能较小。

第三，民族村寨地名文化氛围对游客感知价值有正向显著影响，且游客感知价值对游客行为意向有正向显著影响。民族村寨地名文化氛围包括基本氛围、核心氛围和超值氛围，分别对游客感知价值产生显著影响，同时游客感知价值也直接影响游客的行为意向。民族村寨地名文化具有较高的历史价值，景区内部浓厚的地名文化氛围可提高游客的参与度和体验感，从而增强游客的情感共鸣，所以民族村寨地名文化氛围对游客感知价值存在显著影响。另外，游客感知到的品牌价值、教育价值和情感价值会影响他们对旅游目的地的态度和满意度，从而进一步影响他们的行为意向，所以游客感知价值对游客行为意向存在明显影响。

第四，民族村寨地名文化核心氛围、超值氛围对游客行为意向均有正向显著影响，但民族村寨地名文化基本氛围无法直接影响游客行为意向。民族村寨地名文化核心氛围是游客与所呈现地名文化内容的接触、理解与升华，超值氛围是地名文化带来的预料之外的收获，包括游览的互动体验、效果及价值提升，是游客的直观感知，这也能解释实证研究结果为民族村寨地名文化核心氛围、超值氛围对游客行为意向均存在正向显著影响。民族村寨地名文化氛围中的基本氛围为地名信息物质载体所营造和呈现的氛围，包括静态载体、动态载体。其中，静态载体为地名实体状况（如资源保护情况、固定查询设备）和地名标识（如地名标志牌、解说牌、指示牌的类型和数量等），有固定的实物载体；动态载体包括宣传册、宣传片、地名图书、工艺品等，有可移动的实物载体。实证研究得到民族村寨地名文化基本氛围无法直接影响游客行为意向的结果，其原因可能在于，地名通常是一种非物质文化遗产，与游客直接的感官体验有一定距离。即使通过静态和动态实物载体的呈现，游客也不一定能意识到所呈现在眼前的实物载体与地名文化之间的关联，也难以直接感知到其背后的文化内涵和意义。因此，游客需要通过自己的理解和感知，将这些地名文化实物载体与自身的旅游体验联系起来，形成自己对地名文化的认知和评价，从而影响游客行为意向。

第五，游客感知价值在民族村寨地名文化基本氛围与游客行为意向之间存在完全中介作用。通过游客感知价值的中介作用，民族村寨地名文化基本氛围对游客行为意向起到正向影响作用。研究结果表明，民族村寨地名文化基本氛围对游客行为意向产生的影响是间接的，需通过游客感知价值的激发来实现，这揭示了地名文化氛围与游客行为意向之间存在着复杂的影响机制。因此，民族村寨可通过营造独具地方特色的地名文化氛围，强化游客的感知体验，进而提升游客的重游意愿、推荐意愿、购买意愿等行为意向。

10.5.2 建议

第一，在旅游开发过程中，要深入挖掘民族村寨景区中具有民族特色的地名文化，从而提升民族村寨地名文化氛围对游客行为意向的正向影响。民族村寨地名文化氛围营造是展示民族村寨景区与其他类型景区异质性的重要途径，其中民族文化是其根本所在。为提升民族村寨景区地名文化吸引力，有必要进行系统的地名文化调查，深入挖掘景区内地名文化数量和文化内涵，同时建立地名文化专家智库，为民族村寨景区的地名文化保护与传承提供专业支持。另外，可设置讲解服务，让专业导游或解说员为游客提供更详细、更深入的地名讲解服务，着重弘扬民族语言地名文化，突出地域特色，增强游客对地名的了解和认知，从而影响游客行为意向。

第二，提升民族村寨景区内部地名文化氛围的感知度，优化景区基本氛围。要提升民族村寨景区内部地名文化氛围的感知度，可精心设计地图和指示牌：在民族村寨景区内部设置地图和指示牌，标注出各个地点的名称和含义，以帮助游客更好地了解景区的文化内涵；增加地名的背景介绍，在景区内部增加一些标识牌或小型展览，介绍各个地名的由来、历史背景和文化内涵等信息，让游客更加深入地了解景区的文化底蕴；营造浓厚的文化氛围，在景区内部布置一些与地名文化相关的装饰和艺术品，如绘画、雕刻等，让游客感受到浓郁的文化氛围；利用现代科技手段如手机 App、VR 等，将景区内部的地名文化进行数字化展示，以吸引更多年轻游客的关注，促进民族村寨景区地名文化的通俗化、大众化。

第三，活化地名文化展现形式，提升景区核心氛围。活化地名文化是指将地方的历史、文化、传统等元素融入旅游活动中，通过展示形式增强游客互动体验。可通过以下一些方式活化地名文化展现形式：其一，利用地方历史、传说、民俗等元素，设计符合当地特色的演出，吸引游客参与；其二，参观当地博物馆、历史遗迹等，通过讲解和展示当地历史和地名文化，帮助游客更好地理解当地地名文化的渊源和发展；其三，组织互动式地名相关的文化活动，如传统节日庆典、音乐会、舞蹈表演等，增加游客对当地文化的认知和体验。

第四，增强游客体验，发挥地名的教育性功能，通过地名强化民族村寨景区内部一系列的体验和记忆，提升景区超值氛围。首先，创造地名体验互动项目，通过创意互动项目激发游客对地名的兴趣，如可设置地名迷宫、地名寻宝、地名 DIY 等项目，让游客在体验中深入了解地名的内涵和背后的故事。其次，举办推广地名的文化活动，在景区中定期举办地名文化活动，如地名文化节、地名文化讲座等，让游客在参与活动的同时深入了解地名的文化内涵和历史背景，增强游客对地名的认知和兴趣。最后，强化地名营销宣传，通过各种渠道进行地名营销宣传，如景区官网、社交媒体、旅游指南等，让更多的游客了解景区的地名文化，提高游客的到访率和满意度。

10.5.3　展望

第一，融合多学科研究方法。在实证研究方法的基础上，可融合民族学传统研究方法中的田野调查法，调查研究民族村寨内的微地名。运用田野调查法研究地名文化氛围，不仅要通过问卷调查获取有关地名文化氛围感知的信息，同时要记录地名及其相关信息，包括地名起源、历史、文化、地理、社会等，尤其是需要多了解区域内微地名的用词特点、含义等内容，多方面采集地名相关信息，并将这些信息进行分析和比较，以深入理解地名文化氛围的影响和作用。基于调查内容得出结论和建议，推动地名文化氛围的保护、传承和发展，丰富相关理论研究。

第二，多样化选择案例地。研究结果通常会受到研究案例地的地理位置和环境的影响，可通过以下途径破除地方性限制。首先，可选择具有不同地理位置和文化背景的案例地进行研究，如可选择同样是少数民族村寨景区的桂林龙脊梯田景区作为研究案例地，以获得更全面的数据。其次，可利用现代技术，如远程研究、网络调查和数据采集，使研究人员更容易获取数据和信息，而不必亲身前往研究地点。最后，重视比较分析，通过比较不同地区、不同文化的案例，获得更多的信息，并进行深度分析，破除地方性限制，获得更准确的结论。

第三，深度挖掘民族语言地名文化内涵。要进行民族语言地名文化的深入挖掘和研究，首先，可收集和整理关于民族语言地名文化的相关资料，包括书籍、论文、采访记录、地图、图片等，以建立一个相对完整的数据资料库，为后续研究提供有力支撑。其次，掌握当地语言和文字，研究其发音、词义、词源、用法等方面的知识，通过对语言和文字的研究，了解地名的由命名、功能、价值和管理方面进行具体研究，从研究对象、方法和内容上证实了理论体系的可行性。三是旅游地名的综合性研究。新的旅游模式如全域旅游，或是新的研究视角如旅游氛围，都可与地名关联并进行研究。地名与旅游关系密切，旅游地名的研究还有待进一步扩展与深入。

本研究历时十余年，最终书稿是团队长期协作的成果，许意如、韦艳绿全面参与了研究与书稿撰写，是研究的核心成员，二人撰写字数均超过4万。朱玲也为研究作出突出贡献，合作完成了旅游地名相关研究梳理部分，还以《民族村寨地名文化氛围与游客行为意向关系研究》为题进行了富有创新性的研究，并成为其硕士学位论文的主体部分。不同阶段与相关合作者合作完成了部分内容，具体如下（按章节顺序）：旅游地名研究理论体系建构研究（刘影）、景观地理实体命名“三词”模式探索（郑文俊）、中国4A级以上景区地名结构特征研究（刘影）、改革开放以来我国风景旅游城市更名机理与效应研究（李春叶）、桂林植物园地名规划采词与命名研究（班贵校）、琼中黎族苗族自治县民族语言地名旅游功能研究（杨苗培、胡宇）、地名旅游资源特征及其开发利用初探（何彤慧）、桂林市景区景点地名资源开发现状研究（朱华秀）、旅游景区地名管理现状与提升路径研究（王小玉）、赋权视角下社区参与地名文化遗产保护与开发机制研究（李文华）、全域旅游视角下恭城瑶族自治县旅游地名开发对策（张安欢、古绍莹）。感谢团队成员的努力探索，使研究成果得以成型并出版。

本书的出版得到了广西高校人文社会科学重点研究基地——广西旅游产业研究院的资助，出版过程中得到了中国社会出版社的大力支持，特此表示最诚挚的感谢！

王荣

2023年7月23日

（农历六月初六，大暑）

于桂林理工大学致远楼